权威·前沿·原创

皮书系列为
"十二五""十三五"国家重点图书出版规划项目

B
BLUE BOOK

智库成果出版与传播平台

广西北部湾经济区蓝皮书

BLUE BOOK OF GUANGXI BEIBU GULF ECONOMIC ZONE

广西北部湾经济区开放开发报告
(2020~2021)

REPORT ON THE OPENING UP AND DEVELOPMENT OF GUANGXI BEIBU GULF
ECONOMIC ZONE(2020-2021)

广西北部湾发展研究院 / 编

社会科学文献出版社
SOCIAL SCIENCES ACADEMIC PRESS (CHINA)

图书在版编目（CIP）数据

广西北部湾经济区开放开发报告 . 2020 - 2021/广西
北部湾发展研究院编 . -- 北京：社会科学文献出版社，
2021.7
（广西北部湾经济区蓝皮书）
ISBN 978 - 7 - 5201 - 8556 - 1

Ⅰ . ①广…　　Ⅱ . ①广…　　Ⅲ . ①北部湾 - 经济开发区 -
经济发展 - 研究报告 - 广西 - 2020 - 2021　　Ⅳ .
①F127.67

中国版本图书馆 CIP 数据核字（2021）第 121062 号

广西北部湾经济区蓝皮书
广西北部湾经济区开放开发报告（2020 ~2021）

编　　　者 / 广西北部湾发展研究院
主　　　编 / 吕余生

出 版 人 / 王利民
组稿编辑 / 周　丽
责任编辑 / 王玉山　张丽丽
文稿编辑 / 李惠惠　李小琪　刘　燕

出　　　版 / 社会科学文献出版社·城市和绿色发展分社（010）59367143
　　　　　　　地址：北京市北三环中路甲 29 号院华龙大厦　邮编：100029
　　　　　　　网址：www. ssap. com. cn
发　　　行 / 市场营销中心（010）59367081　59367083
印　　　装 / 天津千鹤文化传播有限公司

规　　　格 / 开　本：787mm × 1092mm　1/16
　　　　　　　印　张：20.25　字　数：302 千字
版　　　次 / 2021 年 7 月第 1 版　2021 年 7 月第 1 次印刷
书　　　号 / ISBN 978 - 7 - 5201 - 8556 - 1
定　　　价 / 158.00 元

《广西北部湾经济区开放开发报告（2020～2021）》
编 委 会

主要编撰者简介

吕余生 博士生导师，广西壮族自治区决策咨询委员会专家，广西北部湾发展研究院院长，中国—东盟协会理事，广西哲学学会会长、广西桂学研究会会长，广西八桂学者，二级研究员，享受国务院政府特殊津贴专家。主要研究方向为区域经济和中国—东盟开放合作，主持编写多部"广西北部湾经济区蓝皮书""北部湾蓝皮书""越南蓝皮书"及《中国—东盟年鉴》3部。主编《海上丝绸之路研究》《中越壮侬岱泰族群文化比较研究》《"一带一路"与广西》等著作13部，主持多项国家和省部级课题，多次获广西"五个一"工程奖、广西"桂花工程"奖，获广西社会科学优秀成果一等奖3项、二等奖3项、三等奖7项，多次应邀出席国际、国内学术会议。

蒋　斌 广西社会科学院民族研究所所长、副研究员，广西社会科学院学术委员会委员，广西科学技术厅科技项目评审专家。主要研究方向为区域经济发展与"三农"问题。主持、参与100多项广西及其地市社科课题研究，参加国家社科基金课题研究、主持广西哲学社会科学重点规划课题，参与编写20多部专著，策划、编写广西社会科学院年度系列蓝皮书及2010年开始的"广西北部湾经济区蓝皮书"，公开发表论文30余篇。研究报告成果获得中央及国家部委、广西优秀社科成果二等奖、三等奖。调研报告、年度政协提案获得广西主要领导批示。曾获得"民革全国参政议政先进个人""广西北部湾经济区优秀建设者"等荣誉称号。

前　言

"广西北部湾经济区蓝皮书"是广西北部湾发展研究院新型智库建设重点年度报告，自2010年起编撰出版。作为国内唯一系统性、连续性以广西北部湾经济区开放开发情况为研究对象的蓝皮书，该书编撰的研究报告具有较高的学术水准，附录资料翔实，为学者研究、政府决策和年度计划的制定提供了有价值的参考，成为国内外各界了解广西北部湾经济区开放开发最新情况和研究其发展趋势的重要参考文本。

2019年以来，自治区党委、政府坚决贯彻落实习近平总书记视察广西时赋予广西的"三大定位"新使命和提出的"五个扎实"工作新要求，在北部湾经济区开展"建设壮美广西、共圆复兴梦想"建设。北部湾经济区各地、各部门准确把握新发展阶段，抢抓西部陆海新通道、国际门户港、中国（广西）自由贸易区建设、粤港澳大湾区建设等新发展机遇，全面贯彻新发展理念，强化开放引领，积极融入新发展格局，北部湾经济区经济运行总体平稳，北部湾经济区的开放开发工作取得了新的成绩，迈上了新的台阶。

2020年注定是极不平凡的一年。突如其来的新冠肺炎疫情影响范围广；这一年是"十三五"规划和国家批准的《广西北部湾经济区发展规划》实施的末期；这一年是包括脱贫攻坚主战场广西在内的全国脱贫攻坚收官之年及全面建成小康社会之年；这一年，北部湾经济区也迎来了RCEP这一与东盟深化合作的新机遇。

《广西北部湾经济区开放开发报告（2020~2021）》的基本思路是把握

打造北部湾经济区形成高质量产业链这一开放开发的动力源，在研究"十三五"期间北部湾经济区产业发展总体情况基础上，进一步分析经济区八大优势产业、重点园区和现代服务业发展情况，探讨产业发展中存在的问题，对"十四五"经济区产业发展趋势进行数学模型预测，预判"十四五"经济区发展形势，并就如何做好"十三五"产业发展圆满收官和谋划好"十四五"经济区产业发展提出建议，如聚焦重点区域、重点行业和重点企业三个重点承接产业，打造枝繁叶茂的"产业树"；立足四大优势夯实基础，打造国内国际双循环的重要"门户港"；创新五种模式精准对接产业，突破产业低端锁定"魔咒"等。同时，就广西北部湾经济区 2020 年北钦防一体化改革、中国（广西）自由贸易试验区 2020 年建设、广西北部湾经济区 2020 年金融改革发展、广西北部湾经济区 2020 年港口互联互通建设、广西北部湾经济区 2020 年文化旅游产业发展等五个方面情况进行报告分析。本书还总结分析了北部湾经济区南宁、钦州、北海、防城港、崇左、玉林六市的 2020 年开放开发情况。为提高理论研究深度和战略研究前瞻性，专题研究篇中还对北部湾经济区建设高质量现代物流枢纽问题及如何实现北部湾经济区"十四五"高水平开放进行理论研究和战略思考。附录主要收集了2019 年北部湾经济区经济运行情况，整理了广西北部湾经济区 2019 年至2020 年 6 月大事记。

本书在策划组织编撰过程中，得到了自治区北部湾办、自治区统计局、北部湾经济区设区市及外省市有关部门、机构及学者专家的大力支持和帮助，在此我们深表敬意！并谨向为本书的编写和出版做出贡献的同志表示衷心感谢！

由于任务重、难度大，编者、作者研究水平的差异和局限性，本书存在不足之处，恳请广大读者予以指正。

编　者
2020 年 12 月

摘　要

　　本书共分五个部分：一是"总报告"，主要对广西北部湾经济区"十三五"产业发展状况进行分析及研判"十四五"发展态势，提出相应对策建议。二是"分报告"，分别是广西北部湾经济区2020年北钦防一体化改革报告、中国（广西）自由贸易试验区2020年改革报告、广西北部湾经济区2020年金融发展报告、广西北部湾经济区2020年港口互联互通建设报告、广西北部湾经济区2020年文化旅游产业发展报告。三是"地市篇"，介绍了广西北部湾经济区南宁、北海、钦州、防城港、崇左、玉林2020年开放开发情况。四是"专题研究篇"，主要探讨了广西北部湾经济区建设高质量现代物流枢纽问题及对广西北部湾经济区"十四五"时期扩大高水平开放的战略思考。五是"附录"，包括2019年广西北部湾经济区主要经济指标情况、广西北部湾经济区2019年至2020年6月大事记。

　　关键词： 广西北部湾经济区　开放开发　产业发展

目 录

Ⅰ 总报告

Ⅱ 分报告

Ⅲ 地市篇

Ⅳ　专题研究篇

Ⅴ　附录

皮书数据库阅读 **使用指南**

总 报 告

General Report

B.1

广西北部湾经济区"十三五"产业发展
状况及"十四五"发展态势*

蒋 斌 温 雪**

摘　要：　本报告在分析"十三五"广西北部湾经济区产业发展总体情
况基础上，进一步分析了北部湾经济区八大优势产业、重点
园区和现代服务业发展情况，探讨了产业发展中存在的问
题，对"十四五"北部湾经济区产业发展趋势进行了数学模
型预测，预判了"十四五"北部湾经济区发展形势，并就如
何做好"十三五"产业发展圆满收官和谋划好"十四五"北
部湾经济区产业发展提出建议：聚焦重点区域、重点行业和
重点企业三个重点承接产业，打造枝繁叶茂的"产业树"；

---

*　本报告是"'十四五'广西北部湾经济区产业引进培育研究"（广西壮族自治区政府采购项
目编号：GXZC2020 - D3 - 003555 - CGZX）的阶段性成果。
**　蒋斌，广西社会科学院民族研究所所长、副研究员，主要研究方向为区域经济发展与"三
农"问题；温雪，博士，广西北部湾发展研究院客座副教授，主要研究方向为区域经济学。
执笔人为蒋斌。

立足四大优势夯实基础，打造国内国际双循环的重要"门户港"；创新五种模式精准对接产业，突破产业低端锁定"魔咒"。

关键词： 北部湾经济区　产业发展　重点园区　广西

"十三五"期间，广西北部湾经济区通过加快优势工业转型升级，实施战略性新兴产业倍增计划，大力发展现代服务业，产业规模持续壮大，发展基础不断夯实；加快打造"5（石化、装备、冶金、电子、轻工食品）+X"制造业集群，培育发展新一代信息技术、高端装备制造、生物产业、新材料、新能源、节能环保、新能源汽车等七大新兴产业，推动特色旅游、海洋经济、康养产业、教育培训、商贸流通、现代物流、金融服务、商务会展、科技服务等服务业发展，初步构建了高端高质高效的现代产业体系。

一 "十三五"北部湾经济区产业发展状况

（一）总体情况

1. 产业结构持续优化

"十三五"期间，北部湾经济区的产业结构持续优化，电子信息、装备制造、石油化工、冶金精深加工、能源、林浆纸与木材加工、生物医药和健康、粮油和食品加工等八大主导产业逐步形成体系，并打造了众多千亿元产业。三次产业产值结构由 2015 年的 15.31：43.03：41.66 调整为 2019 年的 15.54：29.78：54.69，第三产业比重大幅上升。三次产业就业结构更加优化，从 2015 年的 1.63：41.85：56.52 调整为 2019 年的 1.19：34.28：64.53。城镇化率达到 54.05%（见表 1）。

表1　北部湾经济区产业发展阶段指标

单位：元，%

年份	人均 GDP	工业化率	三次产业产值结构	三次产业就业结构*	城镇化率
2008	12127.03	30.38	21.40：36.64：41.96	49.36：25.14：25.50	41.02
2009	12614.82	30.35	19.60：37.25：43.14	52.67：24.57：22.76	41.88
2010	19260.94	32.90	18.66：40.24：41.10	5.55：34.98：59.48	42.71
2011	23600.03	33.96	18.82：41.67：39.51	2.32：35.21：62.46	44.58
2012	26148.40	33.84	18.66：40.24：41.10	1.91：35.46：62.63	46.26
2013	28319.17	34.92	17.21：43.52：39.27	1.85：40.54：57.62	47.52
2014	31641.45	34.84	15.66：43.74：40.60	1.60：41.51：56.86	48.52
2015	33717.55	34.10	15.31：43.03：41.66	1.63：41.85：56.52	49.45
2016	36696.14	34.17	14.98：42.99：42.03	1.60：42.72：55.68	50.32
2017	41435.90	35.55	13.76：44.44：41.80	1.36：40.90：57.74	51.42
2018	40279.43	27.72	14.51：37.45：48.04	1.28：37.33：61.39	52.48
2019	48774.60	41.68**	15.54：29.78：54.69	1.19：34.28：64.53	54.05

*根据广西各市市辖区社会经济主要指标计算整理，2008年、2009年的三次产业就业结构与2010年及以后年份的统计口径不同。

**2019年缺南宁与玉林的数据，该数值仅计算北海、钦州、防城港和崇左。

说明：各分项合计非100%为四舍五入所致，未做机械调整，本文余同，此后不赘。

资料来源：根据历年《广西统计年鉴》计算整理。

　　总的来看，当前北部湾经济区逐渐进入产业成熟期。主要表现为：一是部分重点产业规模逐渐扩大，2019年部分重点产业收入比重已超过20%，如冶金精深加工产业、粮油和食品加工业；二是部分主导产业已拥有较为先进的技术，且技术逐渐成熟，2019年电子信息产业集群营业收入占比达到16%。但尚缺乏在性能、式样、工艺等各方面均被市场广泛需求的成熟产品。

　　2. 工业呈现向好态势

　　2019年，北部湾经济区规模以上工业增加值同比增长6.8%，比全区平均水平（4.5%）高出2.3个百分点（见图1）。尤其是北钦防地区，2019年其规模以上工业增加值同比增长8%，比全区平均水平高出3.5个百分点。

　　3. 投资继续较快增长

　　2019年，北部湾经济区固定资产投资增长9.6%，高于全区平均水平（9.5%）0.1个百分点，其中北钦防地区全年固定资产投资增速为9.7%，

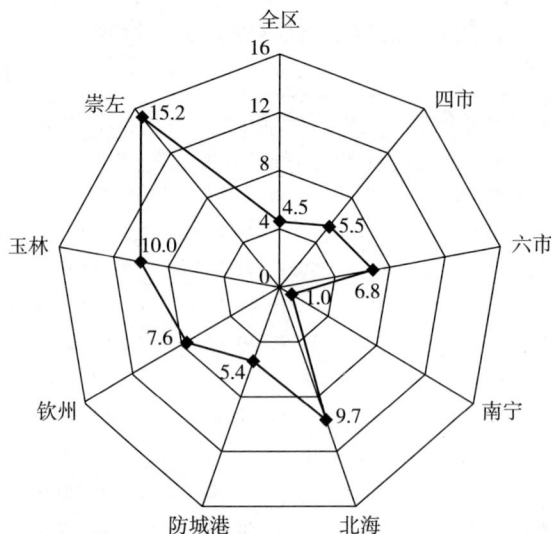

图1 2019年北部湾经济区各市规模以上工业增加值增速

注："四市"指南宁市、北海市、钦州市、防城港市，"六市"指
北部湾经济区六市。

资料来源：北部湾经济区各市发改委。

高于全区平均水平0.2个百分点（见图2）。全年5000万元以上重大项目对
北部湾经济区投资增长起到较大作用，其中北海和崇左5000万元以上重大
项目完成投资分别增长36%和14.3%，远高于全区 - 0.9%的平均水平。
2019年，南宁市500万 ~ 5000万元重大项目完成投资增长31.6%，高于全
区平均水平17个百分点。

4. 重大项目建设支撑能力增强

近年来，北部湾经济区先后布局建成了钦州1000万吨炼油、北海炼化、
防城港红沙核电、钦州金桂林浆纸、北海斯道拉恩索林浆纸、北海诚德新材
料等一大批重大产业项目，惠科电子北海产业新城、钦州华谊新材料、钦州
恒逸化工、防城港中铝生态铝、华立东兴项目、玉林正威新材料、瑞声光学
模组、瑞声—龙旗 AI 可穿戴设备、李宁高端运动装备制造、浪潮东盟运营总
部、中国—东盟（崇左）国际名车小镇、天等县蔗叶养牛产业扶贫项目等一
批新引进重大项目有序推进，项目效益持续发挥，支撑作用不断增强。特别

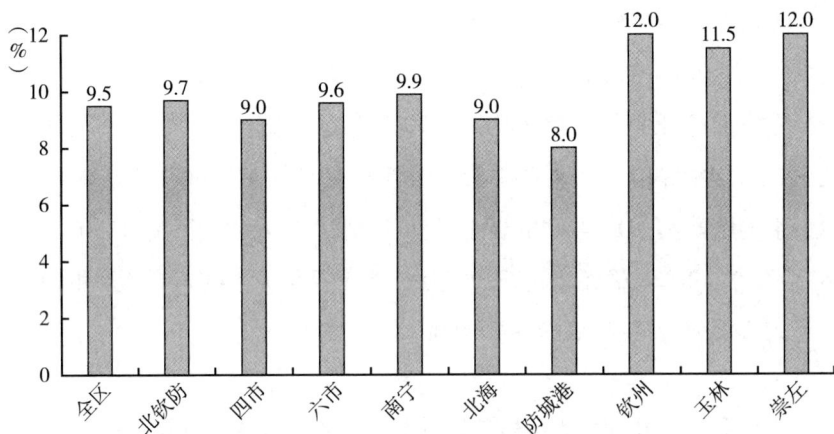

图2　2019年北部湾经济区固定资产投资增速

资料来源：北部湾经济区各市发改委。

是随着西部陆海新通道、强首府战略、北钦防一体化高质量发展等政策红利的不断释放，北部湾经济区集中谋划了一批"双百""双新"产业项目，第一批96项，项目数量占全区一半以上，投资额占全区的74%，其中"双百"项目49项，"双新"项目47项；第二批项目145项，项目数量接近全区总数，投资额占全区的62%，其中"双百"项目44项，"双新"项目101项（见图3）。

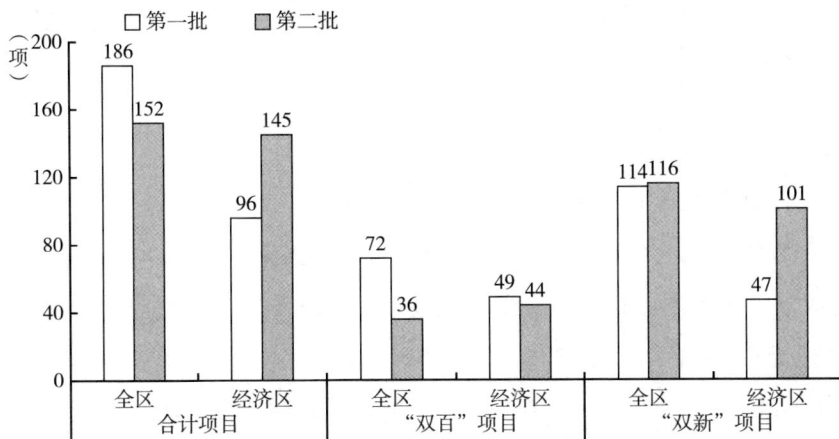

图3　北部湾经济区与全区第一批、第二批"双百""双新"项目数

资料来源：北部湾经济区各市发改委。

5. 重点产业集群效应逐步增强

近年来，北部湾经济区重点打造资源优势类、区位优势型类、战略新兴产业类等多类产业集群，效果明显。2019 年，北部湾经济区电子信息、石油化工、冶金精深加工、装备制造、粮油和食品加工、林浆纸与木材加工、能源、生物医药和健康等产业营业收入分别达 1192.8 亿元、1130.8 亿元、1968.4 亿元、393.8 亿元、1493.9 亿元、611.6 亿元、601.1 亿元和 61.3 亿元（见表 2），产业集群效应逐步增强。

表 2　2019 年北部湾经济区各市重点产业集群营业收入及占比

单位：亿元，%

产业	南宁	北海	防城港	钦州	玉林	崇左	合计	占比
电子信息	590.9	550.4	0	26	23.1	2.4	1192.8	16.00
石油化工	110.5	407.5	26.6	555.4	11.6	19.2	1130.8	15.17
冶金精深加工	408.2	476.7	545.3	98.3	270.5	169.4	1968.4	26.41
装备制造	129	7.9	0.2	21.8	231.5	3.4	393.8	5.28
粮油和食品加工	424.9	188.4	290.9	210.6	144.3	234.8	1493.9	20.04
林浆纸与木材加工	168.6	51.4	12.2	219.9	80.7	78.8	611.6	8.21
能源	178.2	64.2	144.7	88.2	77.1	48.7	601.1	8.06
生物医药和健康	31.8	2.4	0.5	16.3	9.9	0.4	61.3	0.82
合计	2042.1	1748.9	1020.4	1236.5	848.7	557.1	7453.7	100.00

资料来源：北部湾经济区各市发改委。

6. 现代服务业发展迅猛、特色鲜明

（1）海洋服务业实现平稳增长

海洋服务业是为海洋开发提供保障服务的新兴海洋产业，主要包括海洋信息服务、海洋技术服务和海洋社会服务。2019 年，广西海洋生产总值达 1664 亿元[①]，比上年增长 13.4%（按现价计算），占广西 GDP（地区生产总值）的 7.8%（见图 4），占沿海三市（北海、钦州、防城港）地区生产总

---

　① 由于广西沿海城市仅为北部湾经济区的北海、钦州和防城港三市，因此北部湾经济区海洋生产总值可视为广西海洋生产总值。

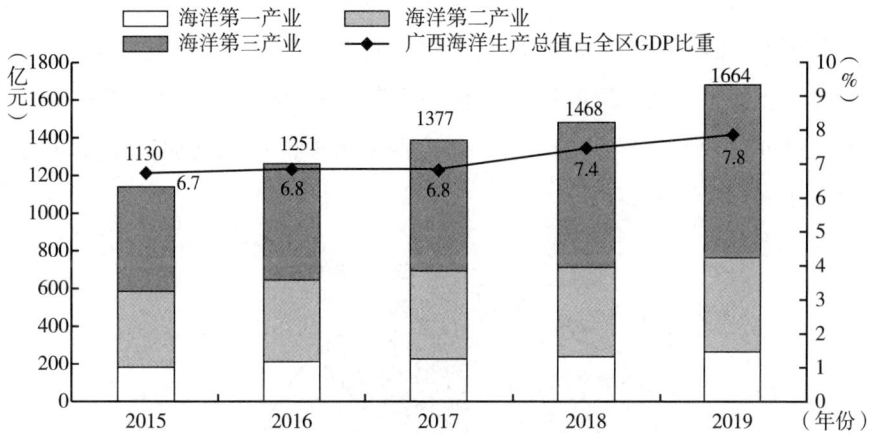

图4 2015~2019年广西海洋生产总值及其占全区GDP比重

资料来源:《2019年广西海洋经济统计公报》。

值的49.5%。其中,主要海洋产业增加值874亿元,占沿海三市地区生产总值的26.0%。从三次产业来看,海洋第一产业增加值263亿元,海洋第二产业增加值498亿元,海洋第三产业增加值903亿元(见图5)。海洋第一、二、三产业增加值占广西海洋生产总值的比重分别是15.8%、29.9%和54.3%。

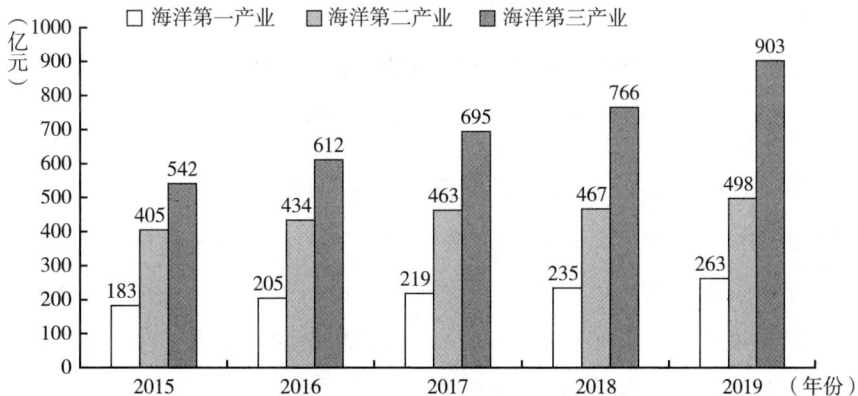

图5 2015~2019年广西海洋三次产业增加值

资料来源:《2019年广西海洋经济统计公报》。

目前，北部湾经济区海洋服务业主要包括海洋交通运输业、滨海旅游业、海洋生物医药业和海洋科研教育管理服务业。2019 年，北部湾经济区主要海洋服务业实现平稳增长。其中，海洋交通运输业、滨海旅游业增加值同比增速分别为 11.5% 和 34.3%，占广西主要海洋产业增加值比重分别为 21.2% 和 31.4%（见图 6）。

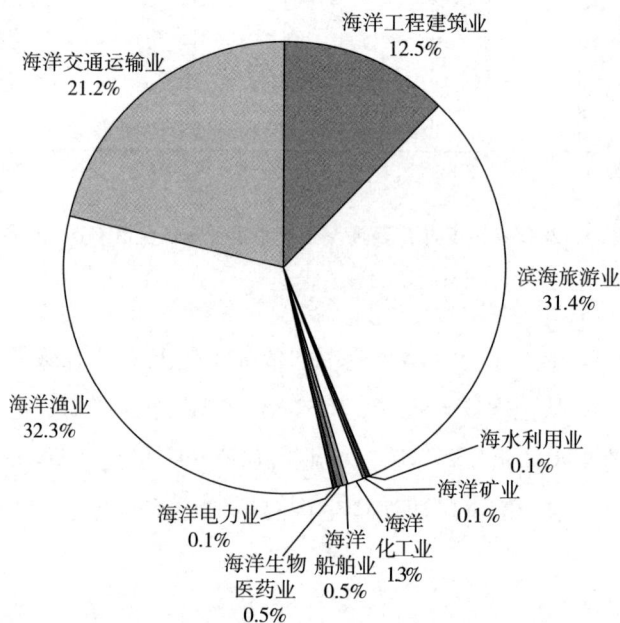

图 6　2019 年广西主要海洋产业增加值构成

资料来源：《2019 年广西海洋经济统计公报》。

2019 年，从海洋交通运输业来看，沿海港口生产呈现快速增长势头，全年实现增加值 185 亿元，比上年增长 11.5%。全年沿海港口货物吞吐量 25568 万吨，比上年增长 14.7%（见图 7）；沿海港口国际标准集装箱吞吐量 382 万标准箱，比上年增长 34.6%。从滨海旅游业来看，滨海旅游业继续保持较快增长，全年实现增加值 274 亿元，比上年增长 34.3%（见图 8）。从海洋生物医药业来看，海洋生物医药业加快发展，全年实现增加值 4 亿元，比上年增长 100%。从海洋科研教育管理服务业来看，海洋

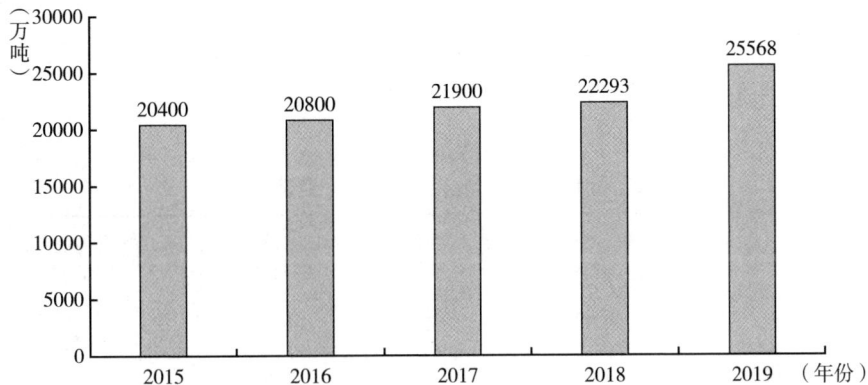

图7　2015～2019 年广西北部湾沿海港口货物吞吐量

资料来源：《2019 年广西海洋经济统计公报》。

科研教育管理服务业增长较快，全年实现增加值 214 亿元，比上年增长
9.7%。

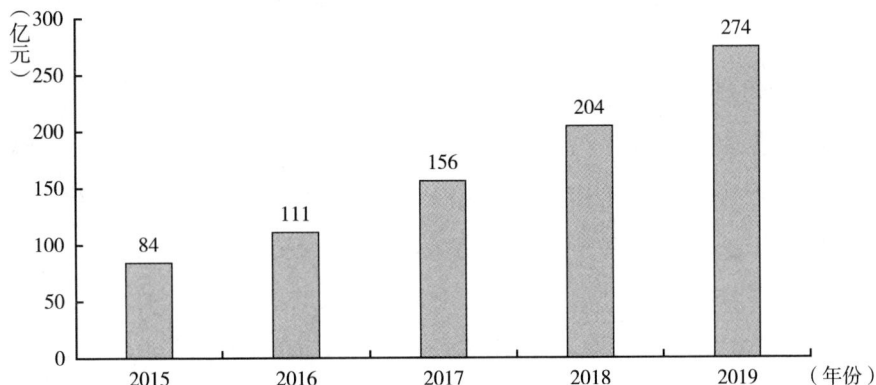

图8　2015～2019 年广西滨海旅游业增加值

资料来源：《2019 年广西海洋经济统计公报》。

（2）旅游康养业规模不断扩大

2019 年，北部湾经济区旅游产业规模不断扩大，总体呈现较快增长的
发展势头，接待国内游客总量、国内旅游总消费分别达到 4.08 亿人和

4517.57 亿元，同比分别增长 26.5% 和 33.1%（见表3）；北部湾经济区接
待国内游客总量、国内旅游总消费占广西的比重分别为 48.9% 和 45.2%，
基本占广西的一半，发挥了广西旅游增长极的作用。

表3　2019 年北部湾经济区旅游产业发展情况

	接待国内游客数（万人）	比上年增长（%）	国内旅游总消费（亿元）	比上年增长（%）
南宁	15209.74	16.2	1699.02	24.2
北海	5278.85	34.1	694.63	39.1
钦州	4988.03	37.0	519.21	40.3
防城港	3651.69	32.9	329.39	39.9
玉林	6970.25	33.0	803.94	39.4
崇左	4726.46	30.8	471.38	37.2
合计	40825.02	26.5	4517.57	33.1

资料来源：北部湾经济区各市《2019 年国民经济和社会发展统计公报》。

（3）数字经济产业集群效应增强

2019 年，北部湾经济区电子信息产业营业收入达 1192.8 亿元，产业集
群效应逐步增强，其产业主要布局在南宁市和北海市，两市电子信息产业营
业收入占比达到 95.68%。其中，南宁市电子信息产业营业收入 590.9 亿
元，占北部湾经济区六市电子信息产业营业收入的 49.54%；北海市电子信
息产业营业收入 550.4 亿元，占北部湾经济区六市电子信息产业营业收入的
46.14%；防城港市尚无电子信息产业（见图9）。

从北部湾经济区产业结构来看，2019 年北海电子信息产业产值占全市工业
总产值的比重达 32.40%，该产业的重点企业达到 29 家；南宁市的占比达
2.40%，钦州市的占比达 2.30%。2020 年 1~5 月，北海市软件和信息服务业完
成主营业务收入 101.66 亿元，占广西总量的 52.6%，同比增长 87.62%，总量居
全区第一，增速居全区第二。其中，中国电子北部湾信息港实现服务业收入

崇左 2.4
玉林 23.1
钦州 26.0
防城港 0
北海 550.4
南宁 590.9

0　100　200　300　400　500　600　700（亿元）

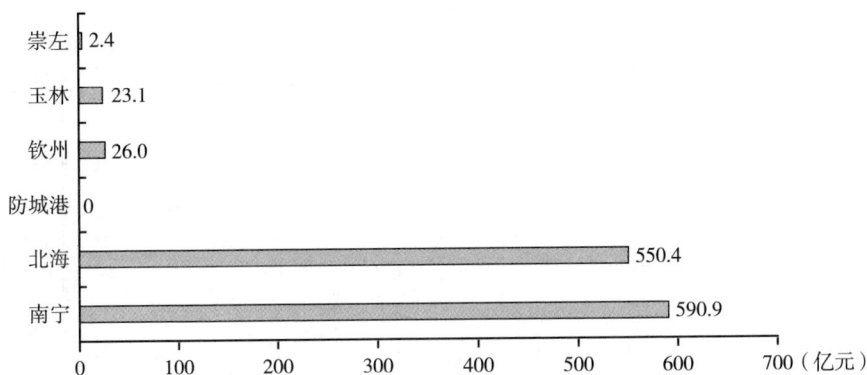

图9　2019年北部湾经济区各市电子信息产业营业收入

资料来源：北部湾经济区各市发改委。

90.58亿元，同比增长128.16%，上缴税额2.45亿元，同比增长24.37%。①

7. 园区平台支撑作用日益明显

从当前12个园区来看，2019年完成规模以上工业总产值13426.2亿元，外贸进出口总额641亿元，固定资产投资额562.5亿元，招商引资项目投资额2148.1亿元，占北部湾经济区的比重比上年同期均有所提升，园区对经济区的支撑作用逐渐增强。从规模以上工业总产值来看，钦州对北部湾经济区工业增长的拉动最为显著，全年广西钦州保税港区完成规模以上工业总产值5500亿元，占全部园区的比重达41%。从外贸进出口总额来看，北海和崇左发挥的作用最大，占全部园区的比重分别达到25.6%和26.5%，特别是北海综合保税区、中泰（崇左）产业园表现突出。从固定资产投资完成情况来看，南宁完成固定资产投资额最大，占全部园区的比重为39.6%，其中南宁经济技术开发区远远高于其他园区。从招商引资项目投资额来看，北海市招商引资工作成效显著，特别是北海工业园、北海铁山港工业区发挥了巨大的作用。按照园区产值（贸易额）增长速度，将园区划分为增长较快园区、平稳增长园区和回落较大园区（见图10）。

———————

① 资料来源于北海市大数据发展局。

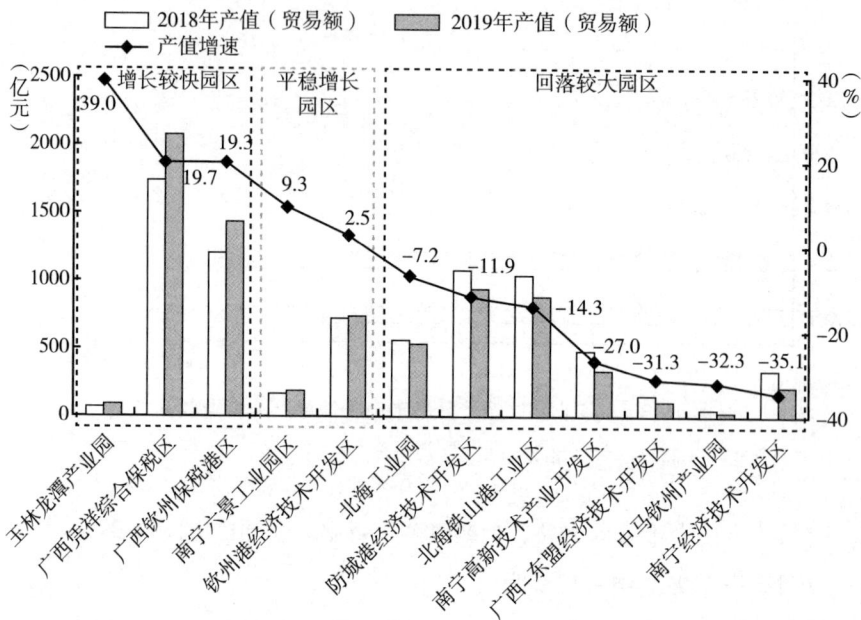

图10　2018~2019年北部湾经济区12个重点产业园产值（贸易额）变动情况

资料来源：北部湾经济区各市发改委。

专栏1-1　2018~2019年北部湾经济区增长较快园区情况

玉林龙潭产业园。建成区面积56.6平方公里，发展临港型产业、建设海峡两岸（广西玉林）农业合作试验区，着重打造以有色金属冶炼、加工以及物流、仓储为主的产业基地。2019年园区产值（贸易额）为87.7亿元，同比增长39%，占北部湾经济区12个重点产业园区产值（贸易额）的比重为1.2%；投资强度为61万元/亩，亩均产值为108.8万元，完成外贸进出口总值0.238亿元，固定资产投资完成额54.6亿元，招商引资项目投资额58亿元。

广西凭祥综合保税区。建成区面积1.01平方公里，主要发展国际贸易、保税物流、加工贸易、跨境电商等产业。2019年园区产值（贸易额）为2077.68亿元，同比增长19.7%，占北部湾经济区12个重点产业园区产值（贸易额）的比重为 27.5%；投资强度为 72.6 万元/亩，亩均产值为 330 万元，完成外贸进出口总值 170 亿元，固定资产投资完成额 0.17 亿元，招商引资项目投资额 0.1 亿元。

广西钦州保税港区。建成区面积 10 平方公里，已形成航运物流、大宗商品贸易、整车进口、酒类进口、国际商品直销、冷链物流、加工贸易等特色产业。2019 年园区产值（贸易额）为 1441.21 亿元，同比增长 19.3%，占北部湾经济区 12 个重点产业园区产值（贸易额）的比重为 19.1%；投资强度为 133.3 万元/亩，亩均产值为 0.37 万元，完成外贸进出口总值 47.6 亿元，固定资产投资完成额 6.32 亿元，招商引资项目投资额 12.2 亿元。

8. 国际门户港的建设初具雏形

2018 ~ 2020 年，广西积极推进港口开放合作，积极建设北部湾国际门户港。截至 2020 年 4 月，47 条集装箱航线在北部湾港建成，实现与世界 100 多个国家和地区的 200 多个港口通航。同时，北部湾经济区不断扩展西部陆海新通道，目前已开行至重庆、四川、云南、贵州、甘肃和陕西等 6 条班列，并通过"渝新欧"和"蓉欧"等中欧班列与"一带一路"有机衔接。2017 年至 2020 年第一季度，北部湾经济区累计发送班列 4300 列，集装箱超过 21 万标准箱。2020 年第一季度，北部湾港完成货物吞吐量同比增长 14.5%，集装箱吞吐量同比增长 32.6%，在全国主要港口中位居第一。

9. 国际开放合作之路越走越宽

2018 年以来，基于"一带一路"的建设契机，北部湾经济区对外开放平台大幅增加，国际合作之路越走越宽。2019 年，广西获批建设中国（广西）自由贸易试验区，这是北部湾经济区国际开放合作的重要机遇。截至 2020 年 3 月，北部湾经济区新设立企业数已超过存量企业数一倍以上，共引入世界 500 强企业 6 家、中国 500 强企业 16 家。

一是泛北部湾经济合作取得务实成果。一批国际产业合作园区建设加快，包括中国—马来西亚钦州产业园区和马来西亚—中国关丹产业园区、中国—印度尼西亚经贸合作区、中泰（崇左）产业园、中泰（玉林）国际旅游文化产业园等；此外，港口吞吐量稳步增长，文莱摩拉港集装箱码头被广西北部湾国际港务集团控股接管运营。

二是沿边开放开发成效显著。近年来，北部湾经济区不断加快建设东兴、凭祥等重点开放试验区，目前已建成全国第一个东盟货币服务平台、跨境保险服务中心、国检试验区。

三是中国—东盟博览会、中国—东盟商务与投资峰会服务能力进一步提升。当前，30多个部长级常态会晤沟通机制已初步搭建，一系列合作框架协议和备忘录已初步签署。

10. 北钦防一体化发展改革创新

北部湾经济区顺应区域一体化发展新趋势，以改革创新的姿态推进北钦防一体化。2019年7月，北钦防一体化正式建立。截至2020年，北钦防一体化已初步推进88个一体化重大项目建设，一些停滞多年的项目得以重启，包括龙门港大桥、大风江大桥等。

二 "十三五"北部湾经济区八大重点产业发展情况

当前，北部湾经济区八大主导产业已逐步形成体系，千亿产业集群营业收入不断增加，2019年冶金精深加工产业集群营业收入居八大主导产业之首，达到1968.4亿元，占八大主导产业总营业收入的比重为26.41%。

（一）电子信息产业成为"高新龙头"

电子信息产业主要包括计算机及外设、新型显示、智能手机、数字通信技术、云计算大数据等产业。当前，电子信息产业已成为北部湾经济区的"高新龙头"。

产业规模。2019年，北部湾经济区电子信息产业集群营业收入达到

1192.8亿元,占八大主导产业总营业收入的16%。

龙头企业。计算机及外设行业的龙头企业包括北海三创科技、南宁富士康等整机生产企业,北海建兴、永旭、北海桂云芯、建准、天硌等外设及计算机配套企业;新型显示产业的主要龙头企业有北海冠捷、北海惠科、世纪联合、龙浩光电、润瑞、博联科技、佳微电子、鼎光电子、天山电子、鑫德利等10家;智能手机产业的主要龙头企业包括龙浩光电、惠科、润瑞、合众科技、群英、京凯达、瑞声科技、歌尔声学、丰达电机、鸿盛达等10家;数字通信技术产业的龙头企业有华为、富士康科技、银江股份、京东集团、北海石基信息技术等5家;云计算大数据产业的龙头企业有云宝宝大数据、广西大数据产业、广西广电大数据科技、广西慧云信息技术等4家。

产业业态。电子信息产业主要分布在北海、南宁、钦州等市,其中北海电子信息产业产值占全市工业总产值的比重达32.4%,南宁电子信息产业产值占全市工业总产值的比重达2.4%,钦州电子信息产业产值占全市工业总产值的比重达2.3%。其中,计算机及外设行业是北部湾电子信息产业中产值规模最大的行业;新型显示产业中北海在产业规模、企业数量、产业链配套等方面都是北部湾地区发展最好的;数字通信技术产业形成了以南宁、北海为龙头,钦州、防城港加快发展,玉林、崇左起步发展的格局;云计算大数据产业主要分布于南宁、北海、钦州,其中南宁市集中了优势资源,是产业发展的排头兵。

专栏1-2 北部湾经济区电子信息产业重点企业

富士康科技(南宁)集团:包括富桂精密工业有限公司、富泰宏精密工业有限公司等,主要生产千兆无源光网络、盒式机、数字机顶盒、车载通信装置、手机和网卡机构件、网卡、CDMA手机。

中电广西长城计算机有限公司:主要生产电子计算机硬件、电子产品、液晶电视、等离子电视等,研发投入约占销售收入的5%,年产电脑整机、显示器等电脑产品100万台,技术来源为自主研发,制备工艺在行业中位居前列。

广西新未来信息产业股份有限公司：公司为中国电子器件百强企业，并获批广西千亿元产业电子元器件研发中心，研究、开发、销售各种计算机软件、硬件、系统集成、电子产品及通信产品，年产片式压敏电阻10亿只；研发投入占销售收入的4.04%；技术来源为自主研发；制备工艺在行业中处于领先地位，承担国家重点科研项目1项。

冠捷显示科技（北海）有限公司：主要从事液晶显示器、液晶电视、电脑显示一体机、其他显示产品及其相关零组件的研发、制造、销售和售后维修服务，项目总投资6000万美元，2011年12月完成厂房装修并正式投产。项目建成后，2012年起四年内达到年产500万台项目产品规模，实现年产值50亿元。

冠德科技（北海）有限公司：主要生产各种交直流电源转换器、变压器、电感、电源连接线、镇流器、计算机配件、按摩器、充电器等产品，产品被欧美等国家和地区广泛使用于各类消费类电子产品、商业机器设备和工业设备。

北海三诺高新科技园：工业用地约800亩，计划总投资20亿元，主要生产音频产品、电脑及附属产品、节能灯、DVD等产品。

朗科国际存储科技产业园：项目工业用地650亩，计划投资额约20亿元，建设产品生产中心及相关配套设施，主要生产优盘、移动硬盘、固态硬盘、多媒体电视内置模块等现有闪存应用及移动存储产品等。

北海石基信息技术有限公司：广西首家国家规划布局内重点软件企业公司，产品拥有全国高端酒店管理软件市场90%的份额，主要产品有石基酒店售后服务支持系统、石基银行卡收单一体化系统、石基酒店前台管理系统、Sinfonia酒店前台管理系统、Pastoral酒店前台管理系统。

广西领华数码科技有限公司：主要产品有领达迅车联网后视镜系统、印象壹本安卓智能导航平板电脑系统软件。

广西航天金穗信息技术有限公司：广西区内唯一从事"增值税防伪税控系统企业开票子系统"技术服务的企业，主要产品有SSK01增值税专用发票防伪税控系统、金穗数据卫士、航信发票数据管理专家软件、航信生产型企业税收管理信息系统。

南宁市洛泽科技有限公司：主要从事电子技术的研究开发、计算机软硬件的技术开发、技术推广及技术服务、电子计算机及零配件销售。

广西德意数码股份有限公司：专业从事中间件技术研究、移动应用开发和IT技术服务的高新技术企业，获得电子发展基金项目4项，国家物联网发展专项资金项目1项，主要产品有龙擎系列中间件软件、德意网上商务管理软件、德意电子商务实验室、德意综合电子报税系统、德意DE软件、DE小机灵协同管理软件、嘉友协同管理软件、龙擎网络管理软件。

广西博联信息通信技术有限责任公司：面向电力行业市场提供电力信息技术服务，主要产品有广西电网公司本部存储系统、综合数据网、移动作业系统、企业信息门户、数据质量管理平台、协同办公系统、配电GIS、MP平台、生产管理信息系统、机关短信平台。

南宁超创信息工程有限公司：企业在信息技术增值服务领域具备一定的实力，主要产品有智能交通解决方案、动力与环境监控方案、智能建筑应用解决方案、视频监控系统解决方案、信息系统整体网络解决方案、系统网络存储与备份解决方案。

（二）装备制造产业初具规模效应

装备制造产业主要包括新能源汽车、工程机械、船舶制造、内燃机等产业。当前，北部湾经济区装备制造产业已初步形成一定规模。

产业规模。2019年，北部湾经济区装备制造产业集群营业收入达到393.8亿元，占八大主导产业总营业收入的5.28%。

龙头企业。新能源汽车主要龙头企业有南宁（申龙）新能源汽车、玉柴新能源汽车、玉柴专汽公司、钦州力顺、卓能新能源等5家；工程机械产业的主要龙头企业有玉柴重工、广西建工集团建筑机械制造、广西达瑞斯工程机械设备、南宁中铁广发轨道装备等4家；船舶制造业的主要龙头企业有中船广西船舶与海洋工程、广西海森特重工等2家；内燃机产业的主要龙头企业是广西玉柴机器。

产业业态。装备制造产业主要分布在南宁、玉林、钦州、防城港，其中钦州装备制造产业总产值占全市工业总产值的比重为2.3%，玉林装备制造产业总产值占全市工业总产值的比重为21.1%。其中，新能源汽车主要分布在南宁、玉林、钦州等地，工程机械产业总量较小，主要分布在南宁、玉林；船舶制造业基础相对薄弱；内燃机产业主要分布在玉林。

（三）石油化工产业实现集群式发展

石油化工产业主要涉及大型炼化装置产业。当前，北部湾经济区石油化工产业开始实现集群式发展，尤以钦州铁山港区发展为引领。

产业规模。2019年，北部湾经济区石油化工产业集群营业收入达到1130.8亿元，占八大主导产业总营业收入的15.17%。

龙头企业。主要包括中国石油、中国石化、中国海油、广西玉柴、广西科元、广西钦州澄星化工、广西新天德能源、上海华谊集团、浙江恒逸集团、桐昆集团等10家龙头企业。

产业业态。石油化工产业主要分布在钦州、北海、南宁、玉林等地，其中钦州石油化工产业总产值占全市工业总产值的比重为44.60%，北海石油化工产业总产值占全市工业总产值的比重为21.20%。其中，大型炼化装置主要集中在以中国石油天然气股份有限公司广西石化分公司为依托的钦州和以中国石化北海炼化有限责任公司为依托的北海两地，南宁以橡塑加工和精细化工为主，玉林以再生资源加工利用为特色产业。当前，北部湾经济区已初步形成了钦州石化产业园、北海铁山港石化产业园、南宁六景工业园区、玉林龙潭产业园等石化产业基地。

（四）冶金精深加工产业继续保持龙头优势

冶金精深加工产业主要包括铝、锰、铜、镍等产业。当前，北部湾经济区冶金精深加工产业继续保持龙头优势,其产业收入居八大主导产业之首。

产业规模。2019 年,北部湾经济区冶金精深加工产业集群营业收入达到 1968.4 亿元,占八大主导产业总营业收入的 26.41% 。

龙头企业。铝产业的龙头企业主要有南南铝业;锰产业的主要龙头企业有中信大锰、新振锰业等;铜产业的主要龙头企业有金川有色、南国铜业等;镍产业的主要龙头企业有北海诚德公司、柳钢中金不锈钢、广西银亿新材料等。

产业业态。冶金精深加工产业主要分布在南宁、崇左、防城港、北海、玉林等地,其中钦州冶金精深加工产业总产值占全市工业总产值的比重为 2.80% ,玉林冶金精深加工产业总产值占全市工业总产值的比重为 13.00% 。其中,铝产业主要分布在南宁市,以南南铝业为龙头,延伸发展轨道车辆、新能源汽车、电线电缆和建材,形成以中高端产品为主的铝加工产业格局;崇左是"中国锰都",锰矿储量占全国的 25% 左右,锰业对全市贡献率达 35% 以上,已成第二大传统支柱产业;铜产业主要分布在防城港、崇左;镍产业主要分布在北海、玉林。

(五)能源产业挺起临海"工业脊梁"

能源产业主要包括火电和风电等产业,该产业已逐步挺起广西沿海城市的临海"工业脊梁"。

产业规模。2019 年,北部湾经济区能源产业集群营业收入达到 601.1 亿元,占八大主导产业总营业收入的 8.06% 。

龙头企业。火电产业的龙头企业主要有广西防城港电力、国投钦州发电、国电南宁发电、国投北部湾发电等 4 家;风电产业的龙头企业主要有中节能钦州风力发电、华电广西、远景能源、宇阳风电、国家电投中国国电等 5 家。

产业业态。主要集中在防城港、钦州、南宁、北海、玉林等地,其中钦州能源产业总产值占全市工业总产值的比重为 7.0% ,玉林能源产业总产值占全市工业总产值的比重为 7.7% 。北部湾经济区是广西重要的火电集中区,约占全区火电装机的 50% 。风电项目主要集中在玉林、北海、防城港和钦州,其中玉林风电资源开发程度较高,北钦防风电整体推进进度与其他地区相比较为缓慢。

（六）林浆纸与木材加工产业迈向生态转型

林浆纸与木材加工产业主要包括胶合板、纤维板、刨花板、红木家具、红木工艺品等产业集群。近年来，该产业逐渐向生态发展转型。

产业规模。2019 年，北部湾经济区林浆纸与木材加工产业集群营业收入达到 611.6 亿元，占八大主导产业总营业收入的 8.21%。

龙头企业。木材加工主要龙头企业有广西丰林木业、广西华峰林业、广西国旭林业发展集团、广西高峰人造板等 4 家。造纸产业主要有广西金桂、斯道拉恩索（广西）、天力丰生态材料、南宁市佳达纸业等 4 家龙头企业。

产业业态。北部湾木材加工产业主要集中在南宁、玉林、崇左等城市，初步形成了以南宁、玉林为中心的胶合板、纤维板、刨花板产业集群，以崇左凭祥为中心的红木家具、红木工艺品产业集群，以南宁、崇左为中心的家具产业集群。其中钦州林浆纸与木材加工总产值占全市工业总产值的比重为 25.80%，玉林林浆纸与木材加工总产值占全市工业总产值的比重为 32.70%。造纸产业主要分布在南宁、北海、钦州等地。

（七）生物医药和健康产业发展潜力明显

生物医药和健康产业主要包括制药产业与生物医药产业。丰富的海洋资源与医药资源使得北部湾经济区具有发展生物医药和健康产业的资源优势。

产业规模。2019 年，北部湾经济区生物医药和健康产业集群营业收入达到 61.3 亿元，占八大主导产业总营业收入的 0.82%。

龙头企业。制药产业的主要龙头企业有培力、万寿堂、圣保堂、恒拓、康华、厚德大健康、康臣药业、康美药业、大参林药业、众森、邦琪、北部湾制药等 12 家；生物医药产业的主要龙头企业有慧宝源制药、南宁海王健康生物科技等 2 家。

产业业态。北部湾经济区的中医药产业主要分布在南宁、钦州、玉林等城市，其中钦州生物医药和健康产业总产值占全市工业总产值的比重为 1.60%，玉林生物医药和健康产业总产值占全市工业总产值的比重为 1.30%。其中，生物医药产业主要分布在南宁、钦州市。

（八）粮油和食品加工产业持续稳步增长

粮油和食品加工产业主要包括食品业、果汁和蔬菜汁饮料产业、粮油产业等。作为北部湾经济区的传统主导产业，粮油和食品加工产业近年来保持持续稳步增长。

产业规模。2019年，北部湾经济区粮油和食品加工产业集群营业收入达到1493.9亿元，占八大主导产业总营业收入的20.04%。

龙头企业。食品业主要龙头企业有南宁博格食品、南宁晋江福源食品、合浦红林食品、黄家月食品、合浦黄记玥亮饼业、北海市果香园、广西盐津铺子等7家；果汁和蔬菜汁饮料产业的主要龙头企业多数是为百事可乐、可口可乐等知名企业代加工，缺少自身品牌，企业知名度不高；粮油产业的主要龙头企业有中粮油脂、大洋粮油、东亚糖业、湘桂糖业等4家。

产业业态。主要分布在南宁、钦州、北海等地，其中钦州粮油和食品加工产业总产值占全市工业总产值的比重为12%，玉林粮油和食品加工产业总产值占全市工业总产值的比重为15%。其中，粮油产业主要集中在钦州、崇左等地。

三 "十三五"北部湾经济区产业发展存在的问题

（一）全球市场不稳定和持续低迷，影响外向型产业引进培育发展

中美贸易摩擦以及新冠肺炎疫情对全球市场产生了极大的影响，导致全球市场不稳定和持续低迷，这对北部湾经济区外向型产业引进培育发展造成了很多直接和间接的影响。其中，家具、木制品、食品粮油等行业受直接影响较大，铝、钢材、饲料、服装等行业均受到不同程度的间接影响，防城港大海粮油、南宁富桂精密等龙头企业产值同比分别下降40%和30%左右，企业出口利润普遍下降5%~10%；由于经济区内制造业缺乏具有较强行业影响力的知名品牌，很多品牌产品为国内知名企业的贴牌生产，也在产业链传导中受到较大的冲击；中美贸易摩擦加剧了东部地区产业"跃顶转移"，这在一

定程度上分流了北部湾经济区的承接产业，比如越南的一系列优惠政策推动越南成为部分东部地区企业输美产品生产基地转移的重要目标地，越南新增FDI中来自中国的投资占比从 2017 年的 4% 增加到 2018 年的 5%。

以北海为例，国外新冠肺炎疫情呈加速扩散蔓延态势，外贸进出口形势严峻，北海市 2020 年第一季度主要经济指标出现下滑，工业生产、税收及外贸进出口等面临巨大压力，加上受 2019 年中美贸易摩擦升级的持续影响，广西三创科技有限公司、广西桂云芯电子科技有限公司等重点企业外贸进出口大幅减产，全市外贸进出口呈现负增长。

以钦州市为例，2019 年规模以上工业产值增速仅为 4.7%，低于年度预期目标 13 个百分点。电子、饲料加工等行业产值下降，全市工业企业停产面超过 10%，利润下降 12.3%。

（二）产业结构以高耗能产业为主，高新技术产业占比较低

目前，北部湾经济区产业发展模式较为粗放，以高耗能产业为主，产业体系中重化工业、资源型产业和初加工产业占比较高，产业链向下游精深加工延伸不够，产品科技含量和附加值不高，高新技术产业占比较低。2019年，北部湾经济区八大重点产业集群营业总收入 7453.7 亿元，其中高耗能产业如石油化工、冶金精深加工、装备制造等产业集群营业总收入分别为1130.8 亿元、1968.4 亿元和 393.8 亿元，分别占营业总收入的 15.17%、26.41% 和 5.28%；高新技术产业如电子信息产业集群营业收入为 1192.8 亿元，仅占营业总收入的 16.00%（见图 11）。

此外，新能源、大数据等新兴产业发展处于起步阶段，培育仍需较长时间，并未形成有竞争力的产业集群。产业园区产业链没有真正形成，产业配套不完善，对经济发展贡献仍较小，支撑经济增长的作用并未充分体现。第三产业仍以传统批发和零售业、住宿业、餐饮业、房地产业等传统服务业为主，现代物流等生产性服务业受软硬件配套不完善等要素影响，服务能力不强，发展严重不足，第三产业后续发展乏力。与黔中经济区相比，大数据、电子信息、生物医药等新兴产业发展不足。

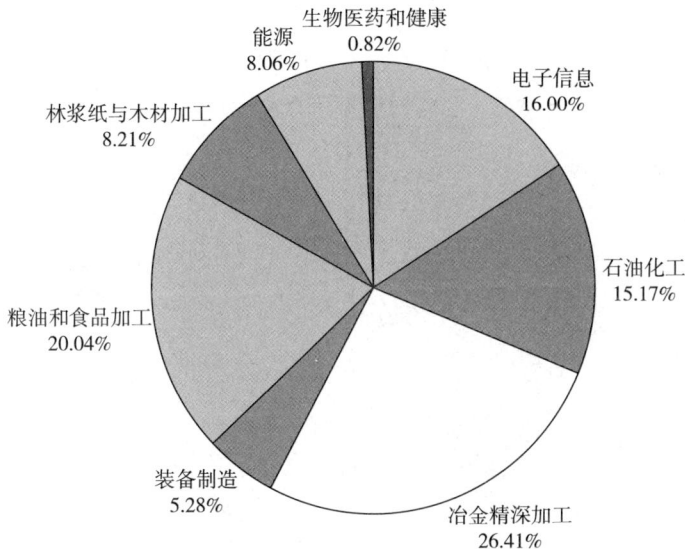

图11　2019 年北部湾经济区重点产业集群营业收入占比

资料来源：北部湾经济区各市发改委。

（三）产业空间布局仍然较为雷同，协同发展格局尚未形成

当前，北部湾经济区电子信息产业、石油化工产业、装备制造产业、生物医药和健康产业在空间布局上具有一定的集聚性。电子信息产业主要布局在南宁和北海，其占比分别为 49.54% 和 46.14%（见图12）；石油化工产业主要布局在钦州和北海，其占比分别为 49.12% 和 36.04%（见图13）；装备制造产业主要布局在玉林和南宁，其占比分别为 58.79% 和 32.76%（见图14）；生物医药和健康产业主要布局在南宁和钦州，其占比分别为 51.88% 和 26.59%（见图15）。其他产业空间布局较为雷同，同一产业项目在经济区六市均衡分布，造成了产业小型化、链条短、特色不突出，导致资源配置效率低下甚至严重浪费，不利于优势企业做大做强，协调发展格局尚未形成。以冶金精深加工产业为例，该产业在防城港、北海、南宁和玉林的占比分别为 27.70%、24.22%、20.74% 和 13.74%，在崇左和钦州的占比分别为 8.61% 和 4.99%（见图16）；以粮油和食品加工产业为例，南宁、

钦州
2.18%
玉林
1.94%
崇左
0.20%
防城港
0%

北海
46.14%

南宁
49.54%

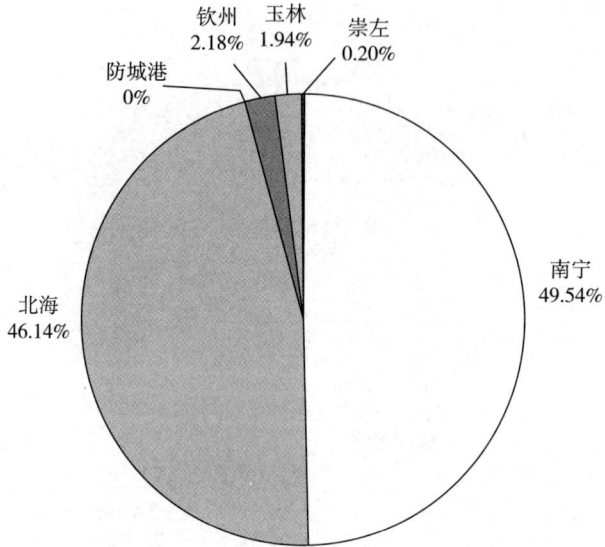

图12　2019年北部湾经济区电子信息产业集群营业收入占比

资料来源：北部湾经济区各市发改委。

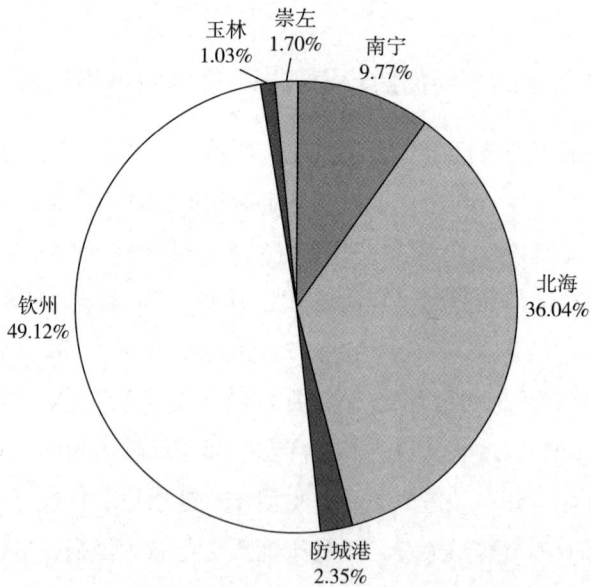

玉林
1.03%
崇左
1.70%
南宁
9.77%

钦州
49.12%

北海
36.04%

防城港
2.35%

图13　2019年北部湾经济区石油化工产业集群营业收入占比

资料来源：北部湾经济区各市发改委。

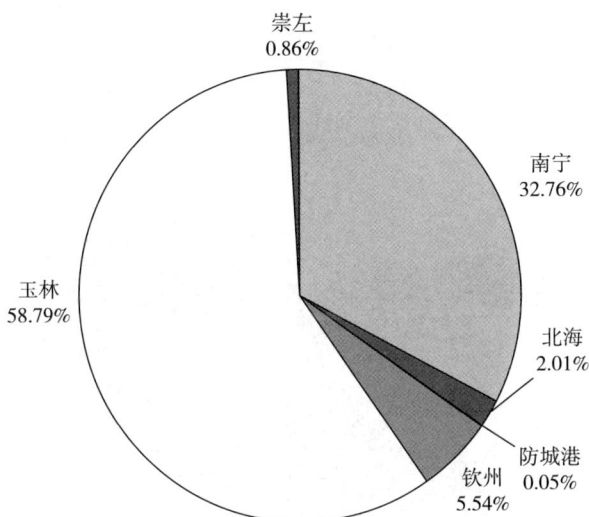

图14 2019年北部湾经济区装备制造产业集群营业收入占比

资料来源：北部湾经济区各市发改委。

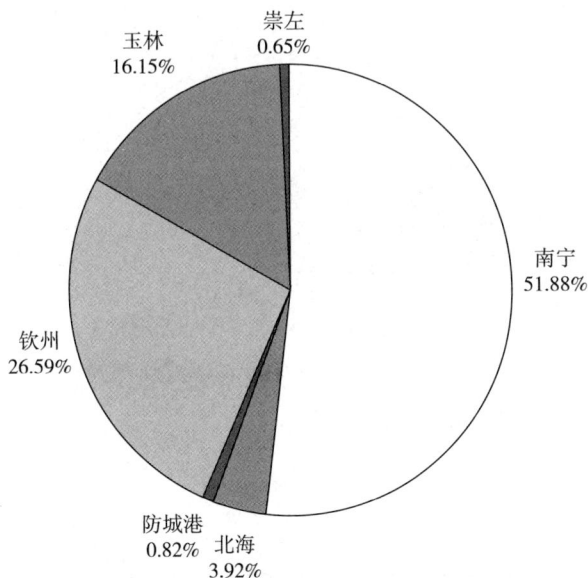

图15 2019年北部湾经济区生物医药和健康产业集群营业收入占比

资料来源：北部湾经济区各市发改委。

防城港、崇左、钦州、北海和玉林的占比分别为28.44%、19.47%、15.72%、14.10%、12.61%和9.66%（见图17）；以林浆纸与木材加工产

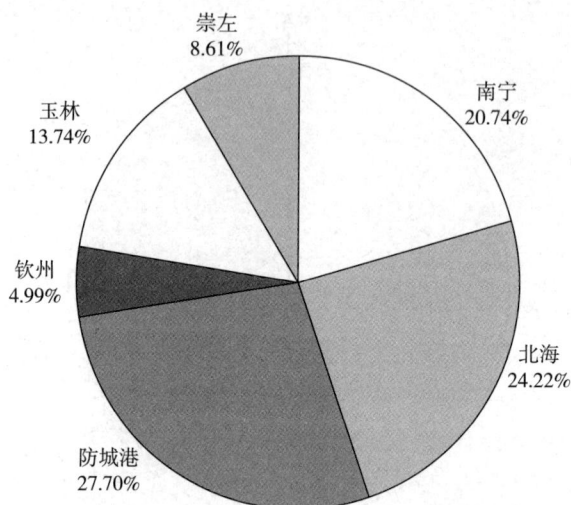

图16　2019年北部湾经济区冶金精深加工产业集群营业收入占比

资料来源：北部湾经济区各市发改委。

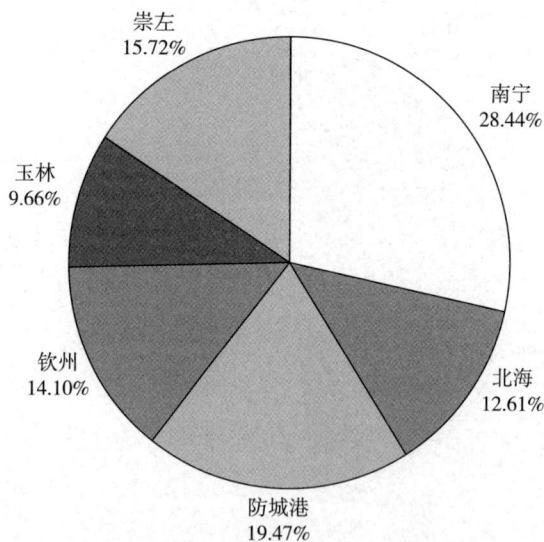

图17　2019年北部湾经济区粮油和食品加工产业集群营业收入占比

资料来源：北部湾经济区各市发改委。

业为例，该产业布局在钦州、南宁、玉林、崇左的占比分别为35.95%、27.57%、13.19%和12.88%（见图18）；能源产业在南宁、防城港的占比分别为29.65%和24.07%，在钦州、玉林、北海和崇左的占比差距不大，分别为14.67%、12.83%、10.68%和8.10%（见图19）。

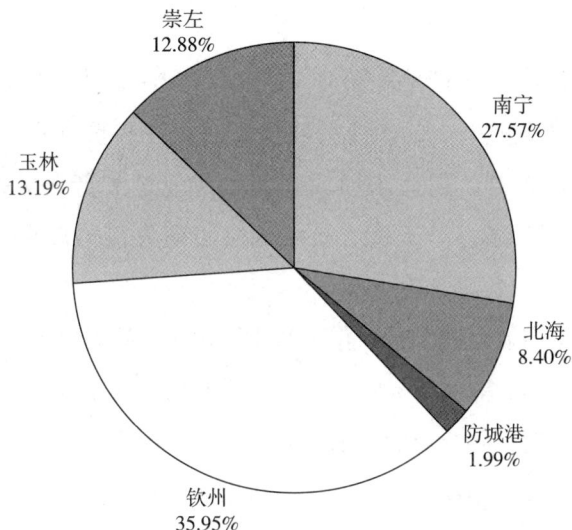

图18 2019年北部湾经济区林浆纸与木材加工产业集群营业收入占比

资料来源：北部湾经济区各市发改委。

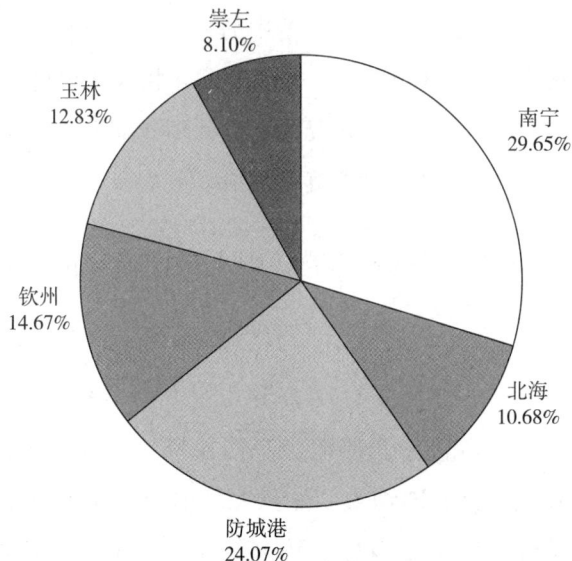

图19 2019年北部湾经济区能源产业集群营业收入占比

资料来源：北部湾经济区各市发改委。

（四）产业引进仍以独立项目为主，补链延链和全产业链引进不足

目前北部湾经济区产业引进以独立项目为主，主导产业的上下游配套项目不多，产业链条上的产业关联度不高。一些重点龙头企业如钢铁、有色金属等虽已投产，但尚未形成完整的产业链和产业集群，短链、缺链和弱链的现象明显，对于核心技术的自主研发能力较弱，对外依赖度较高。

以石油化工产业为例，石油化工产业原料和产品主要由中国石油和中国石化统一购销，因此能对外提供的可用于延伸加工的原料极少，难以满足各自园区现有和规划下游企业的需求，这已成为制约北部湾经济区石油化工产业发展的主要因素；钢铁产业仍以生铁、粗钢和钢材三大产品为主，造船板、桥梁板、汽车板、家电板、建筑板、集装箱板、管线板、锅炉板和工程结构板等专用精品宽厚板，以及机电板、输变电材料等无取向冷轧硅钢板卷精品等中高端产品较少；电子信息产业中的智能手机产业主要集中在产业链中下游环节，光学玻璃、电池材料、外壳材料、摄像头材料等产业链上游环节缺少企业参与，芯片、面板、产品研发设计环节也少有企业参与，尚未形成完整的配套产业，产业集群效应尚未形成。

（五）产业发展重引进轻培育，中小微企业"铺天盖地"格局尚未形成

受外需明显减弱、经济下行压力增大的影响，近年来项目招商引资的省际竞争日趋激烈。目前北部湾经济区投资百亿元以上的单个产业项目屈指可数，在全国具有影响力、号召力的重大产业项目数量严重不足。近年来，北部湾经济区虽然引进了较多企业，但由于产业发展基础设施尚不完善，因此，与周边省市相比，北部湾经济区招商力度不够，政策扶持、产业配套、市场影响等优势不明显，在产业招商竞争中处于相对

劣势地位。

从北部湾经济区各市来看，重大招商项目落地转化率不高，新储备的重大项目较少，中小微企业"铺天盖地"格局尚未形成，新的投资增量有待进一步提升。南宁市项目少、项目小，2019 年度市、区层面统筹推进重大项目计划投资"盘子"比上年缩减 153 亿元；防城港钢铁基地、生态铝等新的重大项目尚未投产，广钢冷轧项目未按预期达产；钦州市项目建设均不同程度地遇到用地用海问题，2019 年重点建设的 410 个项目中，需要落实土地指标约 10 万亩，缺口约 4.8 万亩；崇左市有较多项目存在资金紧缺、征地拆迁慢等问题，有 60% 的重大项目受征地拆迁影响推进较慢；玉林市在建项目中超过 50 亿元的项目只有柳钢中金和正威新材料产业城项目，荔浦至玉林高速公路、玉林—花都合作共建中医药大健康产业等部分重大项目因用地指标、征地拆迁、资金落实等因素推进缓慢，未能顺利实现竣工投产。

（六）产业配套建设较为薄弱，产城融合滞后影响企业引进落地

当前，北部湾经济区产业配套建设较为薄弱，产城融合滞后影响企业引进落地，主要体现在两个方面。

一是园区产业基础设施不完善，产业项目落地困难。在调研中发现，北部湾经济区各园区多数项目投资方提出项目落地生产需配套部分商住开发以平衡投资需求，然而大多数园区自开工建设以来，虽然不遗余力地完善基础设施建设，但由于资金来源渠道少、地方融资困难等问题，大多数园区主干道、水、电等基础设施建设投入明显不足，配套服务设施明显滞后于产业项目建设发展需要，难以满足投资方需求，导致项目落地困难。

二是经济区物流环境有待改善，仓储设施较为缺乏。当前，广西北部湾经济区拥有航空物流的城市仅两个，即南宁和北海。但由于航班、航线不定期，导致经济区物流成本较高，物流运转效率较低，不利于企业的贸易发展，导致原有引进企业将订单甚至生产线逐步从北部湾经济区转移，不利于

北部湾经济区产业的引进和培育。而许多引进企业无奈通过香港、深圳等物流便利的地方对外运输产品,增加了企业的物流成本。北部湾经济区的大部分工业园区目前尚缺乏公共配套的大型仓储设施,其产品的储存主要依靠企业自主建设仓储设施来实现,尤其增加了流动性较强企业的物流仓储成本。以北海市为例,北海集装箱航线整合到钦州后,企业每个集装箱增加了约1500元的陆运至钦州港的费用,同时可能产生集装箱二次调柜费用。在时间上,集装箱陆运至钦州港增加了0.5~1天,货物从钦州港海运到香港至少增加3小时,加上报关、查验等环节共6小时。且航运归集后,北海市失去了港口海运的物流优势,导致招商项目难以落地,也削弱了现有企业的竞争力。

(七)重大产业项目布局以高耗能产业为主,与环境承载能力的矛盾凸显

当前,由于北部湾经济区产业结构以高耗能产业为主,经济区八大重点产业集群中高耗能产业达到5个,包括石油化工、冶金精深加工、装备制造、林浆纸与木材加工和能源产业,其产业集群营业收入占比分别为15.17%、26.41%、5.28%、8.21%和8.06%,这些产业在引进和培育过程中对能耗指标的需求较大。因此,能耗指标问题制约着北部湾经济区重大产业项目的落地建设,使得重大产业项目布局与环境承载能力的矛盾日益凸显。

以北海市为例,2016~2019年已建成投产的设计年综合能耗在1万吨标准煤以上的重点耗能项目新增能耗共计178.94万吨标准煤,远远超出自治区下达的北海市"十三五"期间新增能源消费总量指标95万吨标准煤,当前北海市能耗指标已严重不足,从而影响该市对重大产业项目的引进和培育。此外,在项目推进工作过程中,也往往存在能耗等原因,影响项目进度。如"十三五"期间能耗空间不足,制约了太阳铁山港制浆造纸产业园等重大项目能评报告的批复。

（八）港口优势潜力未充分发挥，对产业引进培育的引领作用偏小

近年来，北部湾港口实现统一规划建设、统一管理运营，使港口在服务水平、集疏运能力、管理体制改革等方面取得了长足进步。2014~2019年，北部湾全港完成货物吞吐量从20189万吨增长到25568万吨，年均增速为4.8%；集装箱量从112万箱增长到382.04万箱，年均增速达27.8%。但北钦防三市的经济规模都不大，难以支撑北部湾港口的发展需求。北部湾港口依然不大不强，与其他临近港口相比没有优势，其海运基础设施对一些重大项目引进培育的吸引力不强。从港口的直接经济腹地规模看，北部湾港口仅为宁波港的40%左右，特别是北部湾港口的经济腹地面临湛江港、珠三角港口群的分流。同时，由于北部湾港口建设起步晚、基础弱、整体基数小，港口的吞吐量还不大，尤其是标志着港口竞争力的集装箱吞吐量，徘徊在百万箱量的级别，离1000万箱的吞吐量还有较大差距。与广州港、深圳港对比，2019年，广州港完成货物吞吐量60616万吨，完成集装箱吞吐量2283万TEU，深圳港完成货物吞吐量为25785万吨，完成集装箱吞吐量为2577万TEU，远远高于北部湾港口（见图20）。

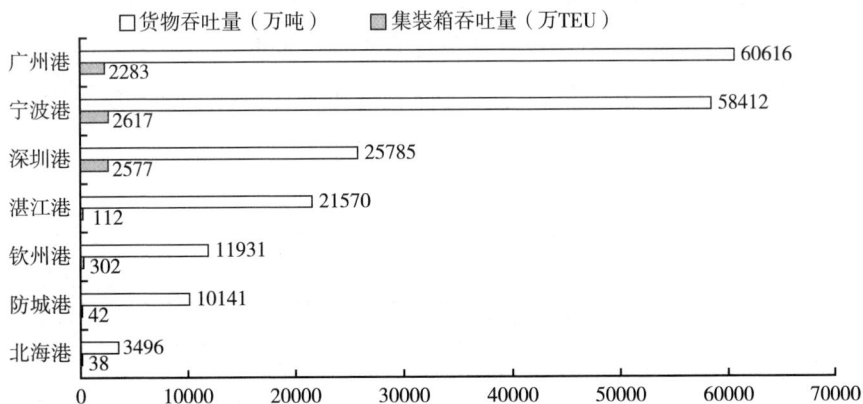

图20 2019年北部湾各港口与重点港口吞吐量对比

资料来源：北部湾经济区各市发改委。

四 "十四五"北部湾经济区产业发展预测

本报告使用粮油和食品加工、造纸和纸制品、石油化工、医药制造、冶金精深加工、装备制造、电子信息、电力热力生产和供应、燃气生产和供应、水的生产和供应等 10 个产业 2010～2017 年的产值数据,分别运用线性回归模型预测法、增长率预测法、占 GDP 比重预测法、占总产值比重预测法等 4 种方法对上述 10 个产业 2020～2025 年的产值数据进行预测。

具体来说,线性回归模型预测法将各产业产值分别对年份进行回归得到回归预测方程,然后使用回归预测方程计算出各产业未来的产值预测值(见表 4);增长率预测法以各产业产值的历史增长率数据和未来发展趋势,设定上述 10 个产业未来增长率预测值分别为 8.07%、10.02%、8.71%、8.51%、15.74%、9.93%、20.07%、1.93%、20.14% 和 5.31%,进而计算出各产业未来的产值预测值(见表 5);占 GDP 比重预测法假定未来各产业占 GDP 比重与 2017 年各产业占 GDP 比重相同,同时假定未来北部湾经济区 GDP 增长率为 6.46%,从而测算出各产业未来的产值预测值(见表 6);占规模以上工业总产值比重预测法假定各产业占规模以上工业总产值比重与 2017 年各产业占规模以上工业总产值比重相同,同时假定未来北部湾经济区规模以上工业总产值增长率为 9.60%,进而测算出各产业未来的产值预测值(见表 7)。

表 4 线性回归模型预测法测算结果

单位:亿元

产业	2020 年	2021 年	2022 年	2023 年	2024 年	2025 年
粮油和食品加工	2983	3195	3407	3618	3830	4042
造纸和纸制品	324	346	367	389	411	433
石油化工产	1841	1946	2051	2156	2261	2366
医药制造	333	358	383	409	434	459

续表

产业	2020 年	2021 年	2022 年	2023 年	2024 年	2025 年
冶金精深加工	2363	2581	2798	3015	3233	3450
装备制造	613	658	704	750	795	841
电子信息	2346	2575	2804	3033	3262	3491
电力热力生产和供应	843	865	887	910	932	954
燃气生产和供应	70	77	83	90	97	104
水的生产和供应	26	28	30	31	33	35

表 5 增长率预测法测算结果

单位：亿元

产业	2020 年	2021 年	2022 年	2023 年	2024 年	2025 年
粮油和食品加工	2903	3138	3391	3665	3960	4280
造纸和纸制品	346	380	418	460	507	557
石油化工	1949	2118	2303	2504	2722	2959
医药制造	328	356	386	419	455	494
冶金精深加工	2724	3153	3650	4224	4889	5659
装备制造	617	679	746	820	901	991
电子信息	2986	3585	4305	5169	6206	7452
电力热力生产和供应	750	765	780	795	810	826
燃气生产和供应	94	113	136	163	196	236
水的生产和供应	27	29	30	32	33	35

表 6 占 GDP 比重预测法测算结果

单位：亿元

产业	2020 年	2021 年	2022 年	2023 年	2024 年	2025 年
粮油和食品加工	2775	2954	3145	3348	3565	3795
造纸和纸制品	313	333	355	378	402	428
石油化工	1830	1948	2074	2208	2351	2503
医药制造	310	330	351	374	398	424
冶金精深加工	2120	2257	2403	2558	2723	2899
装备制造	561	597	635	677	720	767
电子信息	2082	2216	2359	2512	2674	2846
电力热力生产和供应	855	910	969	1031	1098	1169
燃气生产和供应	66	70	74	79	84	90
水的生产和供应	28	30	32	34	36	38

表7 占规模以上工业总产值比重预测法测算结果

单位：亿元

产业	2020年	2021年	2022年	2023年	2024年	2025年
粮油和食品加工	3028	3319	3637	3987	4369	4789
造纸和纸制品	342	375	410	450	493	540
石油化工	1997	2189	2399	2629	2881	3158
医药制造	338	371	406	445	488	535
冶金精深加工	2313	2535	2779	3045	3338	3658
装备制造	612	671	735	805	883	968
电子信息	2271	2489	2728	2990	3277	3592
电力热力生产和供应	933	1022	1120	1228	1346	1475
燃气生产和供应	72	78	86	94	103	113
水的生产和供应	31	33	37	40	44	48

从预测结果来看，使用上述各种方法得到的预测结果偏差不大，这里以线性回归模型预测法测算结果为例进行分析。根据预测结果，2025年，产值超过2000亿元的产业有粮油和食品加工产业、电子信息产业、冶金精深加工产业和石油化工产业，分别为4042亿元、3491亿元、3450亿元和2366亿元；造纸和纸制品业、医药制造业、装备制造产业的产值将分别达到433亿元、459亿元、841亿元；电力热力生产和供应业、燃气生产和供应业、水的生产和供应业三个能源行业产值分别为954亿元、104亿元、35亿元。

五 "十四五"北部湾经济区产业发展环境展望

（一）全球产业链供应链重构带来重大机遇

全球经济发展继续面临巨大的挑战，但也给各国全面调整经济结构、重构世界经济秩序带来了机遇。为实现经济高质量发展，新兴经济体开始努力调整产业结构，加快劳动密集型和资源密集型产业向技术密集型、资本密集型产业转型升级。随着新科技与产业的深入融合发展，发展中国家有望突破发展瓶颈，由低端产业链向中高端产业链攀升，从而改变全球价值链发展格局。中国在全球产业转移的过程中也面临重大机遇：一方面，中国拥有庞大的劳动力供给、较为完善的工业体系、庞大的外汇储备和巨大的国内市场，使得中国产业具有强大的竞争力；另一方面，中国大力推动战略性新兴产业发展，通过一大批重大科技成果的转化，必然可以提高中国的技术创新能力，带动中国产业结构升级，形成具有国际竞争力的创新集群。

中国巨大的市场发展潜力对大量外商直接投资具有强大的吸引力。即使全球新冠肺炎疫情暴发以后，跨国公司出于风险分散的考量，选择将部分在中国的产能转移至其他地区，但中国依托其庞大的市场规模，仍然是跨国公司转移产业的首选，大部分跨国公司不会从中国大规模转出产业链。《2020年度美国企业在中国白皮书》显示，美国企业普遍认为中国的中等收入群体数量正在大幅攀升，这也标志着中国的消费市场拥有巨大的发展潜力，尽管在中美贸易摩擦和全球新冠肺炎疫情的背景之下，美国企业对于中国市场的顾虑较多，但仍然不能阻碍大多数美国企业的来华投资行为。中国欧盟商会《商业信心调查2020》显示，对于大部分在华欧盟企业而言，中国市场因其庞大的发展潜力和发展规模，仍然是在华欧盟企业的首选投资地。即使是还未曾在中国投资建厂的企业，面对中国市场的强大吸引力，也会选择在中国建设工厂，一方面旨在实现企业的多元化发展，有效分散风险，另一方面旨在扩大企业的市场规模。

尽管当前中国的人口红利逐渐消失，但历经几十年的发展，中国积累了一大批熟练劳动力，且建立了较为完善的各类配套设施。再加上中国拥有坚实的制造业基础和完善的工业体系，表现出了明显的产业链集群化发展优势，相比其他大部分新兴经济体而言，中国的制造业生产效率明显更高，这也使得中国制造业吸引了大量外商直接投资。另外，在中国金融经济对外开放发展的进程中，中国政府出台了各项政策和法规，通过构建更好的营商环境，加强知识产权保护，极大地提高了中国制造业对跨国公司的吸引力。北部湾经济区作为我国西部地区重要的出海口，在未来的全球产业链供应链重构过程中也应利用自身资源、区位和产业基础优势，吸引更多全球跨国公司和沿海大中型企业落户北部湾，不断提升自身产业链供应链的稳定性和竞争力。

（二）我国东中西国内大循环带来新机遇

国内大循环有利于我国不同区域间生产要素的优化配置，促进各种资源有序流动，为西部地区经济发展带来新机遇。西部地区在区位条件、营商环境、金融资本、人才规模、产业基础以及地理环境等方面处于劣势，但西部地区具有资源储备丰富、基层缺口较大、市场潜力巨大等发展优势。从供给侧来看，要继续推进供给侧结构性改革，加强体制机制创新，从而实现技术创新和产业升级；从需求侧来看，要尽快落实"两新一重"项目，刺激国内消费市场和投资市场的发展，增强广大人民群众获得感和幸福感。在北部湾经济区的建设过程中，要做到扬长避短，加速制定和落实"双循环"政策。

一是自然资源禀赋优势明显。北部湾经济区拥有丰富的自然资源储备，包括太阳能资源、生物资源、矿产资源、风力地热资源、水利资源等。在国内大循环以及国内国际"双循环"的带动下，北部湾经济区通过充分开发和利用其丰富的自然资源，可以与东部地区和中部地区进行要素交换，实现各类资源和生产要素在三大区域间的自由流通，从而有助于提高北部湾经济区的生产率和经济效益。

二是经济发展潜力大，有利于承接产业转移。北部湾经济区本身拥有丰富的建设用地资源，再加上人口密度较低，能够承接来自东部地区的过剩产能。充分发挥北部湾经济区矿产资源的优势，实现北部湾经济区和东部地区资源要素和资本要素的自由流通，实现"双循环"，促进北部湾经济区产业转型升级、经济快速发展。承接东部地区的产业转移，能够为北部湾经济区引入更多的智力资源和资本资源，助推北部湾经济区农业的现代化和机械化发展。北部湾经济区可依托其丰富的基础性原材料，实现产业链下游向上游的转移，通过开发地热资源项目、风力资源项目、太阳能资源项目，加快构建完善的工业体系。

三是消费需求潜力大，有助于消费升级。与东部和中部地区相比，北部湾经济区的城乡居民收入水平和消费水平普遍偏低，消费市场规模偏小，西部地区经济的快速发展，必然有助于激发北部湾经济区的市场发展潜力。随着"双循环"的深入推进，北部湾经济区将会获得更多的资金、人才和技术的流入，从而促进经济增长和居民收入水平提高，有助于消费升级。

四是区位优势明显，对外贸易发展潜力大。北部湾经济区毗邻东盟国家，可以在北部湾经济区打造内外通道加强与共建"一带一路"国家之间的经济往来，在基建、农产品加工、能源开发等领域建立深度合作关系，促进对外贸易发展，提升我国能源安全性，保障边疆稳定。

（三）广西大力实施"三企入桂"战略部署带来新机遇

中共中央、国务院印发的《粤港澳大湾区发展规划纲要》为粤港澳大湾区发展增添了新动能，北部湾经济区毗邻粤港澳大湾区，可以依托区位优势、政策优势以及产业互补性，精准对接粤港澳大湾区。"两湾"可以在信息领域、金融领域、贸易领域、物流领域、港口领域和产业领域进行深度融合，实现两大区域的互联互通，依托粤港澳大湾区的产业辐射作用，加速北部湾经济区产业发展，通过粤港澳大湾区和北部湾经济区的深度融合发展，提高北部湾经济区的产业实力。鹿心社在 2020 年广西经济工作会议上明确提出，未来广西要加大力度吸引央企、民企和湾企入驻广西，同时要加强广西和粤港澳大湾区八大产业的精准对接，为广西引入一大批粤港澳大湾区的优质产业项目。这次会议的重点已由聚焦搭建政策框架体系，转为通过精准招商的方式为北部湾经济区引入更多微观企业，以便北部湾经济区形成规模化的产业集群，为北部湾经济区产业带来了重大的发展机遇。

（四）北部湾经济区重大开放平台释放新机遇

1. 产业园区成为工业发展主战场

广西北部湾经济区园区经济特征显著，产业园区是工业发展主战场，其拥有 20 个重点产业园区，包括 4 个国家级经开区、2 个国家级高新区和 4

个海关特殊监管区域，还拥有众多东盟合作产业园区。截至2018年10月，广西北部湾经济区重点产业园区完成工业产值（含贸易值）6944.72亿元，同比增长21.20%；完成固定资产投资1314.39亿元，同比增长14.56%；招商引资签约工业项目255项，签约项目总投资1371.5亿元；开展前期工作工业项目签约额1519.21亿元。经济区重点产业园区中，产值超过百亿元以上的园区数量达到11个，其中，凭祥综合保税区、防城港经济技术开发区两个园区产值已迈入千亿元级行列。①

2. 东盟开放合作平台加快推进

近年来，广西北部湾经济区不断加强与东盟国家的高层交往和政策沟通，着力构建中国—中南半岛经济走廊、中国—东盟港口城市合作网络和中国—东盟信息港"一廊两港"三大国际通道，推动陆上、海上、天上、网上"四位一体"的联通，以跨境经贸合作园区推进国际产能合作，以基础设施联通带动贸易畅通、资金融通、民心相通。广西北部湾经济区已成为我国与东盟开放合作交流最活跃、平台最完善、机制最丰富、潜力最可期的先行区之一。广州北部湾经济区面向东盟合作平台见表8。

（1）展会合作平台

广西北部湾经济区拥有全国最高规格的与东盟国家的交流合作平台，2004年以来，每年一届的中国—东盟博览会和中国—东盟商务与投资峰会将南宁作为其永久承办地，同时，泛北部湾经济合作论坛、中国—东盟自由贸易区论坛等活动在南宁的开展为北部湾地区与东盟各国的合作提供了很好的平台，形成了中国—东盟合作的"南宁渠道"。此外，广西北部湾经济区正加快建设中国—东盟信息港、中国—东盟港口城市合作网络、中国—东盟金融合作平台、中国—东盟技术转移中心等合作交流平台。

（2）"两国双园"产能合作平台

广西北部湾经济区创造性地建立了中国—马来西亚钦州产业园区和马来西亚—中国关丹产业园区的"两国双园"新模式。另外，中泰（崇左）产

———————————
① 数据来源于广西壮族自治区发改委。

业园等一批重点合作园区建设也取得显著成效。

（3）保税物流平台

国家支持广西北部湾经济区在符合条件的地区设立保税港区、综合保税区和保税物流中心，拓展出口加工区保税物流功能。当前，广西北部湾经济区已经建成由南宁综合保税区、钦州保税港区、北海出口加工区和凭祥综合保税区等四大海关特殊监管区构成的保税物流体系，其中，南宁综合保税区是中国西南最大的无水港，钦州保税港区是中国西部沿海唯一的保税港区，北海出口加工区是中国西部地区唯一临海的出口加工区，凭祥综合保税区是中国第一个陆路边境线上的综合保税区。

（4）沿边跨境合作平台

广西北部湾经济区已在东兴和凭祥两个国家重点开发开放试验区及边境经济合作区内建立起中越凭祥—同登跨境经济合作区、中越东兴—芒街跨境经济合作区、中越德天—板约国际旅游合作区等一系列沿边跨境合作平台，与东盟国家的跨境经济合作不断加速。

表8　广西北部湾经济区面向东盟合作平台

类别	名称
展会合作平台	中国—东盟博览会
	中国—东盟商务与投资峰会
"两国双园"产能合作平台	中国—马来西亚钦州产业园
	马来西亚—中国关丹产业园
	中泰(崇左)产业园
保税物流平台	钦州保税港区
	南宁综合保税区
	凭祥综合保税区
	北海出口加工区
沿边跨境合作平台	中越凭祥—同登跨境经济合作区
	中越东兴—芒街跨境经济合作区
	中越德天—板约国际旅游合作区
境外合作园区	中国—印度尼西亚经贸合作区
	文莱—广西经济走廊

续表

类别	名称
技术转移中心	与泰国、老挝、缅甸、柬埔寨、印度尼西亚等东盟五国建成双边技术转移中心
农业合作平台	中国—柬埔寨现代农业促进中心
	中国（广西）—越南农作物优良品种试验站
	中国（广西）—老挝农作物优良品种试验站

（五）北部湾产业基础不断夯实释放新机遇

北部湾经济区的临港工业经历了从无到有的发展阶段，在国家政府的支持之下，产业快速集聚，不仅实现了低端产业向高端产业的迅速转型，目前也初步形成了现代临海工业体系，向海经济发展势头强劲。随着我国全方位对外开放格局的形成，粤港澳大湾区和西部陆海新通道的建设为北部湾经济区带来了新的机遇，通过"强首府、一体化"等战略，不断夯实了北部湾产业基础，推动了本区域现代产业体系的建设与完善，一批产业发展示范区逐步形成。

国内产业结构快速转型升级，也为北部湾经济区发展带来了诸多机遇。北部湾拥有丰富的自然资源，带动了建材、食品、石化冶金等特色产业的发展，尤其是加大与粤港澳大湾区的产业对接力度，在融合了粤港澳大湾区的技术、人才、资本等资源以后，北部湾的生物医药、装备制造、电子信息和新材料等新兴产业的发展成效显著。2006年，北钦防工业增加值为160亿元，2018年增长到1300亿元，增长了7倍之多。北海拥有海洋和电子信息产业的发展基础，丝路文化底蕴深厚，也有较为完善的立体交通基础设施，具有打造成向海经济示范区、海上丝绸之路旅游文化名城、生态宜居城市的潜力。钦州是北部湾极其重要的门户港口，拥有开放合作先行和港口集装箱运输集聚优势，可以将钦州打造成为现代化生态滨海城市、区域性产业合作高地。防城港可以发挥沿海沿边、口岸经济活力强劲、大宗散货运输发达等优势，将其打造为国家重点开发开放试验区、面向东盟的国际枢纽港、生态宜居海湾城市。

六 做好"十三五"圆满收官及谋划好"十四五"北部湾经济区产业发展的几点建议

（一）聚焦三个重点承接产业，打造枝繁叶茂的"产业树"

1. 产业承接区域重点：聚焦"大湾区＋东盟"，全面提升东西互补的产业协作体系

当前北部湾经济区正在加快构建"南向、北联、东融、西合"全方位开放发展新格局，瞄准粤港澳大湾区和东部沿海地区开展"三企入桂"大行动，加大力度承接东部地区产业转移。从对接的重点来看，自粤港澳大湾区上升为国家战略以来，自治区紧紧抓住契机，及时出台了全面对接粤港澳大湾区、加快珠江—西江经济带（广西）发展等一系列政策文件，推进粤桂黔高铁经济带合作试验区（广西园）、桂东承接东部产业转移示范区等重大合作平台建设，提升广西承接粤港澳大湾区优质产业转移的能力和水平。为此，"十四五"时期，北部湾经济区必须以"东融、南向"为重点，以"北联、西合"为协同，构建面向粤港澳大湾区和东盟两大战略通道；依托粤港澳大湾区雄厚的科技创新资源，聚焦"三大三新"，对先进装备制造业、新一代信息技术产业和生物制药等主导产业进行产业链补缺，引进更多创新企业、创新平台、创新成果，推动产业合作转型升级，打造优势特色产业链，形成与粤港澳地区梯度发展、分工合理、优势互补的产业协作体系。

2. 产业承接方向重点：聚焦重点产业，构建完备的现代化产业体系

近年来，北部湾经济区已经逐步形成了石油化工产业、冶金（含有色）产业、电子信息产业、装备制造产业、食品产业、林浆纸产业、能源产业、数字经济、大健康等具有一定比较优势的产业体系，但产业发展仍处于做大规模阶段，产业环节处于价值链中低端的粗加工制造，产业配套服务和产业生态不健全，各产业相互之间关联度不高，现代化产业体系尚未构建。2020

年，北部湾经济区陆续与中谷海运集团、东方希望集团、香港众诚能源集团、北京中昊智达投资集团、亚太森博（广东）纸业有限公司、河南金山化工集团等企业签署投资合作协议，项目涉及新能源、新材料、大健康、现代农业、林浆纸一体化等产业细分领域，为北部湾经济区带来了科技含量高、产业带动力强、市场前景好的发展新动能。为此，"十四五"时期，北部湾经济区必须把产业发展的重心放在补齐产业配套能力和上下游协作能力的短板上，通过产业结构调整、产业链完善、产业布局优化、节能减排部署、配套体系建设，有效提升产业体系的运转效率和盈利能力。通过"补链、强链、延链"，推动北部湾经济区重点产业向纵向深化、横向拓展，龙头企业引进及中小企业培育初见成效，工业之"干"、工业"枝叶"初具规模，形成特色鲜明、布局合理、链条完备、结构优化的产业链条和产业集群，构建北部湾经济区现代产业体系。

3. 经济区区域分工重点：聚焦园区产业基础，打造错位协同的产业承接体系

北部湾经济区各市具有不同的发展基础和地方特色，"十四五"时期各市必须要立足功能定位，密切互联互通，调整经济结构和空间结构，实现差异化、互补性协同发展，促进区域一体化协同发展，加快实现产业体系的无缝衔接，使其成为全区经济发展的重要增长极。

聚焦南宁市区及周边重点工业园区，大力实施强首府战略，以高端铝精深加工、装备制造、新一代信息技术、新能源汽车、现代金融等产业为主，积极拓展与深圳、广州等粤港澳大湾区重点城市电子信息、智能制造、现代金融、现代物流、电子商务、科技服务等产业的对接与合作。推动中国—东盟信息港南宁核心基地、中国—东盟环保技术与产业合作交流示范基地等"一带一路"倡议的重要载体建设。以富士康科技（南宁）集团、申龙新能源汽车和南宁中铁广发轨道装备等企业为依托，带动一批重点产业项目引进与培育，促进产业集聚发展。

聚焦北海市区及铁山港工业区、北海工业园、合浦产业园等核心区域，以智能终端和新型显示为核心的电子信息、不锈钢新材料、数字经济、生物

医药、海洋服务等产业为重点，主动承接东部沿海地区计算机整机及配套产品、液晶光电显示、移动智能终端等电子信息产业，同时积极承接临港新材料、石化产业转移。以广西星宇智能电气有限公司、广西辉煌朗洁环保科技有限公司、北海银河生物产业投资股份有限公司等企业为依托，引进粤港澳大湾区及其他东部沿海地区先进生产技术和重点项目，力争在新一代电子信息、生物医药等重点产业发展上取得一定突破。

聚焦钦州保税港区、钦州港经济技术开发区、海峡两岸产业合作区、中马钦州产业园区等多个国家级开放合作平台和钦州石化产业园区、钦州高新区等自治区级园区，引进和培育以现代石化及煤化工、能源、林浆纸与木材料加工、港口物流等为主的重点产业，以获批的整车进口、汽车平行进口试点等国家级口岸功能平台优势，实现与粤港澳大湾区先进制造业精准对接。以中国石油天然气股份有限公司广西石化分公司、广西钦州澄星化工科技有限公司、国投钦州发电有限公司、广西金桂浆纸业有限公司等企业为重点，鼓励引进粤港澳大湾区具有产业优势的龙头企业或龙头企业的优势技术，力争实现钦州市石油化工、能源等临港产业链进一步改造升级。

聚焦防城港经济技术开发区、东兴凭祥边境经济合作区及周边重点开发区，全面对接东盟市场，引进和培育边境加工贸易、生物医药、铝精深加工、高端装备制造用钢及金品建材钢材、现代物流、现代金融等重点产业。以广西盛隆冶金有限公司、广西柳州钢铁集团有限公司防城港钢铁基地为重点，鼓励引进粤港澳大湾区具有产业优势的龙头钢铁企业，以中国铝业集团有限公司防城港基地项目为重点，着力在海洋运输用铝合金板材产业链延伸上取得新突破。

聚焦玉林龙潭产业园及周边重点开发区，以发展装备制造和加工贸易产业为主。依托玉林丰富的土地、劳动力优势，以装备制造和加工贸易产业为基础，深入对接粤港澳大湾区，加快集聚产业发展要素，重点引进与培育在装备制造、生物医药、食品轻工以及其他生产性服务业等领域具有较大发展优势的企业和项目，加快推进龙潭产业园、玉港合作园、玉林跨境电子商务港、广西先进装备制造城（玉林）、中滔博白节能环保产业园和现代农机装备产业园等重点平台的规划建设，促进与粤港澳大湾区共建合作园区，依托广西玉柴机器股份有限公司、广西玉林达业机械配件有限公司、广西玉林柳钢环保有限公司、大参林医药集团股份有限公司等重点企业，鼓励引进粤港澳大湾区知名企业的高精尖技术，力争在高端装备制造等产业链完善和升级方面取得较大突破。

聚焦崇左、凭祥综合保税区及周边重点开发区，以边境加工贸易以及金融服务、现代物流、跨境旅游等生产性服务业为主。深入实施"加工贸易倍增计划"，引进粤港澳大湾区企业入驻凭祥综合保税区、凭祥边境经济合作区、中泰产业园等园区，与粤港澳大湾区企业合作发展红木加工创意、特色食品加工、跨境金融等重点产业，加快凭祥重点开发开放试验区、凭祥市跨境冷链物流项目、广西·中国糖业产业园等重点平台建设。积极引入粤港澳大湾区企业，合作申报建设中国—东盟边境贸易龙州（水口）国检试验区、中越凭祥—同登跨境经济合作区、龙州边境经济合作区等。以盐津铺子食品科技有限公司、凭祥市栗鑫豆类加工食品有限公司等企业为重点，鼓励引进粤港澳大湾区及其他东部沿海地区的重点企业、重点项目和关键技术，着力在特色食品加工、现代金融等产业链升级与改造方面取得较大突破。

（二）立足四大优势夯实基础，打造国内国际双循环的重要"门户港"

1. 政策优势：多重国家开放平台叠加

近年来，新一轮西部大开发、西部陆海新通道、粤港澳大湾区建设、中国（广西）自由贸易试验区等战略相继出台，面向东盟的金融开放门户、中国—东盟信息港、南宁临空经济示范区、北部湾国际门户港等正在加快建设，多重开放平台叠加为经济区的发展注入新动能带来新机遇。其中，西部陆海新通道规划提出建设自重庆、成都至北部湾港出海口的三条主通道，广西正将北部湾港建成具有"一流的设施、一流的技术、一流的管理、一流的服务"的国际"门户港"，建成立足西南中南、辐射西部区域、衔接亚欧大陆，面向东盟、联通全球的物流服务网络，形成辐射西南中南的现代化港口城市群；广西自贸试验区自启动建设至2020年8月20日，累计新增企业10285家，日均登记企业数量是挂牌前的3倍，区内企业总数达14308家[①]；建设面向东盟的金融开放门户总体方案提出广西北部湾经济区5个市在沿边金融、跨境金融、地方金融改革方面先行先试，给予了极其优惠的政策支持，这将为"十四五"时期北部湾经济区产业引进与培育打下坚实的基础，提升经济区产业竞争力和经济实力。

2. 区位优势：陆海统筹的关键枢纽

广西北部湾经济区是我国西部地区唯一的沿海区域，水深浪缓，天然港湾众多，沿海地区海岸线曲折绵长，通航能力强，建港条件优越，港口腹地广阔。目前适合建设泊靠能力万吨以上的有北海、钦州、防城港3个港口，经济区总共拥有大小港口21个，三市建港条件优越、港口区域岸线丰富、常年不冻不淤，发展潜力巨大。北部湾经济区毗邻粤港澳大湾区，具有"一湾相挽十一国，良性互动东中西"的独特区位优势以及沿海、沿江、沿边的地理空间特征，是中国—东盟自由贸易区、大湄公河次区域、中越"两廊一圈"、泛北部湾经济合作区等多个经济合作的交汇融合点，是我国华南经济圈、西南经济圈与东盟经济圈的重要连接地，是我国与东盟各国进行经济交往和全面合作的重要桥梁及枢纽。北部湾经济区具有双向沟通国内和东盟的区位优势，具有粤港澳大湾区辐射区的优势，为粤港澳地区产业直接进入东盟市场提供了便利条件，这是北部湾经济区产业引进与培育的巨大优势。

3. 产业优势：多产业循环的发起点和联结点

加快构建以国内大循环为主体、国内国际双循环相互促进的新发展格局，是以习近平同志为核心的党中央根据国内国际形势新变化做出的重大战略部署。新发展格局下，原本以东部发达地区为主体"两头在外"参与国际经济大循环的模式，逐步转变为以东中西互动、内外贸贯通的国内国际双

---

① 数据来源于广西壮族自治区发改委。

循环相互促进新模式。东部地区特别是粤港澳大湾区部分向东盟国家"外移"的产业，开始加紧调整向中西部地区"西移"，形成产业次第开花和优势互补的区域分工格局。北部湾经济区是国内诸多产业循环的发起点和联结点，也是融入国际国内双循环特别是东盟区域循环的重要通道，是东部地区尤其是粤港澳大湾区产业转移的重要承接地。2020年以来，北部湾经济区加快"三企入桂"步伐，主动承接粤港澳大湾区产业转移，推动东方希望集团北海循环经济产业基地项目、恒大健康产业集团扶绥恒大文化旅游康养城项目、万有（南宁）国际旅游度假区项目等一批重大项目相继签约落地，有助于北部湾加快形成衔接国内国际双循环产业的关键节点。

4. 人力优势：与大湾区形成"量"与"质"的互补

广西劳动力资源丰富，2019年劳动年龄人口（16～59周岁）占常住人口的比重为63.12%，达3027.27万人。从劳动年龄内部结构来看，劳动年龄人口平均年龄仅为36.3岁，是我国目前人口红利最强劲的省（区、市）之一。① 广西有超过700万名劳动力在粤务工，随产业转移回流潜力较大，这是北部湾经济区产业引进与培育的劳动力基础。但北部湾经济区高等院校和科研机构建设较为薄弱，导致区域企业高素质管理人才和高精尖技术人才供给严重不足，而粤港澳大湾区的突出优势正是人才优势。近年来，广东省引进世界一流水平的创新科研团队超过100个，院士、长江学者等高端人才超过700人，仅新型研发机构就拥有研发人员3万余人。同时，粤港澳大湾区还拥有香港大学、香港科技大学、澳门科技大学、中山大学、华南理工大学等一大批顶尖高水平院校。目前，广西推出"港澳台英才聚桂计划"，大力吸引粤港澳大湾区电子信息、新材料、高端装备制造、中医药、汽车等重点产业领域英才。目前，北部湾经济区与粤港澳大湾区产学研合作日益密切，已有多个院士工作站与广东院士合作。强化人才资源优势互补与互利合作，利用好粤港澳大湾区人才优势，将为北部湾经济区与粤港澳大湾区产业精准对接、产业转移与承接提供人才支撑。

---

① 数据来源于广西壮族自治区统计局。

（三）创新五种模式精准对接，突破产业低端锁定"魔咒"

北部湾经济区与粤港澳大湾区产业体系精准对接具备良好的基础、独特的优势，但在产业创新、产业生态系统对接等方面也存在一些短板，需要从发展规划、科技创新、项目建设等方面选择正确的突围路径，必须坚持"强龙头、补链条、聚集群"，构建区域产业链、创新链、价值链，促进北部湾经济区与粤港澳大湾区产业体系的精准对接。

1. 全产业链模式：以"龙头 + 配套"带动产业集聚式引进

全产业链引进模式，作为一种外向型的产业引进和培育发展模式，以强势政府和有效政府为基础，以招商引资为手段，以土地换资金，以空间求发展。北部湾经济区应充分利用粤港澳大湾区和国际产业转移的良机，以南北钦防一体化为依托，充分挖掘自身优势，以构筑设施完善、服务到位的全产业链园区为载体，围绕北部湾经济区沿海、沿边产业承接带，全产业链引进粤港澳大湾区的五金水暖、日用化工、家具家装建材、照明电器等消费品，以及新一代信息技术、新材料、先进轨道交通装备、生物医药、新能源汽车、人工智能等新兴产业，与北部湾经济区当地企业共生共长而形成产业集聚，逐步培育形成特色鲜明、配套齐全的完整产业链。通过引进一些产业领域的龙头企业，进而吸引大量相关行业的企业及其配套服务项目竞相前来北部湾投资落户，以"龙头 + 配套"发展的全产业链转移模式带动北部湾经济区产业集聚式发展。

2. 双中心双总部模式：研发在大湾区、制造在北部湾

科技创新是北部湾经济区的短板，却是粤港澳大湾区的突出优势。2018年，广东省专利申请量、授权量双双名列全国第一，创新能力强、成果质量高。东南沿海地区绝大多数创新成果诞生于粤港澳大湾区九市。2018年，粤港澳大湾区拥有超过40万名从事研发的科学家和工程师，世界500强企业20家，国家级高新技术企业约4.3万家，构成了粤港澳大湾区现代产业体系发展的核心推动力。因此，对于部分北部湾经济区研发较弱的高技术产业，可以与广东进行深入合作，采用"研发在大湾区、制造在北部湾"的

双中心双总部模式,如人工智能、无人机、机器人等产业方面。双中心双总部模式有利于粤港澳大湾区和北部湾经济区的"两湾联动",通过双中心双总部模式推进制造业生产环节向北部湾转移,在开拓市场范围、扩张企业规模的同时,避免了产业"空心化",有利于企业有效获取资源和节约生产成本。

3. 跨境产业链模式:"大湾区 + 北部湾 + 东盟"研发、生产、组装协同分工

对于部分与粤港澳大湾区紧密合作的制造业企业,研发在大湾区有利于提升企业自主创新能力,在大湾区研发的基础上,将部分主要核心零部件的生产制造基地布局在北部湾经济区,并将产品的最后组装布局到以越南为代表的东盟国家,从而使企业价值链与区域资源实现最优空间契合,也有助于北部湾企业进一步开拓东盟市场。对于装备制造、新材料制造、电子信息等重点产业,应注重吸引粤港澳大湾区内世界 500 强企业、国企、大型民企入驻北部湾经济区,并以南宁、北海、钦州、防城港等为重要基地,积极参与境外产业集聚区、经济特区、工业园区、经贸合作区等合作园区的建设。加快建设电子信息产品检测分析服务平台等重要载体,打造面向东盟国家的生产基地。加快推进北海—澳门葡语系国家产业园建设,打造国际经贸合作示范区。建设北部湾经济区企业主导的跨境产业链,联合粤港澳大湾区"走出去",到东盟整合与延伸产业链,有助于转移化解北部湾富余优势产能,加快北部湾经济区产业转型升级,构建北部湾企业的国际分工体系,用跨境产业链连接中外产业,提升北部湾经济区产业国际影响力。

4. "总部 + 工厂"模式:大湾区生产性服务业与北部湾制造业相互促进

北部湾经济区与广东紧密相邻,是粤港澳大湾区的直接辐射区、重要经济腹地,也是粤港澳大湾区产业转移的重要目的地和拓展东盟市场的便捷桥梁,同时是粤港澳大湾区通往东盟以及欧洲市场的重要窗口。对于一些广西具有良好产业发展基础和优势,粤港澳大湾区也有一定转移意愿的产业,可以实行总部在大湾区、市场在广西的"生产性服务业 + 制造业"模式,如在海洋工程装备及高技术船舶、先进轨道交通装备、部分新材料

等产业方面，可以吸引更多粤港澳大湾区企业来北部湾投资，将相应的制造业布局到北部湾经济区，而生产性服务业则留在粤港澳大湾区。将工厂搬迁到北部湾经济区，有利于产品就地销售，对粤港澳大湾区和北部湾经济区来说是双赢的，粤港澳大湾区可以获得比在当地生产更大的利润回报，北部湾经济区将以此带动本区域的产业发展和产业结构优化升级。

5. 内陆城市群协同发展模式：推动"长江中游城市群＋北部湾城市群＋东盟"产业链供应链区域联动发展

利用好广西"北联"发展的契机，发挥好长江中游城市群和北部湾城市群在区位、资源等方面的互补优势，围绕共同参与西部陆海新通道、深化泛珠三角区域合作等战略机遇，加强科技创新、产业发展、商贸物流、交通运输、文化旅游、开放合作等领域的交流合作，促进两个城市群的空间功能分工和协同发展。以西部陆海新通道建设为契机，长江中游城市群和北部湾城市群要进一步加强机械制造、新材料、汽车、数字经济、生物医药等重点产业合作，打造面向东盟的先进制造业生产基地，共同推动构建"长江中游城市群—北部湾城市群—东盟"跨境产业链供应链，更好开拓东盟等共建"一带一路"市场。加强自贸试验区建设合作和经验共享，进一步发挥中国—东盟博览会、泛珠三角区域合作、中非经贸博览会等平台作用，建立健全资源共享、区域联动、市场互动、信息互通等区域合作机制，共同推进现代流通体系硬件和软件建设，为畅通国内市场、开辟国际市场提供有力支撑，推动北部湾经济区与长江中游城市群合作向更宽领域、更高层次全方位迈进。依托两区省级科技创新平台，加强科技创新交流合作，共同推进面向东盟的科技创新合作，激发创新活力，推动科技成果转移转化，增强区域协调发展新动能。

分 报 告
Topical Reports

B.2
广西北部湾经济区2020年北钦防
一体化改革报告

陈禹静*

摘　要：　推进北钦防一体化，实现三市高水平开放和高质量发展，有
利于北钦防三市建成广西高质量发展重要增长极。2019年以
来，北钦防经济一体化持续加快，交通"卡点"加快打通，
产业体系加快构建，开放平台加快建设，区域一体化发展取
得显著成果。受新冠肺炎疫情蔓延和中美经贸摩擦加剧的影
响，北钦防三市外贸产业链、供应链面临的不确定性较大。
但"危"中有"机"，北部湾是与大湾区、东盟联系最紧密
的地区，承接产业转移迎来发展机遇。在多重战略与政策效
应的叠加影响下，北钦防发展定位和独特作用日益明显，一
批重大项目的开竣工将为北部湾经济区各市扩投资、稳增长

* 陈禹静，广西社会科学院工业经济所副所长、副研究员，广西"十百千人才"第二层次梯队
人才，主要研究方向为工业及区域经济发展。

带来新的增长点，有力助推北部湾经济区构建全方位开放发展新格局，服务"一带一路"、西部陆海新通道建设。

关键词： 北部湾经济区　北钦防一体化　区域协调

北海市、钦州市、防城港市同在北部湾，共处一片海，地缘相近、人缘相亲、文化同根。推进北钦防一体化是自治区党委、政府贯彻落实党中央对广西工作重要指示精神、推动北钦防实现高水平开放和高质量发展的重要举措，有利于北钦防三市建成广西高质量发展重要增长极。2019 年以来，北钦防在交通、产业、开放等领域先行先试，积极推动区域一体化发展取得显著成果，有力加快了北部湾经济区的开放开发步伐，对加快构建全区开放发展新格局具有十分重要的意义。

一　2019年北钦防一体化改革建设取得显著成效

（一）经济一体化发展持续加快，经济增速高于全区

面对错综复杂的国内外环境和持续加大的经济下行压力，北部湾经济区按照自治区党委、政府的工作部署，认真贯彻落实习近平总书记对广西工作的重要指示精神，坚持稳中求进工作总基调，落实高质量发展要求，紧紧围绕"六稳"工作要求，统筹推进稳增长、促改革、调结构、惠民生、防风险、保稳定工作，北钦防一体化、广西自贸区、西部陆海新通道建设等取得新进展，确保了全年经济运行总体保持稳定和发展质量持续提升，北部湾经济区经济运行呈现高位开局、低速运行、缓中回升的"U"形态势，全年经济增长 6.4%，其中北海市、钦州市、防城港市经济分别增长 8.1%、7.8%、5.4%，总体呈北海市和钦州市增长快、防城港市增长慢的态势。

2020 年以来，突如其来的新冠肺炎疫情对北部湾经济运行产生重大影响，

生产经营停滞、市场需求骤降、人财物流动受阻，在中央和自治区的坚强领导下，北部湾各级各部门统筹推进疫情防控和经济社会发展，生产生活秩序加快恢复。特别是 2 季度以来，北部湾经济区狠抓奋战一百天、攻坚 2 季度、稳住上半年经济增长的"26 条"政策措施落实，扎实做好"六稳"工作、全面落实"六保"任务，全力以赴推动复工复产、复商复市，积极化解疫情后续不利影响，千方百计稳住经济增长基本面，经济社会发展各项工作取得了积极成效。2020 年上半年北部湾经济区 6 市经济同比增长 1.6%，比 1 季度（-1.6%）提高 3.2 个百分点，比全区平均水平（0.8%）高 0.8 个百分点（见图 1）。

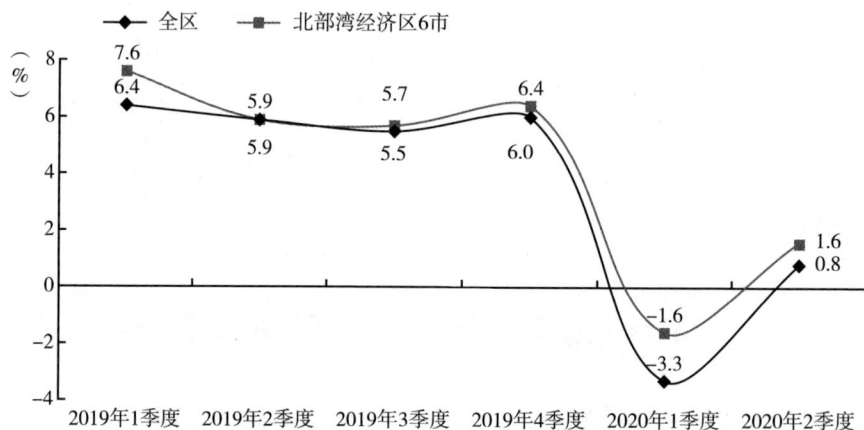

图 1　北部湾经济区 6 市与全区季度经济增速走势对比

资料来源：广西壮族自治区北部湾经济区规划建设管理办公室网站。

（二）一体化产业体系构建加快，重大项目建设提升

近年来，北钦防一体化区域先后布局建成了钦州 1000 万吨炼油、北海炼化、防城港红沙核电、钦州金桂林浆纸、北海斯道拉恩索浆纸、北海诚德新材料等一大批重大产业项目。在此之前，北钦防三市产业长期存在无序竞争、重复建设等问题，《北钦防一体化产业协同发展会商制度》出台后，三市围绕"强龙头、补链条、聚集群"发展思路，聚焦培育冶金精深加工、石油化工、电子信息、钢铁等临港优势产业，惠科电子北海产业新城、钦州

华谊新材料、钦州恒逸化工、防城港中铝生态铝、华立东兴项目、瑞声光学模组、瑞声—龙旗 AI 可穿戴设备等一批新引进重大项目有序推进，项目效益持续发挥，支撑作用不断增强，中国电子北部湾信息港已成为广西规模最大的服务业聚集区，钦州石化产业园区是中国西南地区重要的能源化工基地，防城港绿色高效智能化型钢生产基地正在快速形成。

2019 年北钦防一体化区域规模以上工业增加值同比增长 8%，分别高于北部湾经济区 6 市（6.8%）、北部湾经济区 4 市（5.5%）1.2、2.5 个百分点，高于全区平均水平（4.5%）3.5 个百分点，其中北海和钦州规模以上工业增加值分别同比增长 9.7%、7.6%，分别比 2018 年同期（北海 7.1%、钦州 2.3%）提高 2.6、5.3 个百分点，排全区第 6 位和第 7 位。2019 年北部湾经济区产业集群效应进一步扩大，冶金精深加工产业营业收入近 2000 亿元，电子信息、石油化工、粮油和食品加工产业营业收入突破 1000 亿元。2020 年 1~6 月，北钦防一体化区域以保产业链供应链为重点，从帮助企业开拓市场、解决资金、打通上下游堵点断点发力，推动企业加快恢复产能，工业企稳向好态势明显。预计到 2025 年，北钦防三市七大临港优势产业集群的产值将超过 1.5 万亿元。

（三）一体化港口良性互动发展，吞吐量逆势增长迅猛

近年来，随着一批重大项目的推进落实，北部湾港的战略功能定位能力和综合管理运营能力得到了大幅提升，具备打造"国际门户港"和"世界一流港口"的巨大潜力。《北部湾国际门户港发展规划》编制已形成中期成果，重点港航基础设施项目加快推进，建成北海铁山港 1~4 号泊位铁路专用线等"破瓶颈"工程，钦州 30 万吨油码头登陆点围堰工程基本完成。北部湾港拥有内贸航线 21 条、外贸航线 28 条，基本覆盖全国沿海地区与东盟国家主要港口。从 2017 年 4 月北部湾港—重庆海铁班列始发，到 2020 年 4 月西部陆海新通道已经是第 4500 列班列发车、第 1050 班班轮启航，开启了"国际门户港"建设的新征程。

北部湾港口货物吞吐量尤其是集装箱吞吐量呈迅猛增长态势（见图 2），未来具有极大发展潜力。2016~2019 年北部湾货物吞吐量从 20800 万吨增加到

25568 万吨，年均增长率为 7.12%。其中，集装箱吞吐量从 180 万 TEU 增加到 382 万 TEU（见图 3），在世界港口排名从第 88 位跃升至第 45 位，提高了 43 名。预计 2020 年，货物吞吐量可达 3 亿吨，到 2025 年突破 4 亿吨；2020 年集装箱吞吐量可达 500 万 TEU，到 2025 年突破 1000 万 TEU，能够实现千万标箱的目标，打造成为支撑西部陆海新通道建设和中南西南地区开放发展战略支点的现代化港口。特别是在 2020 年全国主要沿海港口吞吐量负增长的背景下，北部湾港货物吞吐量、集装箱吞吐量均保持了两位数增长，实现逆市上扬。

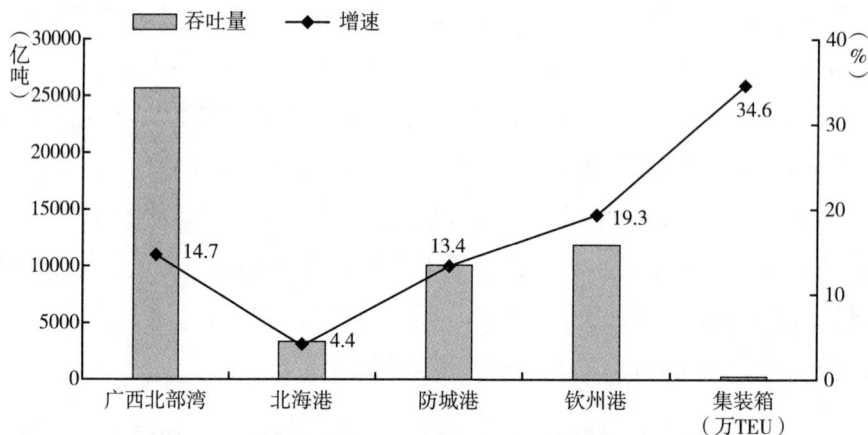

图 2 2019 年北部湾港口货物吞吐量

资料来源：中华人民共和国交通运输部网站。

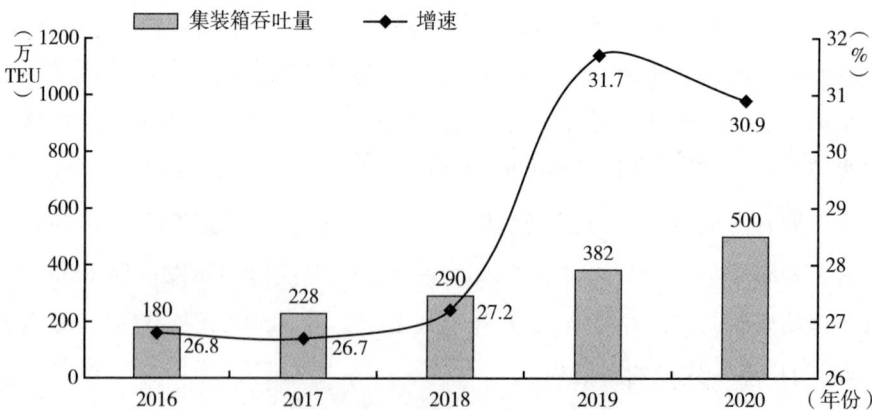

图 3 北部湾港集装箱吞吐量发展趋势

资料来源：中华人民共和国交通运输部网站。

（四）一体化交通"卡点"加快打通，互联互通能力增强

北钦防三市因海形成了一个弧形，但是区域之间交通存在不少断点，江海并没有实现联通，龙门大桥与大风江大桥建成后将实现三市主城区1小时交通圈，这两项重大项目是阻碍北钦防一体化交通发展的难点工程。《广西北部湾经济区北钦防一体化发展规划（2019—2025年）》（以下简称《北钦防一体化发展规划》）印发以来，针对"两桥"工作建设提出任务要求，2020年5月自治区召开"两桥"工作推进会，印发相关分工方案，确定龙门大桥桥梁景观设计方案，明确两座大桥开工建设时间与计划投入使用时间。截至2020年7月，龙门大桥与大风江大桥已分别完成13项、12项前期工作。

此外，防城港市到北海市没有动车的历史将随着钦州至钦州东动车联络线项目的建成而结束，北钦防城际动车公交化将进一步推动北钦防一体化发展。东兴口岸二桥国门楼已建成投入使用，二桥已临时开通运行，具备了正式通关验收条件。经过这些重大交通基础设施项目陆续建成通车，交通一体化方面已初见成效。目前，随着"1130"快捷区域交通网络逐步打造完成，北钦防三市与周边主要城市、三市主城区之间以及三市主城区与相邻园区港区均能在短时间内实现快速通勤。物流综合枢纽建设成效显著，自2019年6月30日正式开通运营以来，钦州铁路集装箱中心站实现了海铁、公铁联运零距离衔接。2020年1月1日至12月28日，钦州铁路集装箱中心站港口累计集装箱办理量突破28万标箱，远超2019年全年办理量。

（五）一体化规划布局引领，区域协调能力增强

一体化发展规划体系加快构建，一体化国土空间、综合交通、生态环保等专项规划扎实开展，推进龙港新区规划修编工作，钦州港新城规划编制、北海廉州湾滨海组团概念规划与城市设计方案筛选工作顺利推进，防城港国际医学开放试验区已完成《中国（防城港）国际医学开放试验区〈总体方案〉》编制。精准对接推进自贸试验区钦州港片区建设，广西自贸试验区钦州港片区管理机构正式运行，出台了《中国（广西）自由贸易试验区钦州港片

区建设实施方案》等系列文件。一体化体制机制创新有序开展，修订《关于促进广西北部湾经济区开放开发的若干政策规定》和《广西北部湾经济区条例》，进一步完善北部湾有关政策和法律法规。研究制定北部湾"优才"计划实施方案，建立三市共引共育人才机制，发挥北钦防一体化专家咨询委员会作用。

（六）一体化生态建设积极推进，联防联保成效显著

为推进区域生态环境保护建设，提高应对跨区域大气污染与跨流域突发环境事件的能力，北钦防三市自始至终牢记底线，积极与周边城市建立联防联控合作机制，共同应对区域性生态环境保护难题。2019年以来，北钦防三市重点协调推进生态整治修复重点项目，北海银滩中区岸线综合生态整治修复工程、北海滨海国家湿地公园（冯家江流域）生态修复工程顺利推进，防城港西湾红沙环生态海堤整治创新示范项目三期BOT工程、山心沙岛生态岛礁山建设项目已基本完工，钦州金鼓江岸线综合生态整治修复工程项目加快推进，区域联防联保成效显著。

二 2020年北钦防一体化改革发展面临的外部环境

（一）国际环境变化对承接产业转移造成较大影响

新冠肺炎疫情持续蔓延和中美经贸摩擦持续加剧，对北钦防改革发展造成了很多直接和间接的影响，其中，家具、木制品、食品粮油等行业受直接影响较大，铝、钢材、饲料、服装等行业均受到不同程度的间接影响，防城港大海粮油、南宁富桂精密等龙头企业产值分别同比下降约40%、30%，企业出口利润普遍下降5%～10%；由于经济区内制造业缺乏具有较强行业影响力的知名品牌，很多品牌产品为国内知名企业的贴牌生产，也在产业链传导中受到较大冲击。然而"危"中有"机"，中美经贸摩擦进一步凸显了东盟市场对于我国的重要地位，很多企业选择落户在跨境产业园区，以同时

享受两边的政策红利，这有助于北部湾经济区的跨境产业园区、"两国双园"模式优势进一步凸显，加快从"通道经济"向"口岸经济"转变。同时国家提出国内国际双循环新发展格局，出台新时代推进西部大开发形成新格局的指导意见，将推动东部地区和粤港澳大湾区原本面向海外尤其是东盟国家的产业，开始向西部地区转移，北部湾是与大湾区、东盟联系最紧密的地区，承接产业转移迎来发展机遇。

（二）国家和自治区重大战略部署蕴含诸多新增长点

当前中央深入推进新时代西部大开发形成新格局，这对于北钦防发展而言，将迎来新一轮的发展机遇窗口期，特别是批准设立中国（广西）自由贸易试验区、出台《西部陆海新通道总体规划》、打造面向东盟的金融开放门户、建设防城港国际医学开放实验区等，加快出台实施逆周期调控政策，推出5G基建、特高压、城际高速铁路和城际轨道交通、新能源汽车充电桩、大数据中心、人工智能、工业互联网七大领域的"新基建"项目，自治区党委、政府全面启动了"五网"建设大会战，围绕交通、能源、信息、物流、地下管网五大工程，加快推进建设一批基础设施补短板项目，计划未来三年总投资2.2万亿元以上，其中2020年计划完成投资2630亿元，为北钦防一体化发展注入了新的动能，在多重政策效应的叠加影响下，北钦防发展定位和独特作用日益明显，为北部湾经济区改革开放释放了更多的活力，提供了更加广阔的发展空间。

（三）稳增长政策和重大项目建设效果将持续发挥

自2020年初以来，在统筹做好疫情防控工作的同时，自治区突出加强经济运行调度，分行业制定出台一系列逆周期调节举措对冲不利影响，北部湾各市各地迅速响应、强力调度、精准措施复工复产，其中，北海出台支持中小企业稳发展"10条"，防城港出台支持工业企业稳生产促发展"10条"，钦州出台促进房地产市场发展"14条"，将最大限度降低疫情对北部湾经济区经济运行的影响。同时，各市以"双百双新"产业项目为抓手，突出专项支持，提前谋划安排，支持惠科、三诺、华立、华谊等重大产业项目加快建设，推动神华国华广投北海电厂、东兴十八方跨境冷链物流枢纽中心、防城港生态铝基地电解铝（40万吨）等项目开工建设，一批重大项目开竣工将为北部湾各市扩投资、稳增长带来新的增长点。

（四）外贸产业链供应链面临的不确定性仍然较大

由于全球经济下行压力仍然较大，国际市场波动明显、订单交付存在风险、生产成本不断上涨等多重因素交织，世界范围内人流、物流、资金流受阻，来自全球产业链供应链的风险在向国内传导，北部湾各市外贸产业链供应链也存在较大隐患，比如全区电子信息、机械等外贸型产业国际市场需求收缩。2020年5月全区规模以上工业企业出口交货值下降2.4%，其中北海惠科、瑄臻科技等企业反映显示屏及手机屏幕出口订单大幅下降。同时，部分企业受国际市场产品价格下跌影响明显，尽管近期大宗工业产品价格有所回升，但总体仍处于历史低位，尤其是有色、冶金等行业受产品价格下降影响，生产效益持续下降，其中电解铝价格已低于生产成本，企业产量越多亏损越多。比如受油价暴跌及复工后产能处于爬坡阶段影响，5月北海中石化产能下降89.9%，钦州中石油产能下降33.7%。

三 对策建议

（一）积极培育新经济新业态

北部湾各市应积极培育医药新兴产业发展，大力发展大健康产业，推动中医药、壮瑶医药产品研制和新药自主创新力度，加快海洋生物医药发展。大力发展数字经济、平台经济、创意经济、流量经济等新经济，加快推动5G、大数据、人工智能、物联网等新兴产业布局发展，积极培育智能制造、网络诊疗、在线办公、在线教育、数字娱乐、数字生活、无人配送等新业态。持续落实促消费"27条"、促进形成强大区内市场"22条"等促消费措施，加紧谋划出台鼓励发展夜间经济的政策措施，大力谋划推动一批夜间经济项目建设，刺激夜间消费活力。加快推进电子商务与产业跨境物流、农村经济发展结合，创新消费新模式新业态。

（二）以"双百双新"为抓手扩大有效投资

以实施"三百二千"科技创新工程为抓手，聚焦产业关键技术突破、重点工业新产品研发和新产品新技术产业化，狠抓一批双新项目，以点上突破带动面上提升。全面贯彻落实北钦防一体化百项工程行动计划，加快推进一批北钦防一体化重大产业项目和重大基础设施项目。加快完善通往三港域的陆路货运体系以及海上"穿梭巴士"服务，促进货物向指定港域归集，降低经济区内、三港之间企业物流成本。抓住粤港澳大湾区科技资源转移、外溢的机遇，加强谋划、主动对接，高起点谋划和招引一批科技含量高、市场前景广、产品附加值高的制造、研发、创新型项目。继续强化开展产业大招商，引进一批国内外强优企业、百亿级重大产业项目和一批强链、补链、延链项目，以及高新技术产业、战略性新兴产业、未来产业项目落地。

（三）以"三企入桂"为引导扩大区域开放合作

大力推进开放平台建设，加快西部陆海新通道、中国（广西）自由贸易试验区、中国—东盟信息港建设，推进防城港国际医学开放试验区建设。把握政策发展机遇，积极推进钦州保税港区、北海综合保税区、防城港报税物流中心发展建设，实现三者协同联动。深入实施"央企入桂""民企入桂""湾企入桂"行动，聚焦各开放平台等开展相关专题推介，鼓励民间资本参与基础设施补短板重点领域建设，大力引进粤港澳大湾区企业和产业集群，全力培育形成优势互补、分工合理、布局优化的先进产业集群。

（四）以北部湾港为牵引加快推进交通基础设施建设

加快推进实施国家《西部陆海新通道总体规划》明确的各项重大项目建设，积极利用自身区位优势，狠抓与东盟基础设施互联互通项目建设，推动跨区域多式联运和旅客运输。加快三条主通道干线铁路、北部湾国际门户港深水港设施建设，加快港口物流基础设施与平台建设，统筹办好泛北部湾经济合作论坛和中国—东盟港口城市合作网络工作会议。推动钦州港大榄坪南作业区 9 号、10 号集装箱泊位开工建设，尽早实现 20 万吨级集装箱船舶通航。完善海铁联运体系，打通北海铁山港铁路"最后一公里"，提升钦州港、防城港海铁联运能力。改扩建进港道路，提升公路运输能力和公水联运效率。大力发展空铁联运，加快南宁国际空港综合交通枢纽建设。推进一体化物流枢纽，促进北部湾城市群交通物流联动发展。

（五）以优化营商环境为突破口持续激发市场活力

全面落实全区优化营商环境大行动三年实施方案，扎实推进"放管服"改革，持续推进政务服务"简易办"，进一步扩大"一窗"事项受理覆盖范围，提升企业开办服务水平，提高项目审批和建设效率以及跨境贸易便利度。全面推进网上"中介超市"建设，实现企业群众办事"最多跑一次"。进一步降低实体经济成本，严格落实减税降费政策，落实燃煤发电上网电价形成机制，落实天然气价格形成机制改革举措，进一步缩减政府定价的经营服务性收费项目。严格执行公平竞争审查制度，加快实施"互联网＋政府采购"行动，推进工程项目招投标交易过程全过程电子化。

（六）以稳外资稳外贸为重点保持进出口平稳增长

用足用好国家出口退税、出口信用保险等优惠政策，落实防疫情稳外贸资金，支持帮助外贸企业稳订单、拓订单。畅通重点出口项目产业链、供应链，做好电子产品、汽车等重点行业企业跟踪服务工作，积极推广国际贸易"单一窗口"平台，引导企业线上办理业务，提升报关通关业务便利化水平。优化通关查验流程，采用"整进整出"模式查验边境互市贸易进口商品。其中，对进境鲜活农产品试行分层查验，对普通互市进口商品以最低查验率快速验放。加快推动边民互市点恢复正常营运，加大边境小额贸易企业政策支持力度。启动边境小额贸易出口简化申报试点，增加互市进口商品种类，扩大互市进口和落地加工规模。抓好重大外资项目落地，推动边贸互市交易和跨境园区项目建设，扩大文旅、大健康、金融、汽车、石化等领域外资引入规模。

B.3
中国（广西）自由贸易试验区
2020年改革报告

张 磊[*]

摘　要：　2019年8月中国（广西）自由贸易试验区获批成立以来，支持
自由贸易区改革及发展的政策体系逐步形成，各项试点任务
有序推进并取得阶段性成果，行政审批权限下放促使政府职
能加快转变，投资领域改革推动招商引资取得显著成效，大
力推动贸易转型升级有效保障了对外贸易的稳定发展，深化
金融领域开放创新与面向东盟的金融开放门户建设实现有机
结合，西部陆海新通道建设加速，"一带一路"有机衔接重
要门户加速形成。2020年，在多项政策的支持推动下，中国
（广西）自由贸易试验区改革创新将持续推进，贸易便利化
水平将进一步提升，招商引资将稳步推进，金融改革创新将
加速推进，西部陆海新通道建设将有序推进，各项改革任务
将统筹推进。

关键词：　中国（广西）自由贸易试验区　对外开放　金融改革

改革创新是自由贸易区建设的重要任务。2019 年 8 月 2 日，国务院正
式批复《中国（广西）自由贸易试验区总体方案》（以下简称《总体方

---

* 张磊，广西社会科学院台湾研究中心副研究员，广西青年八桂学者岗位成员，主要研究方向
为国际经济。

案》）。随后，广西正式开启自由贸易区建设进程。根据《总体方案》要求，中国（广西）自由贸易试验区需要在加快转变政府职能、深化投资领域改革、推动贸易转型升级、深化金融领域开放创新、推动创新驱动发展、构建面向东盟的国际陆海贸易新通道、形成"一带一路"有机衔接的重要门户七个方面开展120项试点任务。[①] 2019年中国（广西）自由贸易试验区启动建设以来，在改革及创新发展方面已经取得一定成效。

一 中国（广西）自由贸易试验区建设的特征

根据《总体方案》，中国（广西）自由贸易试验区的实施范围为119.99平方千米，包括南宁、钦州港、崇左3个片区。与其他自由贸易试验区相比，广西自贸区具有以下特点。

一是明确提出了增速目标。根据《总体方案》，中国（广西）自由贸易试验区明确提出了"半年出经验、一年见成效、两年上台阶、四年翻一番"的总体建设目标。这一目标为广西自贸区的建设明确了路线图，而其他自贸区的发展目标则相对模糊，具有一定的灵活性。

二是重点提出高标准营商环境的构建。近年来，广西针对营商环境制定了系统政策并采取了诸多举措。《总体方案》把"打造国际一流营商环境"放在主任务的第一条，也显示出中国（广西）自由贸易试验区对营商环境建设的重视。

三是重点突出了东盟特色，将进一步凸显广西的区位优势和发展优势。《总体方案》中深化金融领域开放创新、构建面向东盟的国际陆海贸易新通道、形成"一带一路"有机衔接的重要门户等重点任务均是基于广西与东盟海陆相连的区位优势，以及广西长期耕耘东盟形成的合作基础优势。截至2019年，中国已连续11年成为东盟第一大贸易伙伴。2020年以来，新冠肺炎疫情严重冲击了国际经贸合作，但中国—东盟经贸合作却逆势发展，2020

---

① 《中国（广西）自由贸易试验区总体方案》，《广西日报》2019年8月27日。

年1~5月，中国—东盟实现贸易总额1.7万亿元，同比增长4.2%，占中国外贸总额的14.7%。东盟超过欧盟，成为中国第一大贸易伙伴。其中中国自东盟进口额为7598.6亿元，同比增长6%①。在此背景下，面向东盟的开放合作将成为中国（广西）自由贸易试验区区别于其他自贸区的特色。从《总体方案》可以看出，打造面向东盟的国际投资贸易先导区、建设面向东盟的金融开放门户、打造沿边开发开放新的引领区、打造与东盟合作的向海经济集聚区、建成"一带一路"有机衔接的重要门户将是广西自贸区发展的重要目标及特色。

二 2019年中国（广西）自由贸易试验区改革建设的成效

（一）加强顶层设计，改革及政策支持体系逐步形成

中国（广西）自由贸易试验区获批建设以来，广西出台了《中国（广西）自由贸易试验区建设实施方案》，从顶层设计层面加强对自贸区建设的指导，明确了各片区的发展重点，以实现错位和联动发展；提出七大方面的45个建设任务，并明确了各个任务的责任单位，成为中国（广西）自由贸易试验区建设发展的根本遵循。广西还成立了"中国（广西）自由贸易试验区建设指挥部办公室"作为统筹推进自贸区建设的协调机构，以更好地推动自贸区的建设发展。此外，自治区层面及南宁、钦州、崇左3个片区所在地均出台了一系列支持政策。2019年，自治区层面出台了11项涉及多个方面的支持政策；南宁、钦州、崇左片区在自治区支持政策基础上，根据区域实际出台了差异性支持政策，保障中国（广西）自由贸易试验区建设发展的政策体系逐步形成（见表1）。

① 《中国—东盟经贸合作逆势上扬（专家解读）》，《人民日报（海外版）》2020年6月15日。

表1　广西及各片区支持自贸区改革建设的政策统计

	出台部门	政策名称
自治区层面	广西壮族自治区人民政府	《促进中国（广西）自由贸易试验区高质量发展支持政策》
	广西壮族自治区人民政府	《中国（广西）自由贸易试验区"证照分离"改革全覆盖试点实施方案》
	中国（广西）自由贸易试验区建设指挥部政府职能转变工作部	《中国（广西）自由贸易试验区调整完善省级管理权限下放工作方案》
	中国（广西）自由贸易试验区建设指挥部政府职能转变工作部	《中国（广西）自由贸易试验区实施相对集中行政许可权改革的工作方案》
	中国（广西）自由贸易试验区建设指挥部政府职能转变工作部	《中国（广西）自由贸易试验区"极简审批"改革实施方案》
	中国（广西）自由贸易试验区建设指挥部政府职能转变工作部	《中国（广西）自由贸易试验区"一事通办"改革实施方案》
	广西壮族自治区科学技术厅	《关于深化外国人来中国（广西）自由贸易试验区工作许可管理的若干措施（试行）》
	广西壮族自治区科学技术厅	《关于在中国（广西）自由贸易试验区实施科技创新引才引智计点积分制度》
	国家税务总局、广西壮族自治区税务局	《关于创新税收服务　支持中国（广西）自由贸易试验区发展的意见》
	中国人民银行南宁中心支行、广西地方金融监督管理局、中国银行保险监督管理委员会广西监管局、中国证券监督管理委员会广西监管局	《关于金融支持中国（广西）自由贸易试验区建设的若干政策措施》
	广西海事局	《服务中国（广西）自由贸易试验区、西部陆海新通道建设若干措施（第一批）》
各片区层面	南宁市人民政府	《加快建设中国（广西）自由贸易试验区南宁片区支持政策》
	钦州市人民政府	《促进中国（广西）自由贸易试验区钦州港片区高质量发展补充政策》
	钦州市人民政府办公室	《中国（广西）自由贸易试验区钦州港片区联动招商暂行办法》
	凭祥市人民政府	《中国（广西）自由贸易试验区崇左片区发展支持政策》

（二）试点任务有序推进并取得阶段性成果

2019 年，中国（广西）自由贸易试验区初步计划完成试点任务 55 项。其中，加快转变政府职能 14 项；深化投资领域改革 7 项；推动贸易转型升级 6 项；深化金融领域开放创新 6 项；推动创新驱动发展 8 项；构建面向东盟的国际陆海贸易新通道总任务 5 项；形成"一带一路"有机衔接的重要门户 9 项。① 目前，各项试点任务有序开展，并取得了阶段性的成果。截至 2019 年底，中国（广西）自由贸易试验区完成试点任务 54 项，完成率达 45%②；截至 2020 年 3 月底，中国（广西）自由贸易试验区完成首批行政权限下放，82 项自治区级和 1 项中直部门审批权限下放至自贸试验区③；相关职能管理部门协同自贸区 3 大片区开展了 41 项改革创新。

从各片区看，2019 年，南宁片区完成试点任务 32 项，完成 106 项改革任务的 30.2%，形成 7 项可复制推广的制度创新举措。④ 崇左片区完成 85 项涉及该片区改革试点任务中的 33 项⑤，完成率达 38.8%。钦州港片区完成 105 项涉及该片区改革试点任务中 35 项，完成率达 33.3%⑥（见图 1）。

（三）积极推进行政审批权限下放，政府职能加快转变

为推进自贸区行政职能转变，2019 年 12 月，广西印发实施《中国（广

---

① 《中国（广西）自由贸易试验区高质量发展支持政策新闻发布会新闻背景材料》，广西壮族自治区人民政府网站，2020 年 1 月 3 日，http：//www.gxzf.gov.cn/xwfbhzt/zggxzyysyqgzlfzzczcxwfbh/bjzl/20200103 - 788197.shtml。

② 《签约 9 个项目近 55 亿元 广西自贸区南宁片区"朋友圈"再扩大》，中国经济网，2020 年 6 月 9 日，http：//district.ce.cn/newarea/roll/202006/09/t20200609_35082044.shtml。

③ 《中国（广西）自由贸易试验区改革红利初步释放》，中国商务部驻南宁特办网站，2020 年 4 月 28 日，http：//nntb.mofcom.gov.cn/article/shangwxw/202004/20200402959907.shtml。

④ 《开局良好！2019 年广西自贸区南宁片区 32 项试点任务全面完成》，吉屋网，2020 年 1 月 15 日，http：//nn.jiwu.com/news/3888520.html。

⑤ 《自贸试验区崇左片区召开片区建设工作推进会》，中国（广西）自由贸易试验区崇左片区网站，2020 年 7 月 8 日，http：//czftz.chongzuo.gov.cn/index.php？case = archive&act = show& aid =1657。

⑥ 《自贸试验区钦州港片区建设纪事》，搜狐网，2020 年 1 月 13 日，https：//www.sohu.com/a/366721163_120206935。

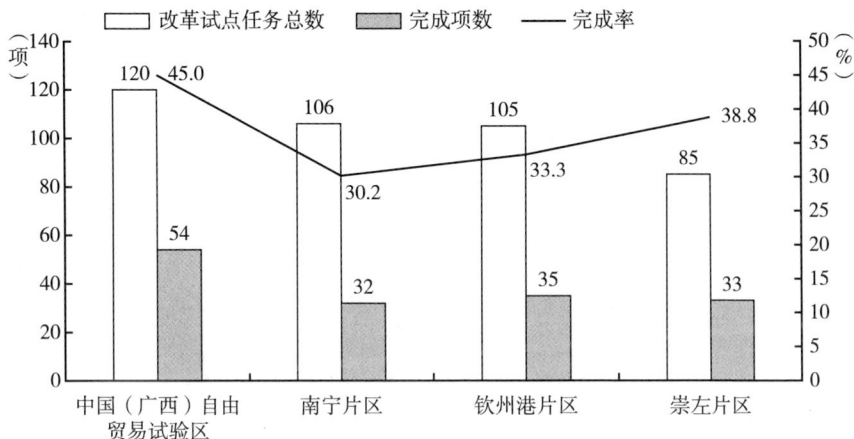

图 1　中国（广西）自由贸易试验区及各片区试点任务完成情况统计

西）自由贸易试验区实施相对集中行政许可权改革的工作方案》，要求设立各自贸片区的行政审批机构，确定各片区行政审批权力范围。[①] 目前，南宁片区的行政审批业务依托南宁市行政审批局开展；钦州港片区虽尚未成立行政审批机构，但 2019 年 8 月 30 日起，钦州市行政审批局刻制启用"钦州市行政审批局自由贸易试验区行政审批专用章"，用于钦州港片区的相关审批；10 月 8 日，钦州港片区在钦州市民服务中心成立专窗办理相关业务，形成了"市区联办、一人通办、一窗受理"的自贸区企业开办新模式。[②]

　　其中"证照分离"改革成为中国（广西）自由贸易试验区行政审批改革的亮点。2019 年 11 月，广西印发实施《中国（广西）自由贸易试验区"证照分离"改革全覆盖试点实施方案》，并在总结改革试点的基础上形成了《广西"证照分离"改革全覆盖试点事项清单（2019 年版）》，涉及 44 个部门、经营许可事项 545 项，其中直接取消审批 13 项、审批改备案 8 项、

[①]《中国（广西）自由贸易试验区建设指挥部政府职能转变工作部关于印发中国（广西）自由贸易试验区实施相对集中行政许可权改革的工作方案的函》，中国（广西）自由贸易试验区网站，2019 年 12 月 13 日，http://gxftz.gxzf.gov.cn/index.php? case = archive&act = show&aid = 1230。

[②]《高质量推进自贸试验区建设　我区"大胆试大胆闯自主改"迎来产业集聚》，《广西日报》2020 年 7 月 7 日。

实行告知承诺 60 项，优化审批服务 464 项。① 这一改革为企业进入自贸区创造了更多便利，对激发市场活力具有重要推动作用。

（四）深化投资领域改革，招商引资成效显著

中国（广西）自由贸易试验区设立以来，积极开展多种形式的招商引资。一是成立专门机构负责招商引资。2019 年 9 月 16 日，中国（广西）自由贸易试验区建设指挥部成立招商工作部，实现自贸区招商引资组织化。二是举办相关活动促进招商引资。如 2019 年 9 月举行的中国（广西）自由贸易试验区面向全球投资合作洽谈会，有效地向全球宣传推介了中国（广西）自由贸易试验区及各片区的发展优势和重点招商方向。截至 2019 年底，中国（广西）自由贸易试验区新增企业 4724 家，其中外资企业 35 家，新增内资和外资注册资本分别达 476 亿元和 7.9 亿美元。② 从各片区看，截至 2019 年底，南宁片区新增企业 1863 家，引进 13 个投资额亿元以上的区外境内项目，实际利用外资 4278 万美元③；钦州港片区新设立企业 694 家，其中外资企业 20 家，新增企业总数 2029 家；新签约重大项目 22 个，投资金额 315 亿元④；截至 2020 年 6 月，崇左片区新增企业 1060 家，注册资本达61.09 亿元⑤。

（五）大力推动贸易转型升级，对外贸易保持稳定发展

2019 年，中国（广西）自由贸易试验区大力推进贸易转型升级，广西

① 《广西自贸区启动证照分离改革全覆盖试点》，新华网，http://www.gx.xinhuanet.com/newscenter/2019-12/05/c_ 1125309778.htm。

② 《2020 年广西自贸试验区建设突出重点全力推进》，《广西日报》2020 年 1 月 16 日。

③ 《开局良好！2019 年广西自贸区南宁片区 32 项试点任务全面完成》，吉屋网，2020 年 1 月 15 日，http://nn.jiwu.com/news/3888520.html。

④ 《自贸试验区钦州港片区建设纪事》，搜狐网，2020 年 1 月 13 日，https：//www.sohu.com/a/366721163_ 120206935。

⑤ 《中国（广西）自贸试验区崇左片区产业集聚效应显现 挂牌 9 个月新增企业 1060 家》，广西凭祥综合保税区管理委员会网站，2020 年 6 月 12 日，http：//pxzhbsq.gxzf.gov.cn/xwzx/qsyth/t5548826.shtml。

口岸实现了全信息化智能通关，创新实施了"提前审结、卡口验放"监管模式，并积极开展落地加工产品"直通式"通关试点等。在各项贸易创新举措的促进下，广西对外贸易实现稳定发展。2019年，广西对外贸易总额为4694.7亿元，同比增长14.4%，增幅高于全国平均水平11个百分点，其中出口2597.1亿元，同比增长19.4%；进口2097.6亿元，同比增长8.7%。[1] 其中，中国（广西）自由贸易试验区崇左片区对外贸易取得显著成效，实现外贸总额1219.05亿元，同比增长36.87%。[2] 此外，在自贸区政策的支持下，跨境电商、保税物流、加工贸易等进出口成为广西自贸区贸易发展的新突破点。如南宁片区的中国（南宁）跨境电子商务综合试验区2019年外贸进出口业务量超过3500万单；自自贸区成立至2020年3月，南宁综合保税区的外贸总额达21.27亿美元，同比增长22.98%，其中保税物流货值1.57亿美元，同比增长90.07%；加工贸易对外贸易额19.7亿美元，同比增长19.61%。[3]

（六）深化金融领域开放创新，面向东盟的金融开放门户加快建设

中国（广西）自由贸易区获批设立后，广西的金融机构将自贸区深化金融改革与面向东盟的金融开放门户建设有机结合，实现了金融的创新发展。如中国人民银行南宁中心支行、国家外汇管理局广西分局在自贸区推动实施了9项外汇业务创新；并联合广西相关职能部门制定实施了《关于金融支持中国（广西）自由贸易试验区建设的若干政策措施》和金融支持外贸企业经营发展和促进外资便利化发展的8条措施，极大地提升了中国（广西）自由贸易试验区的金融创新发展水平。截至2019年底，在面向东盟的金融开放门户建设中，已有57家金融机构或企业落地位于自贸区南宁

---

① 《2019年广西外贸进出口总值4694.7亿元 创历史新高》，广西新闻网，2020年1月20日，http://www.gxnews.com.cn/staticpages/20200120/newgx5e25b4b7 - 19201220.shtml。
② 《广西自贸试验区崇左片区累计新增企业944家》，人民网，2020年6月19日，http://gx.people.com.cn/n2/2020/0619/c179430 - 34100679.html。
③ 《广西自贸区南宁片区成立半年南宁综合保税区进出口总额增长22.98%》，搜狐网，2020年4月3日，https://www.sohu.com/a/385213965_ 816175。

片区的中国—东盟金融城，其中中银香港东南亚运营中心的落地及运营，极大地促进了中国（广西）自由贸易试验区金融开放创新与面向东盟的金融开放门户建设的有机结合。此外，广西也成为我国跨境金融区块链服务平台17个试点地区之一，跨境人民币结算量实现快速增长。①

（七）西部陆海新通道建设加速，"一带一路"有机衔接重要门户加速形成

西部陆海新通道建设的实质就是为了促进"一带"与"一路"的有机衔接，国家印发实施《西部陆海新通道总体规划》与批复设立中国（广西）自由贸易试验区仅相隔一个月的时间，因此，西部陆海新通道是广西加快对外开放，加速形成"一带一路"有机衔接重要门户的关键支持，建设西部陆海新通道也成为中国（广西）自由贸易试验区建设的重要任务。在自贸区框架下，广西大力推进海铁联运集装箱服务模式创新，建立了铁路集装箱与海运集装箱互认机制，推出"一口价"菜单式产品多式联运服务，极大地促进了西部陆海新通道的加速发展。截至2019年底，衔接"一带"与"一路"的大通道基本形成。西部陆海新通道以铁路、港口、管网为依托的互联互通网络逐步形成并日益通畅，连接了中国14个省区市，通达全球83个国家203个港口，其中基本实现了到东南亚、东北亚主要港口的全覆盖。② 兰桂（北部湾港—兰州）、蓉桂（北部湾港—成都）、滇桂（北部湾港—昆明）、黔桂（北部湾港—贵阳）等海铁联运班列相继开通或加密，并逐步实现"天天班"。中欧班列（中国钦州—波兰马拉舍维奇）也成功开行。北部湾港至中国香港、北部湾港至新加坡的班轮班列已经实现"天天

---

① 《2019 年广西全面深化改革第 5 次新闻发布会召开》，广西壮族自治区人民政府网站，2019 年 12 月 26 日，http：//www.gxzf.gov.cn/xwfbhzt/2019ngxqmshggd5cxwfbh/xwdt/20191226 - 786531.shtml。
② 《西部陆海新通道海铁联运班列突破 5000 列》，中国新闻网，2020 年 6 月 15 日，http：//www.chinanews.com/cj/2020/06 - 15/9212857.shtml。

班"。① 在此基础上，西部陆海新通道班列开行实现快速增长，从 2017 年刚开通时的 178 列增长到 2018 年的 1154 列，2019 年则继续保持增长态势，达到 2243 列。在西部陆海新通道带动下，2019 年北部湾港集装箱吞吐量达 382 万标准箱，同比增长 31.72%，增速居全国沿海主要港口第 1 位。

三 2020年中国（广西）自由贸易
试验区发展态势

2020 年以来，新冠肺炎疫情对全国经济社会发展产生了明显的影响，中国（广西）自由贸易区试验区建设也受到相应冲击。但随着疫情得到有效控制及国家对复工复产的大力推动，中国（广西）自由贸易试验区及各片区也积极适应发展新形势，创新发展方式，发展前景良好。

（一）改革创新将持续推进

2020 年，中国（广西）自由贸易试验区将继续推进改革创新，稳步推进《总体方案》各项试点任务，全面开展 80% 的试点任务。目前，广西壮族自治区人民政府分别于 2020 年 3 月和 6 月，下放了两批行政权力事项到自贸区。其中，第一批共下放自治区级行政权力事项 82 项，包括行政许可事项 65 项、行政确认事项 5 项、其他行政权力事项 12 项；第二批下放 79 项，包括行政许可事项 74 项、行政确认事项 1 项、其他行政权力事项 4 项。② 权力的下放将进一步提升中国（广西）自由贸易试验区改革发展的自主性，促进各项改革创新试点任务有序展开。

---

① 《全国政协"推进中新互联互通南向通道建设"重点提案督办调研报道"大港梦"照进现实》，《政协报》2018 年 5 月 23 日。
② 《广西壮族自治区人民政府关于委托或授权中国（广西）自由贸易试验区实施自治区级行政权力事项（第二批）的决定（桂政发〔2020〕20 号）》，广西国际博览事务局网站，2020 年 7 月 6 日，http://blj.gxzf.gov.cn/xxgk/wjzl/zcwj/t5686183.shtml。

（二）贸易便利化水平将进一步提升

对外贸易转型发展是中国（广西）自由贸易试验区的重点任务。其中跨境贸易是中国（广西）自由贸易试验区的特色改革任务，将进一步发挥广西沿边优势，促进边境地区开发开放。2020年7月，广西壮族自治区人民政府办公厅印发实施了《促进中国（广西）自由贸易试验区跨境贸易便利化若干政策措施》，从优化口岸通关流程、优化税收金融服务、创新边境贸易监管服务、推进口岸提效降费、提升口岸信息化智能化水平五大方面提出29条措施。[①] 2020年7月，广西壮族自治区人民政府印发实施《中国（崇左）跨境电子商务综合试验区》，成为崇左片区推进跨境贸易发展的新机遇。受新冠肺炎疫情等影响，广西对外贸易发展面临新的挑战，尤其是边境口岸的关闭对边境贸易发展影响巨大。广西进出口总额为2180.3亿元，同比下降4.1%，其中边境贸易进出口总额为633.2亿元，同比下降9.9%[②]，各项新政策的出台实施将进一步提升中国（广西）自由贸易试验区的贸易便利化水平，促进广西对外贸易的快速回升。要实现这一目标，中国（广西）自由贸易试验区应突出东盟特色，加快构建对接东盟的投资贸易规则，尽快建设面向东盟的大宗商品交易平台，大力发展跨境电子商务，推动边境地区落地加工的转型升级发展，并发挥"南宁渠道"的综合作用，促进广西与东盟贸易合作机制的升级和完善。

（三）招商引资将稳步推进

2020年，受新冠肺炎疫情影响，中国（广西）自由贸易试验区将招商引资活动转到线上，以"云推介""云招商"的形式展开。2020年4月，

---

① 《广西壮族自治区人民政府办公厅关于印发促进中国（广西）自由贸易试验区跨境贸易便利化若干政策措施的通知（桂政办发〔2020〕45号）》，广西壮族自治区人民政府网站，2020年7月13日，http：//www.gxzf.gov.cn/zfwj/zxwj/t5717357.shtml。

② 《2020年上半年广西外贸进出口情况明显回暖》，广西壮族自治区人民政府网站，2020年7月23日，http：//www.gxzf.gov.cn/mlgxi/gxjj/gxydyljs/t5791203.shtml。

广西壮族自治区人民政府印发了《关于进一步做好利用外资工作的实施意见》，提出要提升中国（广西）自由贸易试验区的建设水平。截至2020年5月底，中国（广西）自由贸易试验区企业总数超过1.1万家，其中新设立企业达7483家，占比高达68%，日均新设企业是自贸区设立前的3倍；外资企业173家，是挂牌前的2倍多；实际利用外资1.12亿美元，占同期全区实际利用外资总额的25%。南宁片区通过网上招商引资等形式，实现新增企业2078家，招商引资成效明显。① 在自治区大力推进"央企入桂""民企入桂""湾企入桂""浙商广西行"等举措的背景下，中国（广西）自由贸易试验区将凭借其政策优势、制度优势、创新优势等实现招商引资工作的稳定推进。

（四）金融改革创新将加速推进

2020年以来，中国（广西）自由贸易试验区金融改革持续取得新突破。截至2020年6月，已经有11家银行在广西自贸区设立了41家分支机构，中国—东盟金融城入驻持牌金融机构90家。中银香港东南亚运营中心、广西（南宁）金融创新联合实验室、农业银行"中国—东盟跨境人民币业务中心"等相继营运，自贸区涉外企业实现跨境外汇收支17.16亿美元，跨境人民币收支115.77亿元。② 随着金融政策、外汇政策等创新的不断实施，中国（广西）自由贸易试验区的金融创新将加速推进，开展面向东盟的人民币国际化探索，为全面推进人民币国际化积累经验。但广西金融业发展基础薄弱，应借助自贸区的建设，进一步加强金融机构的引进，培育和壮大金融业的发展基础，并扩大金融业的开放，以促进金融业更好地服务广西实体经济发展。

（五）西部陆海新通道建设将加速推进

2020年以来，虽然受到新冠肺炎疫情的影响，但西部陆海新通道海铁

---

① 《签约9个项目近55亿元　广西自贸区南宁片区"朋友圈"再扩大》，中国经济网，2020年6月9日，http://district.ce.cn/newarea/roll/202006/09/t20200609_35082044.shtml。

② 《广西自贸区金融创新　提升贸易投资便利化》，法制网，2020年7月24日，http://www.legaldaily.com.cn/government/content/2020-07/24/content_8257349.htm。

联运仍保持较快增长速度，2020 年 1 ~ 5 月，累计到发 1357 列，同比增长 58%。其中广西北部湾港的班列组织效率有效提高，日均装车发运能力达 8 列以上。[①] 2020 年上半年，广西北部湾港完成货物吞吐量 13957 万吨，同比增长 16.4%；完成集装箱吞吐量 213 万标准箱，同比增长 33.7%。西部陆海新通道建设是广西北部湾港实现快速发展的重要原因，一方面在西部陆海新通道的支撑下，2020 年上半年广西北部湾港新增了 7 条航线，包括 4 条内贸航线和 3 条外贸航线；另一方面，在西部陆海新通道的支持下，广西北部湾港实行重庆、成都、昆明经北部湾港到香港/新加坡的"一口价"海铁联运物流服务。在此基础上，随着中国（广西）自由贸易试验区各项贸易便利化措施改革的不断实施，通关便利化水平的不断提升，以及港口、铁路等基础设施的日益完善和运营成本的不断降低，西部陆海新通道的建设将加速推进，并与广西北部湾港的发展形成相互促进的联动发展格局，将日益成为广西高水平、高质量参与"一带一路"建设，打造"一带一路"有机衔接门户的重要支撑。要想实现这一目标，中国（广西）自由贸易试验区仍需要加快推进中国—东盟港口城市合作网络建设，进一步优化广西北部湾港面向东南亚的航线布局，把以西部陆海新通道为支撑的海铁联运作为多式联运的重点，进一步完善港航设施，大力发展港航服务，并不断完善西部陆海新通道沿线的合作机制。

参考文献

周明钧：《推动广西自贸试验区与西部陆海新通道联动发展》，《广西日报》2020 年 7 月 14 日。

王庆德、李海波、吴欣哲：《广西自贸区创新实践——打造中国东盟开放合作先行示范区》，《中国经贸导刊（中）》2020 年第 5 期。

[①] 《5000 列！西部陆海新通道通起来　强起来》，广西玉林市人民政府网站，http：//www. yulin. gov. cn/zfgzdt/bmdt/t5560803. shtml。

郑国富：《广西自贸区（崇左片区）发展挑战与对策》，《对外经贸》2019年第12期。

张磊：《中新互联互通南向通道驱动因素分析与对策》，《学术论坛》2018年第5期。

《广西推出30项优惠措施助推自贸试验区高质量发展》，《天津经济》2020年第1期。

刘波：《以中国（广西）自由贸易试验区建设为契机　推动广西开放型经济高质量发展》，《广西经济》2019年第9期。

刘署华、周青：《中国（广西）自贸试验区管理体制建设"五化"建议》，《广西经济》2019年第9期。

石福才：《立足广西区域独特优势　建立高水平自贸试验区》，《广西经济》2019年第9期。

乔晓莹：《广西自贸试验区南宁片区——力争在建设广西改革开放新高地中走在前作表率》，《广西经济》2019年第9期。

B.4
广西北部湾经济区2020年金融发展报告

郑芳菲　云　倩*

摘　要：　2019年，广西北部湾经济区金融平稳运行。存贷款保持快速
增长，六市存贷款规模分布均呈"114"阶梯状，存贷比整体
处于高位，法人金融机构发展上新台阶，各市积极参与建设
面向东盟的金融开放门户；但也存在金融发展不平衡不充
分、金融生态环境仍需改善、金融基础设施总体水平有待提
高、金融人才特别是高端人才比较紧缺等问题。预计2020年
广西北部湾经济区存款增速放缓，贷款保持快速增长，金融
机构保持平稳运行，南宁市积极创建绿色金融改革创新示范
区，南宁、北海、防城港、崇左等市积极创建保险创新综合
示范区。

关键词：　金融　绿色金融　保险创新

金融是现代经济的核心，对经济发展、优化资源配置起着重要作用。
广西北部湾经济区存在基础条件差、经济总量小、融资渠道不够通畅等问
题，需要金融的大力支持。近年来，广西北部湾经济区把握西部陆海新通
道、粤港澳大湾区、中国（广西）自由贸易试验区、建设面向东盟的金融
开放门户等战略机遇，金融业综合实力不断增强。存贷款实现较快增长，

---

* 郑芳菲，广西金融发展服务中心助理经济师，主要研究方向为地方金融；云倩，广西社会科学院东
南亚研究所高级经济师，广西青年八桂学者岗位成员，主要研究方向为金融问题及国际经济。

金融支持实体经济和薄弱领域能力不断增强，贷款结构进一步优化；资本和保险市场不断发展，金融风险形势总体可控，金融对经济发展的支撑力进一步增强。

一 2019年广西北部湾经济区金融运行状况

（一）存贷款保持快速增长

2019年末，广西北部湾经济区六市合计人民币存款余额17034.79亿元①，占全区人民币存款余额的54.07%，同比增长7.6%，较全区存款增速高1.2个百分点；广西北部湾经济区六市合计人民币贷款余额18621.10亿元，占全区人民币贷款余额的62.09%，同比增长15.70%，较全广西各项贷款增速高1个百分点（见表1）。

表1 2019年末广西北部湾经济区存贷款情况

地区	人民币存款余额（亿元）	广西北部湾经济区排位	同比增长（%）	广西北部湾经济区排位	人民币贷款余额（亿元）	广西北部湾经济区排位	同比增长（%）	广西北部湾经济区排位
广西北部湾经济区六市合计	17034.79	—	7.60	—	18621.10	—	15.70	—
南宁	10718.32	1	6.20	6	13964.35	1	15.90	4
北海	1238.83	3	13.40	1	841.84	4	11.70	5
钦州	1182.14	4	10.80	3	857.75	3	16.00	3
防城港	775.53	6	10.70	4	705.31	5	10.20	6
玉林	2204.61	2	7.00	5	1658.40	2	17.40	2
崇左	915.35	5	10.90	2	593.45	6	17.90	1

---

① 本报告所有数据来源于各市政府网站、金融办网站、统计局网站、相关微信公众号及作者整理。

（二）六市存贷款规模分布均呈"114"阶梯状

从存款规模看（见图1），2019年末，作为广西首府城市，南宁存款余额占广西北部湾经济区存款余额比例最高，且超过六成，占比为62.92%，在六市存款规模分布中处于第一阶梯；玉林存款余额占比12.94%，处于第二阶梯；其他四市北海、钦州、崇左和防城港存款余额占比分别为7.27%、6.94%、5.37%和4.55%，处于第三阶梯。

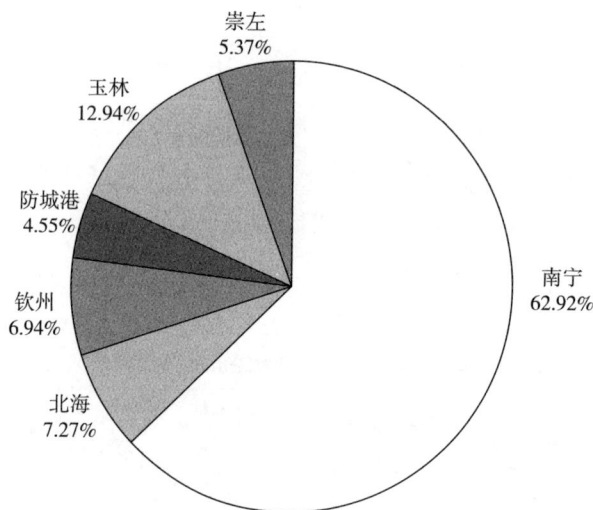

图1   2019年末广西北部湾经济区六市存款余额占比情况

从贷款规模看（见图2），2019年末，首府南宁的贷款余额占广西北部湾经济区贷款余额比例最高，且超过七成，占比为74.99%，在六市贷款规模分布中处于第一阶梯；玉林贷款余额占比为8.91%，处于第二阶梯；其他四市钦州、北海、防城港和崇左贷款余额占比分别为4.61%、4.52%、3.79%和3.19%，处于第三阶梯。

（三）存贷比整体处于高位

2019年末，广西北部湾经济区六市合计存贷比为109.31%（见图3），

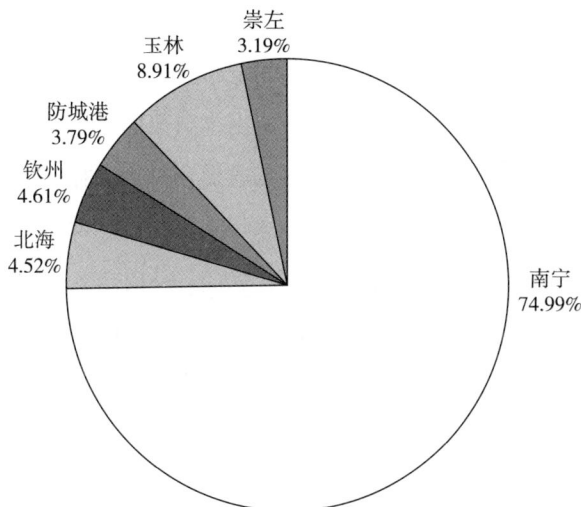

图2 2019年末广西北部湾经济区六市贷款余额占比情况

较全区存贷比高 35.10 个百分点。其中，南宁市存贷比最高为 130.28%，防城港和玉林的存贷比也较高，分别为 90.95% 和 75.22%。北海、钦州和崇左存贷比分别为 67.95%、72.56% 和 64.83%。

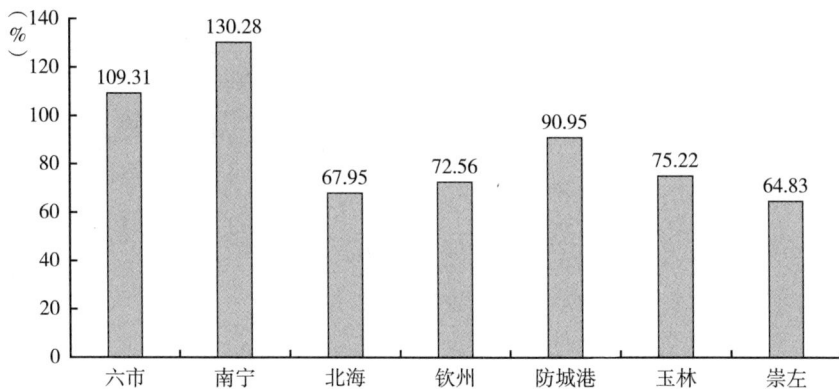

图3 2019年末广西北部湾经济区六市存贷比情况

（四）法人金融机构发展上新台阶

广西北部湾银行加快金融创新步伐，支持企业"走出去"。广西北部湾银行在全球共有有效代理行 215 家，同时与越南安平银行、柬埔寨加华银行等 11 家银行签署了业务合作协议。在我国率先开展为越南籍务工人员开立账户并代发工资业务，推动中越劳务合作便利化，规范中越金融市场秩序。2019 年 5 月 22 日，广西北部湾银行支持柳州东通投资发展有限公司发行美元高级无抵押债券，成为广西城商行首笔境外债券投资业务。此外，广西北部湾银行获批设立广西博士后创新实践基地，注重加大科技投入力度，创建了"富桂—银边通"平台，服务龙州水口口岸的边民互市，实现个人线上收付汇。

（五）各市积极参与建设面向东盟的金融开放门户

1. 南宁积极打造面向东盟的金融开放门户核心区

64 家金融机构入驻中国—东盟金融城。中国—东盟金融城正在加速形成金融机构快速聚集的态势，积极构建金融生态圈。2019 年，中国—东盟金融城新入驻金融机构 39 家。中国（广西）自由贸易试验区南宁片区入驻企业已突破 1200 家，也为金融机构的业务拓展提供了新的发展机遇。2019 年 9 月 9 日，中国—东盟（南宁）金融服务平台正式上线，这是一个面向政府、企业和机构的综合服务平台，集成了中国—东盟新闻资讯、中国—东盟主要金融市场行情和宏观数据库、研究报告库和东盟法律法规数据库，上线了新加坡等东盟地区多种期货行情，引入了东盟与中日韩宏观经济研究办公室（AMRO）相关的高频经济报告，并单独开辟了中国—东盟金融城宣传板块，集中展示中国—东盟金融城相关政策、支撑条件、发展历程和招商服务等。

2. 跨境金融业务取得新突破

2019 年南宁市跨境人民币结算量为 663.11 亿元，同比增长 319%。2019 年 11 月 6 日，由中国东兴市人民政府、越南芒街市人民委员会共同主办的"中国东兴—越南芒街征信跨境合作交流会"在广西东兴市召开。此次中国东兴—越南芒街征信跨境合作交流会推进了中越征信体系建设成果与政策双语交流，为促进中越跨境征信合作奠定了良好基础。

3. 中越多项金融业务合作已呈常态化

一是货币现钞跨境调运已呈常态化。2019年4月23日，桂林银行东兴支行成功从越南调回1500万元人民币现钞，现钞跨境调运的频率不断增加。截至2019年4月，防城港市辖内桂林银行和农业银行已累计完成5笔人民币和7笔越南盾现钞调运业务，金额合计分别为人民币5518万元和越南盾399.16亿盾。与2018年4月相比，人民币现钞跨境调运净增5518万元，越南盾现钞跨境调运增长58.19%，逐步实现了中越货币现钞跨境调运的常态化。二是中越跨境反假货币合作常态化、多元化。已开展边贸结算合作的中越银行对口机构逐个签订反假货币合作协议（或备忘录），在境内开展跨境反假培训、宣传活动已呈常态化，走出境外开展跨境反假培训、宣传活动逐步增多。三是开启了广西建设面向东盟的金融开放门户反洗钱工作新篇章。2019年4月25日，广西东兴农村商业银行与越南工商股份商业银行芒街支行在越南芒街市成功签订首个《反洗钱合作备忘录》（以下简称《备忘录》）。《备忘录》的签订标志着双方反洗钱合作框架正式建立，有助于中越双方金融机构在遵守各自国家反洗钱和反恐怖融资法律法规前提下，就业务往来过程中的风险防范、人员培训、政策宣传等方面开展广泛和规范的合作，奠定进一步深化反洗钱合作的基础。

4. 各市与东盟国家的金融互动、交流与合作升级

2019年5月9日，在"建设西部陆海新通道枢纽城市暨面向东盟金融开放门户推介会"上，钦州市人民政府与中国工商银行广西分行签了《共建东盟金融开放门户战略合作协议》，中国—马来西亚钦州产业园区管委会与中国工商银行广西分行、工银马来西亚签署《境内外全面金融战略合作协议》，中国工商银行钦州分行与6家大中型企业及5家出国服务公司签署《全面金融合作协议》。

二 各市金融运行情况

（一）南宁市金融运行情况

1. 各项存款平稳增长，各项贷款增速较快

2019年末，南宁市人民币存款余额10718.32亿元，位居广西北部湾经

济区首位，同比增长 6.20%，较广西北部湾经济区人民币存款余额同比增速低 1.4 个百分点；南宁市人民币贷款余额 13964.35 亿元，位居广西北部湾经济区首位，同比增长 15.90%，较广西北部湾经济区人民币贷款余额同比增速高 0.2 个百分点。

2. 保险市场平稳发展

2019 年，南宁市保险保费收入 211.52 亿元，同比增长 4.9%。其中，财产险、寿险保费收入分别为 91.51 亿元、120 亿元，同比分别增长 8.8%、2%。

3. "4321" 新型政银担业务突破12亿元大关

2019 年，南宁市 "4321" 新型政银担业务年度发生额达 12.33 亿元。其中，在保余额 11.47 亿元，同比增长 167.37%。

（二）北海市金融运行情况

1. 存贷款保持快速增长

截至 2019 年末，北海市人民币存款余额 1238.83 亿元，同比增长 13.4%，增速位居广西北部湾经济区首位，较广西北部湾经济区人民币存款余额同比增速高 5.8 个百分点；人民币贷款余额 841.84 亿元，同比增长 11.7%，较广西北部湾经济区人民币贷款余额同比增速低 4 个百分点。

2. 金融牌照取得新突破

截至 2019 年 12 月末，北海市注册落地现代金融服务业 121 家（含上市公司旗下企业 5 家、中国 500 强旗下企业 1 家）。其中，全区首创政银担注册资本金托管三方协议，推动 5 家融资担保公司获批设立，占全区新设立融担机构数的 83%。推动 3 家小额贷款公司获批设立。推动敏付科技有限公司完成《支付业务许可证》续展，成为唯一在广西区内正式营运的第三方支付机构。利用北海上市公司壳资源，引入北京天下秀科技公司并协助其成功重组，成为广西第一家独角兽企业。引进私募基金管理人 6 家，率先填补北海市私募基金行业空白。

3. 融资担保行业发展开创新局面

北海市财政注资约 1.1 亿，补充北海市小微企业融资担保公司注册资本金增至 3 亿元，壮大政府性融资担保机构实力，截至 2019 年 12 月 20 日，北海市"4321"和"4222"等准公益性业务年度发生额 5.38 亿元，超额完成自治区下达任务。截至 2019 年 11 月末，北海市政府性融资担保业务在保余额 18.65 亿元，同比增长 38.9%。其中，北海市小微企业融资担保有限公司在保余额 5.38 亿元，同比增长 128.9%。2019 年，北海市小微企业融资担保有限公司新增担保额 54375 万元，同比增长 77.2%，年度发生额 59388 万元，同比增长 94.6%，超额完成自治区下达年度任务的 111.43%。

4. 推动银行机构与不动产登记部门线上直联，实现借款人办理抵押登记"零次跑"

截至 2019 年 11 月末，北海市辖区银行机构 1000 万元以下额度小微企业抵押贷款平均办理环节 2 个、申请材料 2 份、办理时间 1.95 个工作日（含办理抵押时间）；与 2018 年相比，办理环节压缩了 57.9%、申请材料压缩了 88.4%、办理时间压缩了 87.6%。获得信贷指标获 2019 年上半年自治区营商环境指标红榜第一名。

（三）钦州市金融运行情况

1. 存贷款保持平稳增长

2019 年末，钦州市人民币存款余额 1182.14 亿元，同比增长 10.8%，较广西北部湾经济区人民币存款余额同比增速高 3.2 个百分点；人民币贷款余额 857.75 亿元，同比增长 16%，较广西北部湾经济区人民币贷款余额同比增速高 0.3 个百分点。

2. 小微企业金融服务满意度和获得感大幅提升

截至 2019 年 11 月末，钦州市小微企业贷款余额 263.13 亿元，比年初增加 28.42 亿元；其中，普惠小微企业贷款余额、户数分别较年初增加了 15.5 个百分点、0.41 万户。2019 年 1 ~ 11 月，钦州市新投放的普惠小微企业贷款平均利率比 2018 年下降了 0.32 个百分点，减费让利效果显著。普惠小微企业办理抵押贷款的时间大幅度缩短，比 2018 年平均缩短了 20 多个工作日。钦州市银行业金融机构纷纷利用互联网大数据优势，大幅提升了信贷服务效率，小微企业贷款"秒批秒放"，信贷服务效率明显提升。积极推广纳税信用贷，2019年对缺乏资产、规模小的诚信纳税人共投放了4.71亿元的信用贷款，完成全年目标计划的458.41%。大力支持民营企业发展，累计为29家经营暂时遇到困难的民营小微企业提供了2.5亿元融资支持。

3. 搭建了融资"线上互动"对接平台服务民营和中小企业

企业在"钦州市政银企融资信息服务平台"网站上注册登录后，即可发布融资需求，钦州市各级金融机构均可实时查看企业融资需求信息；企业也可查看银行发布的融资产品，针对自身需求进行申请，实现了银企融资需求信息的"互联网＋，实时对接"，大大降低了银企双方的信息收集成本和时间成本。

4. 保险市场平稳发展

2019年，钦州市保险保费收入12.41亿元，同比增长10%。其中，财产险、人身险保费收入分别为4.37亿元、8.04亿元，同比分别增长2.0%、14.9%；2019年钦州市保险赔款及给付4.01亿元，同比增长24.1%。其中，财产险、人身险赔款及给付分别为2.07亿元、1.94亿元，同比分别增长9.3%、45.3%。

（四）防城港金融运行情况

金融业保持平稳发展。2019年末，防城港市各类金融机构（含银行、证券、保险、融资担保、小额贷款、营业网点）268家。全年金融业增加值增长4.9%。防城港市人民币存款余额775.53亿元，同比增长10.7%，较广西北部湾经济区人民币存款余额同比增速高3.1个百分点；其中，本外币非金融企业存款余额和住户存款余额分别为184.86亿元、434.66亿元，同比分别增长10.2%、11.9%。2019年末，人民币贷款余额705.31亿元，同比增长10.2%，较广西北部湾经济区人民币贷款余额同比增速低5.5个百分点；本外币短期贷款余额和中长期贷款余额分别为123.9亿元、575.1亿元，同比分别增长18.9%、10.1%。

（五）玉林市金融运行情况

1. 存款平稳增长，贷款快速增长

2019年末，玉林市人民币存款余额2204.61亿元，在广西北部湾经济区排名第二位，同比增长7%，较广西北部湾经济区人民币存款余额同比增速低0.6个百分点；人民币贷款余额1658.40亿元，同比增长17.40%，均列广西北部湾经济区第二位，较广西北部湾经济区人民币贷款余额同比增速高1.7个百分点。其中，中长期贷款余额1256.41亿元，同比增长18.3%。从贷款投向看，信贷资金主要投向房地产业、农林牧渔业、租赁和商务服务业、制造业等。

2. 民营小微企业金融服务迈向高质量发展的轨道

2019年8月，玉林市成为全国深化民营和小微企业金融服务综合改革试点城市。2019年，人民银行玉林市中支及各县（市）支行共举办6场园区银企对接会，达成融资意向超过10亿元，有力地推动了主要产业园区民营企业小微企业的发展。截至2019年11月末，玉林市小微企业贷款余额超过600亿元，较年初增长16.99%，增速位居全区第二。2019年，玉林市普惠小微企业贷款增速较各项贷款增速高1.7个百分点，普惠小微企业贷款户数比年初增加了3554户；1000万元以下小微企业抵押贷款首次办理时间压缩在6个工作日以内。"民微首贷"较大幅度提升。如玉林市农合机构1~9月新增首次获得贷款的小微企业户数为3386户，贷款金额28.11亿元，占全部新增企业贷款户数及金额的41.19%和42.04%。推进"农村承包土地经营权抵押+"工作成果显著。在全区率先推出农地抵押贷款保证保险，截至2019年10月末，该项贷款余额6.20亿元，同比增长24%，余额占全区该类贷款约50%，350多家民营小微企业获得贷款，此外各机构还因地制宜开发了"银行＋农户＋担保公司＋龙头企业""乐意贷""金地贷"等多项创新信贷产品。

（六）崇左市金融运行情况

1. 存贷保持快速增长

2019年末，崇左市人民币存款余额915.35亿元，同比增长10.9%，增速列广西北部湾经济区第二位，较广西北部湾经济区人民币存款余额同比增速高3.3个百分点；人民币贷款余额593.45亿元，同比增长17.9%，增速位居广西北部湾经济区排名首位，较广西北部湾经济区人民币贷款余额同比增速高2.2个百分点。其中，消费贷款余额183.76亿元，同比增长24.0%。

2. 开展"跨境人民币结算"位居全区榜首

崇左市从越南调运800万人民币现钞进入我国境内，为广西第一笔中越人民币跨境现钞调运业务。崇左市先后在凭祥市8个边民互市点成立了边民贸易结算服务中心。引导互市贸易结算由"地摊银行"向银行正规渠道转移。自开展跨境人民币结算试点起至2019年9月末，崇左市跨境人民币累计结算量5074.88亿元，居全区首位。

三　广西北部湾经济区金融运行存在的问题

（一）金融发展不平衡不充分

广西北部湾经济区县域的金融机构数量较少，金融机构类型不够齐全，农信社网点数占到县域金融机构数的绝对比重且业务发展较快，其他金融机构业务发展相对缓慢；广西北部湾经济区涉农、小微金融产品单一，不能有效满足金融需求。如2019年，广西北部湾经济区小微信贷的渗透率不到20%。另外，广西北部湾经济区金融组织体系不够完善，缺乏证券、期货、基金管理、信托等金融机构。

（二）金融生态环境仍需改善

虽然广西北部湾经济区金融机构不良贷款率整体不高，但是个别金融机构特别是农合机构的不良率普遍偏高，且压降压力较大；加上金融新形态、新模式、新产品涌现，及非法集资案件时有发生，互联网投诉增加，金融风险防控压力增大。

（三）金融基础设施总体水平有待提高

缺乏技术水平高、稳定高效的金融系统，各部门、各系统的金融数据未能实现数据共享，大数据综合利用能力不强。如近年来推广创建的农户信用信息系统，数据真实性、时效性较差，未能有效发挥金融效用。数字技术产业基础较为薄弱，软件和信息技术服务业总体规模偏低，缺少平台型龙头企业。人才智力资源紧缺，数字经济发展所需的融合型、实用型人才缺口较大，人才培养体系尚未建设完善。

（四）金融人才特别是高端人才比较紧缺

广西北部湾经济区金融人才数量较少、人才层次较低、整体素质不高，特别是高层次金融人才极为缺乏，能满足区域金融创新需求的风险管理、国际结算、金融科技等方面的高端金融人才极其匮乏，严重限制了广西北部湾经济区金融发展的步伐。

四 2020年广西北部湾经济区金融预测与展望

（一）存款增速放缓，贷款保持快速增长

存款方面，在新冠肺炎疫情冲击下，北部湾经济区整体经济不景气，居民可支配收入下降，居民存款增速趋于放缓。经济下行，企业经营效益将变差，直接导致企业存款难以大幅增加。从政府部门看，通过减税降费等措施大力支持经济增长，财政性存款也将趋于下降。预计2020年各项存款增速放缓。

贷款方面，在稳健的货币政策更加灵活适度的政策基调下，信贷环境将保持总体宽松，广西北部湾经济区随着重点企业和项目的上马投产，加上"稳企贷"系列政策的支持，单位贷款将保持较快增长。综上，预计2020年广西北部湾经济区各项贷款仍将保持快速增长。

（二）金融机构保持平稳运行

金融机构经营效益方面，疫情下企业还本付息能力的下降将直接导致金融机构利息收入减少，经营利润下滑，但国家和自治区层面都出台了不少奖励、补贴的政策，另外，虽然经济下行压力加大、新风险不断暴露、银行不良风险压力变大，但风险爆发总体趋于缓和，同时从不良贷款情况看，除地方法人机构由于历史存量原因外，大部分银行不良贷款率都较低，且国有行和股份行风险控制持续稳健。预计 2020 年广西北部湾经济区金融机构将继续保持平稳运行。

（三）南宁市创建绿色金融改革创新示范区

"一带一路"建设带来国际产能合作新机遇，"一带一路"沿线庞大的绿色基础设施建设、清洁能源领域投资需求，成为绿色金融的发展契机。南宁是广西北部湾经济区唯一被确定为广西首批绿色金融改革创新示范区的城市，预计在 2020 年创新推出大量的绿色金融产品，打造大量典型模式和典型案例，发挥绿色金融在促进绿色产业发展和传统产业转型升级中的重要作用，形成引领示范效应。

（四）南宁、北海、防城港、崇左四市创建保险创新综合示范区

目前，广西创建保险创新综合试验区已进入实施阶段，南宁、北海、防城港、崇左四市将创建保险创新综合示范区。2020 年，这四个保险创新综合示范区将加大服务实体经济力度，助力保险主动对接国家和广西的重大战略，加强保险与广西北部湾经济区产业的深度融合，进一步提高保险服务实体经济的能力和水平；加强银保联动，提升银行保险资源配置效率，推动银行业、保险业协同发展。

B.5

广西北部湾经济区2020年港口
互联互通建设报告[*]

雷小华[**]

摘　要：　2019年，西部陆海新通道建设上升为国家战略并提出建设广
西北部湾国际门户港，这为北部湾港互联互通建设带来重大
历史机遇。本报告全面总结了2019年广西北部湾经济区港口
软硬件基础设施建设，港口航线布局优化、班列班轮发行等
互联互通建设，港口货物运输量等方面的建设成效。在此基
础上，指出2020年广西北部湾经济区港口基础设施建设水平
还会提档升级，海铁联运通道关键线路将开工建设，北部湾
港重要港区集疏运能力将明显改观，航线布局还会进一步优
化，北部湾港正朝着国际门户港建设的目标努力奋进。

关键词：　北部湾港　国际门户港　西部陆海新通道

　　2019年，对于广西北部湾港发展来说是具有重要转折意义的一年，北
部湾港不仅迎来外部历史发展机遇期，也迈出内部深化改革的重要一步。
2019年8月，国家出台的《西部陆海新通道总体规划》提出建设广西北部
湾国际门户港，进一步提升了北部湾港的地位与作用。同年10月，南宁港
正式划归至北部湾港集团，进一步拓展和丰富了北部湾港的物流运输方式和

---

　　* 本报告系广西八桂青年学者中国—东盟海洋合作岗位建设阶段性成果。
　　** 雷小华，博士，广西社会科学院东南亚研究所副所长（主持工作）、副研究员。

线路。广西北部湾港设施条件的持续改善、航线网络的不断拓展，为促进北部湾经济区和中国西部地区经济发展、外贸增长和产业转型升级做出了重要贡献。

一 2019年北部湾港基础设施建设成效显著

2019年，广西以西部陆海新通道上升至国家战略为契机，加快港口基础设施建设，一批"破瓶颈"项目相继开工建设或完成，港口基础设施建设成效非常显著，北部湾港西部地区海铁联运枢纽地位进一步巩固。

（一）港口基础设施建设取得显著成效

2019年，广西全力加快港口基础设施建设，港口服务北部湾经济区临港产业和西部地区海铁联运的能力显著提升，一批项目相继建设完成后可满足集装箱船大型化、码头自动化的作业要求。

1. 钦州港30万吨级原油码头工程开工建设

2019年4月12日，广西钦州港三墩岛30万吨级原油码头管道工程开工建设，项目起自在建的三墩岛30万吨级码头栈桥上岸端部，止于已建的钦州中石油国际储备库（一期工程）第一阶段库区。为加快项目协调建设，2019年9月28日，钦州市成立钦州港30万吨级原油码头工程建设指挥部。项目建设后将加快推进北部湾经济区的石化产业发展。

2. 钦州港东航道扩建二期工程开工建设

2019年10月31日，西部陆海新通道国际门户港建设的关键性工程——"钦州港东航道扩建二期工程"项目开工建设，建成后将满足20万吨级大型集装箱船进出北部湾港条件，标志着北部湾国际门户港建设迈出了开拓性的一步，推动北部湾港向全球集装箱船舶大型化趋势发展，进一步提升北部湾港核心竞争力。

3. 北海铁山港进港航道扩建三期工程加快建设

北海铁山港区航道三期工程主要服务于西港区的石头埠作业区、雷田作业区、铁山港东港区和沙田港区的船舶通行，共分为3个标段实施建设，其中，2019年12月27日，航道三期工程I标段顺利通过验收，II标段航道原计划于2020年内完工，但由于吹填区问题影响了施工进度。项目建成后将进一步提升铁山港的航道基础设施水平，进一步保障港口吞吐量需求和港区企业发展需求，进一步落实国家赋予广西实施的"三大定位"新要求。

4.防城港渔澫港区401号20万吨级散货泊位开工建设

防城港渔澫港区401号泊位工程为20万吨级大型专业化散货码头，设计通过能力672万吨，建成后将用以满足大型冶炼企业原材料大量进口的需求。2019年12月，防城港渔澫港区散货专业化中心堆场工程及防城港渔澫港区第四作业区401号泊位工程工艺设备总承包已经确定中标单位，预计2021年7月投入使用。

（二）海铁联运"破瓶颈"取得重要突破

1.海铁联运"破瓶颈"标志性项目建成运营

钦州铁路集装箱中心站是广西建设西部陆海新通道"破瓶颈"的标志性项目。2018年7月开工建设钦州铁路集装箱中心站，项目占地约1268亩，设计总装卸能力105万标准箱/年，总投资约9亿元，历时仅一年，2019年6月30日，钦州铁路集装箱中心站正式建成运营。项目建成后实现铁路集装箱年装卸能力由15万标准箱跃升至105万标准箱，装卸车能力由每天4列提升至20列以上，大大提升了北部湾港集疏运能力，可降低港口与铁路之间的物流成本20%以上。

2.进港铁路专用线加快建设

（1）中国石化北海炼化铁路专用线区间线路开通

2019年5月6日，为配套服务中国石化北海炼油异地改造石油化工（20万吨/年聚丙烯）项目而建设的北海港铁山港首个铁路专用线——中国石化北海炼化铁路专用线区间线路正式开通，项目建成后，中石化20万吨/年聚丙烯项目产品将直接在厂区内装车运至铁山港站，进行编组后运往全国各地，这将大大降低企业货物的运输成本，对促进北海石化产业持续快速发展具有十分重要的意义。

（2）北海铁山港铁路专用线加快建设

2018年9月30日，连接铁山港公共码头和玉铁铁路，实现海铁联运的"最后一公里"破瓶颈项目——北海铁山港1~4号泊位铁路专用线工程开工建设。项目计划于2020年4月18日即习近平总书记视察铁山港三周年之际建成完工。截至2020年4月7日，项目完成总工程量的90%，累计完成投资4.3亿元。同时，钦州港铁路专用线扩能改造项目也在加快建设。

（三）海铁联运通道建设取得实质进展

2019年5月20日，广西印发实施《西部陆海新通道重点铁路项目建设实施方案（2019—2021年）》，明确重点推进黄桶至百色铁路、南昆线百色至威舍段、湘桂线南宁至凭祥段、沿海铁路钦州至防城港段、黔桂铁路、云桂沿边铁路以及柳州经梧州至广州铁路等7条线路的增建或改造，总投资1870多亿元。

1. 黄桶至百色铁路项目可研报告通过预审查

2019年，黄桶至百色铁路项目可研报告通过预审查（评估），为项目加快建设奠定了基础。黄桶至百色铁路是广西北部湾经济区连接西部地区的三条主干线的西通道，是广西和贵州两省联合实施的重要铁路项目之一，是两省区贯彻落实国家《西部陆海新通道总体规划》战略的重要工作举措。项目建成后将为大幅度缩短广西北部湾经济区与西部省区的物流运输距离，提升物流效率。2019年4月，黔桂两省区共同签署《共同推动陆海新通道重大交通基础设施建设合作协议》，明确合作推动黄桶至百色铁路项目前期、建设筹融资及有关工作的事项。2019年9月28日，广西壮族自治区交通厅与贵州省铁路建设办公室在南宁联合召开黄桶至百色铁路项目可研报告预审查（评估）会，评审专家就黄桶至百色铁路项目的线路方案、站场设置、关键性工程及投资估算等相关内容进行研究论证，为项目尽快开工建设奠定了基础。

2. 沿海铁路钦州至防城港段扩能改造工程加快推进

沿海铁路钦州至防城港段扩能改造工程北接钦州北站，止于防城港站，正线长度61.94公里，该项目已纳入国家《中长期铁路网规划》，已完成项目预可研编制工作，按照计划，2019年9月底前完成项目可研编制工作，2019年12月底完成可研前置要件编制及批复工作，2020年6月底前完成可研批复工作，力争尽快开工建设。

3. 黔桂铁路扩能改造工程稳步推进

黔桂铁路扩能改造工程也已纳入国家《中长期铁路网规划》，目前已完成项目预可研编制工作。按照计划，贵州与广西两省区将共同争取铁路总公司2019年8月底前同意启动黔桂铁路扩能改造工程前期工作。2021年1月27日，国铁集团发布招标公告，正式启动项目前期工作，项目有望在"十四五"初期启动建设。

4. 焦柳铁路怀化至柳州段电气化改造加快建设

广西铁路建设加快推进，2019年10月18日，焦柳铁路柳州三江段境内的富用车站架设起了第一根接触网承力索，这标志着焦柳铁路怀化至柳州段电气化改造项目正式进入架线阶段。焦柳铁路怀化至柳州段长401.1公里，其电气化改造项目已于2020年12月开通运营，焦柳铁路机车牵引吨位由3800吨提升至4000吨。

（四）港口服务平台加快建设

1. 整合设立北部湾港国际航运服务中心

2019年12月5日，北部湾国际门户港航运服务中心（以下简称"航运服务中心"）在钦州保税港区正式启动运营。项目建设主要包括港航物流信息平台展示区、航运交易服务区、口岸机构业务窗口服务区和港航贸易办公区等7个功能区。目前该中心已入驻企业近80家，预计2022年底前，钦州港90%的船代、货代、报关、多式联运公司、金融保险企业将实现集中入驻。

2. 成立北部湾航运交易有限公司

2019 年 12 月 25 日，中国—东盟信息港股份有限公司（以下简称"中国东信"）作为主发起人成立了北部湾航运交易有限公司，承担北部湾航运交易所业务运营主体的功能。北部湾航运交易有限公司的成立标志着北部湾航运交易所的组建迈出了关键而坚实的一步。未来，北部湾航运交易有限公司将依托中国东信"互联网＋"产业成果和强大的技术研发能力致力于打造成为专业化开发航运大数据，提供航运信息及衍生服务的公正、中立、权威的第三方功能性机构。①

二 2019年北部湾港互联互通建设成效显著

截至 2019 年底，北部湾港海运网络覆盖全球，国际班轮网络不断织密。目前北部湾港已与 100 多个国家（地区）的 200 多个港口通航。

（一）航线布局优化网络进一步织密

2019 年，新增航线 12 条，其中外贸 4 条、内贸 8 条；此外，原有航线停航或优化整合 9 条。2019 年，新开通 2 条远洋航线，远洋航线达到 3 条。截至 2019 年底，广西北部湾港与东盟的 7 个国家、47 个港口建立了国际运输往来关系，已开通集装箱班轮航线 46 条，其中，外贸航线 25 条、内贸航线 21 条。至东盟的 19 条航线辐射东盟国家主要港口及国内主要沿海港口。此外，北部湾港至新加坡、北部湾港至中国香港集装箱班轮航线实现"天天班"，北部湾港至新加坡等班轮航线实现每周两班常态化营运，班轮舱位利用率从 2018 年的不到 5％提升到 31％。

---

① 《北部湾航运交易有限公司在南宁揭牌成立》，广西新闻网，2019 年 12 月 25 日，http：//www. gxnews. com. cn/staticpages/20191225/newgx5e0330f0 – 19136738. shtml。

（二）海铁联运班列线路进一步拓展

得益于钦州铁路集装箱中心站的投入使用，西部陆海新通道货物进出口效率大幅提升，海铁联运班列线路进一步拓展。目前，北部湾港已开通 8 条海铁联运班列线路。其中，北部湾港—重庆、北部湾港—四川海铁联运班列线路运行情况如下。

1. 北部湾港—重庆班列

"重庆—北部湾港"国际铁海联运班列于 2017 年 4 月份试运行，已从最初的每月一班加密至如今的"天天班"。2019 年 1 ~ 12 月，北部湾港—重庆班列共计到发班列 923 列，同比增长 51.5%（见表 1），发送集装箱 46134 标准箱，同比增长 47.9%。运输货物为汽车整车及零配件、建筑陶瓷、化工原料及制品、轻工及医药产品（饮料）、粮食、生鲜冻货等 300 余个品种。

其中，2019 年 11 月 9 日，西部陆海新通道北部湾港上行班列开行总数达到 1000 列（见表 2）。至此，海铁联运班列逐步扭转了上下行不平衡的局面，标志着北部湾港在海铁联运方面创下新高。

2. 北部湾港—四川班列

2019 年 1 ~ 12 月，北部湾港—四川班列共计到发班列 528 列，同比增长 104%，发送集装箱 26480 标准箱，同比增长 98.26%。其中，出口的货物主要为电子、汽车产品、机械设备，进口的货物为矿石、硫磺、纸浆、废纸、PTA、醋酸纤维素、粮食、石材等。2019 年，北部湾港防城港通过海铁联运集装箱冷链班列，首次开行了防城港至达州的"冷链＋普货"集装箱班列新模式，扩大了冷链物流"朋友圈"，打响了防城港冷链运输品牌，冷链运量达 1.98 万吨。

（三）海铁联运班列班轮开行数量呈爆炸式增长

2019 年北部湾港新通道班列共运行 2243 列，同比增长 94%，完成集装箱发运量 11.2 万标准箱，同比增长 94%。其中，北部湾港开通 8 条海铁联运班列，包括北部湾港—重庆班列、北部湾港—四川班列、北部湾港—云南班列等线路，已经实现常态化运行。作为西部陆海新通道海铁联运的陆海交汇门户和陆路干线的关键节点，广西正积极加快通道和物流枢纽设施建设，运输能力、物流发展质量和效率不断提升的同时，推动交通、物流、商贸、产业深度融合，为推动广西高质量发展、建设现代化经济体系提供有力支撑。

表1 2019年北部湾港海铁联运班列开行情况

序号	班列线路	开行班数	同比增长（%）	箱量（标准箱）	同比增长（%）
1	北部湾港—重庆	923	51.5	46134	47.9
2	北部湾港—四川	528	104	26480	98.26
3	北部湾港—云南	651	172	32619	190
4	北部湾港—西北	14	− 51.72	702	− 40.46
5	北部湾港—贵州	109	505	5460	509
6	北部湾港—柳州	18	—	852	—

注：北部湾港—柳州班列2019年才开通，故无同比增长。
资料来源：广西北部湾港务集团。

表2 2019年北部湾港班列开行情况

序号	班列线路	班列开行情况	承运集装箱情况
		开行班数	箱量（标准箱）
1	北部湾港—中国香港	351	87600
2	北部湾港—新加坡	99	14074
	合计	450	101674

资料来源：广西北部湾港务集团。

三 2019年北部湾港货物运输量创历史新记录

2019年，国家以及相关省市区不断加大西部陆海新通道建设力度，《西部陆海新通道总体规划》《广西加快西部陆海新通道建设若干政策措施（修订版）》相继出台。在西部陆海新通道的强力驱动下，港口和铁路货物运输量节节攀升。

（一）北部湾港集装箱吞吐量增速全国第一

随着北部湾物流网络的不断完善，港口吞吐量数据节节攀升：北部湾港2017～2019年集装箱吞吐量增速领跑全国，年均增速达28.6%，高出全国平均水平22.7个百分点，在全国沿海港口排名中从第18位上升到第12位，其中2018年、2019年连续两年增速居全国首位。2019年北部湾港货物吞吐量完成2.33亿吨，同比增长17.97%（见表3）。其中，集装箱完成415.71万标准箱，同比增长28.62%。其中，北部湾港本港完成货物吞吐量2.05亿吨，同比增长17%，其中集装箱完成382.04万标准箱，同比增长31.68%，连续3年增速超25%。根据中国交通部统计，北部湾港2019年吞吐量在全国规模以上沿海港口排名第12位，增速排名第4位；集装箱吞吐量在全国规模以上沿海港口排名第12位，增速排名第1位。[①] 2019年西部陆海新通道外贸货物货值累计约5.2亿美元，内贸货物货值累计约24.9亿元人民币，目的地已覆盖全球6大洲88个国家的213个港口，其运输货物涵盖汽车整车及零配件、建筑陶瓷、化工原料及制品、轻工及医药产品、粮食、生鲜冻货等300余个品类。

表3　2019年1～12月广西北部湾港货量发行情况

类别	2019年12月		2019年1～12月	
	完成数	同比增长	完成数	同比增长
货物吞吐量	2049.23（万吨）	30.20（%）	23313.33（万吨）	17.97（%）
其中，集装箱部分	42.86（万标准箱）	32.73（%）	415.71（万标准箱）	28.62（%）

资料来源：广西北部湾港集团。

1. 集装箱方面

2019年，北部湾港本港完成集装箱吞吐量同比增长达31.68%，远超全国港口平均增速（4.8%），增速在全国规模以上沿海港口中排名第1位，

---

① 资料来源：广西北部湾港集团。

并且连续 3 年增速超 25%。北部湾港围绕年度集装箱吞吐量目标，通过加大市场组货力度，主动服务重点企业和项目散改集，协调重点船公司根据市场需求，灵活调整班轮运力配置，推动集装箱中转业务和稳固增开西部陆海新通道班列，促进集装箱海铁联运业务快速发展等措施形成集装箱增量。

2. 散杂货方面

北部湾港在铁矿、煤炭等传统货源上增量明显，市场份额进一步扩大。铁矿配矿、煤铝（铝矾土）捆绑等营销策略和商务政策精准有效。铁矿石完成超 3700 万吨，同比增长 9.5%，区域市场份额提升 3%，防城港已成为西南地区最大的铁矿集散地，有效延伸港口铁矿石货物服务链条，初步形成贸易市场集聚效应。柳钢、盛隆、昆钢等重点用矿企业进口份额均较 2018 年同期有所提高，市场份额提升显著。煤炭货物全年完成超 3000 万吨，同比增长 12.4%，市场份额提升 4%。

3. 提质增效方面

北部湾港 2019 年船舶计划兑现率 95.99%，同比提高 1.98%；集装箱班轮最高船时效率达到 224.88 自然箱/小时，较原纪录 192 自然箱/小时提高 17.1%；最高昼夜集装箱产量从 2018 年的 12753 标准箱提高到 16294 标准箱，提高 27.8%。散杂货船单船效率最高纪录达 11.62 万吨/天，较原纪录 10.8 万吨/天提高 7.6%。①

（二）广西沿海铁路发送货物创历史新高

广西沿海铁路是西部陆海新通道海铁联运的陆海交汇门户和陆路干线的关键枢纽节点。2019 年为加快铁路基础设施"破瓶颈"建设，满足西部陆海新通道货运量大幅增长的需求，广西沿海铁路公司加快建设钦州铁路集装箱办理站、南宁至防城港铁路电气化改造、铁山港中石化铁路专用线等铁路重点工程建设。此外，沿海铁路公司还加强与行业协会、地方企业、经济园区等货运业主单位的交流合作，盘活多方资源，共同推进铁路专用线入企

---

① 北部湾港股份有限公司：《2019 年年度报告摘要》，《证券时报》2020 年 4 月 18 日。

业、货运服务入园区，构建多方互利共赢局面。截至 2019 年底，广西沿海铁路全年货物运输总量 6611 万吨，其中累计发送货物 5665.66 万吨，同比增长 12.7%；西部陆海新通道海铁联运班列发送货物 114.7 万吨，同比增长 163%，创造两项历史新记录。[1]

四　2020年广西北部湾经济区港口互联互通发展展望

（一）港口基础设施建设水平大幅度提升

2020 年 8 月 31 日，广西钦州大榄坪南作业区 9、10 号自动化集装箱泊位举行开工仪式，计划建设两个 10 万吨级自动化集装箱泊位，年设计吞吐量 125 万标箱。该项目是第一个海铁联运自动化码头，全国第五个自动化集装箱码头，是北部湾港主动适应和努力追赶全球港口大型化、智能化、自动化等新发展趋势的重要举措，是推动北部湾国际门户港跨越式发展的重点建设工程。同时，钦州大榄坪南作业区 7、8 号泊位集装箱自动化改造项目加快进行，届时将共同打造北部湾港智慧港口。同时，随着钦州港进港航道二期工程、铁山港进港航道扩建三期工程、钦州 30 万吨级油码头工程、防城港渔澫港区 401 号 20 万吨级散货泊位、防城港企沙作业区 2 号泊位等码头航道建设的加快，北部湾港基础设施进一步完善，到 2022 年，具备 20 万吨级集装箱船、30 万吨级油船、30 万吨级散货船和 15 万吨级 LNG 船等世界大型主力运输船舶通航靠泊条件，北部湾港朝着集装箱船大型化、码头自动化等目标方向发展，支撑国际门户港建设的能力进一步提升。

（二）海铁联运通道关键线路将开工建设

2020 年 9 月 28～30 日，国铁集团工程鉴定中心在贵州省贵阳市组织召开黄百铁路可研报告审查会议。与会专家对项目的建设方案、功能定位、站

---

[1]　童政：《西部陆海新通道海铁联运释放潜力》，《经济日报》2020 年 1 月 8 日。

场设置、接轨方案等进行了认真审查和深入讨论，并对进一步优化设计方案进行了论证。随着建设方案的进一步优化，项目将尽快开工建设。

（三）北部湾港重要港区铁路进港实现全覆盖

2020 年，北部湾港进港铁路专用线工程克服疫情影响，全面复工复产，全力推进进港铁路专用线开通建设。2020 年 4 月 16 日，广西铁山港进港铁路专用线正式通车，海铁联运实现无缝衔接，减少了运输成本和中转环节，每装一列车可压缩 6 小时，每吨可为企业节约成本 6 元，一年可节约社会物流成本 8000 万元；2020 年可为铁路带来 250 万吨货运增量。

（四）航线布局进一步优化

根据自治区推进西部陆海新通道建设的统一部署和《广西建设西部陆海新通道实施方案》要求，核心是进一步织密全球航线网络，重点是拓展外贸航线，持续扩大东南亚的优势航线，加大远洋航线服务的拓展，满足新通道业务持续增长需要。重点是畅通北部湾港与中国香港和新加坡两个航运主枢纽之间的航线，保持北部湾港—中国香港"天天班"，加密北部湾港—新加坡常态化班轮，2025 年全面实现"天天班"。启动北部湾港与马来西亚巴生港等次枢纽之间的航线。

（五）班列开行数量逆势再增长

2020 年，随着东盟成为中国第一大贸易伙伴，中国西部地区与东盟的经贸合作将更加紧密，与东盟的贸易量将会继续大幅增长，随之，西部陆海新通道班列开行数量还会逆势大增。统计显示，2020 年 1～8 月，西部陆海新通道班列累计开行 2643 列，同比增长 96%，增长近一倍。特别是北部湾港至昆明段线路，2020 年 1～8 月，到发班列 1178 列，同比增长 249%。同时，新的班列线路还会陆续开行，将推动海铁联运班列数量继续大幅增长。

参考文献

陈鸿起：《推进"铁、公、机、水"基础设施建设　加快西部陆海新通道建设》，《人民交通》2020 年第 2 期。

袁林：《国际陆海贸易新通道国际运输现状及对策》，《现代经济信息》2019 年第16 期。

张家寿：《加快区域协调发展与建设西部经济强区——以广西"两区一带"为例》，《改革与战略》2013 年第 12 期。

韦灵桂：《广西参与泛珠三角区域合作政策效果评估研究》，硕士学位论文，广西师范学院，2010。

张智：《"西部陆海新通道"改写城市新格局》，《决策探索》2019 年第 9 期。

刘娴：《建设西部陆海新通道：中国广西的现状、问题及对策》，《东南亚纵横》2019 年第 6 期。

呼东方：《陆海新通道构筑西部对外开放新动脉》，《新西部》2019 年第 25 期。

广西北部湾港集团：《奋力当好北部湾经济区高质量发展生力军》，《中国港口》2020 年第 2 期。

广西壮族自治区人民政府新闻办：《广西推进西部陆海新通道建设新闻发布会》，https：//baijiahao. baidu. com/s？ id = 1675969925140122461&wfr = spider&for = pc。

《西部陆海新通道建设指挥部办公室印发西部陆海新通道广西海铁联运主干线运营提升实施方案》（2019—2020 年），《广西日报》2019 年 11 月 29 日。

B.6

广西北部湾经济区2020年文化旅游产业发展报告

杨丛丛　毛艳*

摘　要：　2019年广西北部湾经济区文化旅游产业总体发展态势较好，
　　　　　全域旅游品牌影响力逐步提升，文化旅游重大项目扎实推
　　　　　进，文化旅游公共服务体系不断完善，文化旅游科技创新稳
　　　　　步推进，文化遗产保护利用和传承发展不断增强，但也面临
　　　　　产业层次偏低不高、效益不高，文化旅游资源分散、文旅融
　　　　　合深度不够、文化旅游公共基础设施供给水平偏低、特色文
　　　　　化旅游产品和线路策划滞后、文化旅游产业系统政策支撑不
　　　　　足等问题。2020年，文化旅游产业市场机遇大于挑战，北部湾
　　　　　经济区必须抓住机遇，加快构建现代文旅融合体系，打造文旅
　　　　　特色产品和精品线路，抢抓疫情防控时期文旅产业新模式，打
　　　　　响"亮丽北部湾"旅游品牌，提升文旅基础服务设施供给水
　　　　　平，增强文旅质量与服务品质，全面激发文化旅游市场活力。

关键词：　北部湾经济区　文化旅游　文旅融合

近年来，作为旅游新兴产业的文化旅游产业发展越来越受到人们的关注和重视，日益成为推动区域经济发展的新增长点。当前，广西北部湾经济区

---

* 杨丛丛，广西宏观经济研究院中级经济师；毛艳，广西社会科学院区域发展研究所副所长、高级经济师，主要研究方向为区域经济、数量经济。

文化旅游产业发展尚处于初期阶段，仍面临产业层次偏低、效益不高，文化旅游资源分散、文旅融合深度不够，文化旅游公共基础设施供给水平偏低，特色文化旅游产品和线路策划滞后，文化旅游产业系统政策支撑不足等问题，展望2020年，广西北部湾经济区文化旅游产业发展既面临重大机遇，也有不小的挑战，因此，在新形势下积极探索破解这些问题的有效措施，将有利于促进广西北部湾经济区文化旅游产业持续健康发展。

一 2019年广西北部湾经济区文化旅游产业发展现状

2019年以来，广西北部湾经济区高度重视文化旅游产业发展，全面贯彻落实习近平总书记关于文化和旅游工作的重要论述和2019年广西文化旅游发展大会精神，狠抓文化旅游产业高质量发展"1＋7"系列政策措施落地，推动文化旅游产业重大项目加快建设、公共服务设施加快完善、文化和旅游产业加速融合、文化旅游科技创新加快推进，北部湾经济区文化旅游产业发展取得显著成效。

（一）文化旅游产业呈快速增长态势

广西北部湾经济区文化和旅游资源丰富，涌现出刘永福、冯子材、邓颖超等杰出历史人物，拥有北海合浦汉墓群、南宁昆仑关战役旧址、钦州冯子材旧居等历史文物，也拥有南宁壮族三月三歌圩、防城京族哈节、北海"咸水歌"、钦州坭兴陶、北海海上丝绸之路等民俗文化，旅游产业布局初步形成南宁以商务会展为主、北钦防以滨海旅游为主、崇左以边境旅游等为主，玉林以生态休闲等为主的体系。近年来，广西积极探索文化与旅游产业融合发展，打造了南宁"三街两巷"文化旅游新地标，崇左依托花山文化开发出土法红糖、糖波酒和春糍粑等特色旅游产品。2019年，广西北部湾经济区旅游产业规模不断扩大，总体呈较快增长的发展势头，接待国内游客总量、国内旅游总消费分别达到4.08亿人、4517.57亿元，分别同比增长

26.5%、33.1%（见表1）；广西北部湾经济区接待游客总量、旅游总消费占广西的比重分别为48.9%、45.2%，基本占据广西的半壁江山，发挥着广西旅游经济增长极的作用。

表1 2019年广西北部湾经济区旅游产业发展情况

	接待游客数（万人）	同比增长（%）	旅游总消费（亿元）	同比增长（%）
南宁市	15209.74	16.2	1699.02	24.2
北海市	5278.85	34.1	694.63	39.1
钦州市	4988.03	37.0	519.21	40.3
防城港市	3651.69	32.9	329.39	39.9
玉林市	6970.25	33.0	803.94	39.4
崇左市	4726.46	30.8	471.38	37.2
北部湾六市合计	40825.02	26.5	4517.57	33.1

资料来源：广西北部湾经济区各市《2019年国民经济和社会发展统计公报》。

（二）全域旅游品牌影响力逐步提升

北部湾经济区全面落实广西全域旅游发展的决策部署，着力打造旅游业改革创新发展先行区和试验田，推动旅游品牌影响力不断提升。截至2019年底，广西北部湾经济区拥有A级景区216个，其中青秀山、德天跨国瀑布等5A级景区2家，昆仑关、涠洲岛、三娘湾、五彩田园、友谊关、明仕田园、北海银滩等4A级景区92家。北部湾经济区入选广西前六批特色旅游名县的数量达11家，占全区特色旅游名县总量的34%。北海市海城区、银海区，钦州市钦北区成为自治区级全域旅游示范区。北海成为广西首个全域旅游示范城市。截至2019年末，广西北部湾经济区各市获得自治区全域旅游示范区情况见表2。崇左市雨花石生态旅游景区成功创建广西生态旅游示范区。防城港市获批建设国家边境旅游试验区。六万大山森林康养示范基地被列为首批国家森林小镇建设试点。广西北部湾各市共同推出海滨自驾游、露营体验自驾游、边关公路自驾游、康养美食自驾游精品自驾游精品线路，北海银滩、涠洲岛、三娘湾、江山半岛等滨海景区成为区内外游客游玩的主要景区。

表2　截至2019年末广西北部湾经济区各市获得自治区全域旅游示范区情况

南宁市	青秀区、江南区、武鸣区、兴宁区、西乡塘区、宾阳县、横县、良庆区
北海市	合浦县、海城区、银海区
钦州市	钦北区、灵山县、浦北县
防城港市	防城区、港口区
玉林市	北流市、玉州区、陆川县、博白县、兴业县、福绵区
崇左市	龙州县、宁明县、天等县、扶绥县、江州区

资料来源：广西壮族自治区文化和旅游厅网站。

（三）文化旅游重大项目扎实推进

2019年以来，广西北部湾经济区积极开展文化旅游产业重大项目招商推介，陆续吸引一批重大项目落户，推动文化旅游发展大会提出的一大批标志性文化旅游产业重大项目建设扎实推进。德天登高观景、花山景区客服中心等项目竣工使用。环首府生态旅游圈启动建设，邕江旅游项目、高峰森林公园、江宇梦想小镇等项目加快建设。总投资额240亿元的北部湾文旅产业园项目成功落户钦州。广西群众艺术馆、广西博物馆、广西民族剧院等文化项目加快建设。南宁万有国际旅游度假区、北海银基国际滨海旅游度假中心、防城港白浪滩航洋文旅综合体项目等一批重大旅游项目顺利推进，恒大崇左文化旅游康养城项目全面开工，玉林文化旅游美食城项目实现开业。北海游轮母港、冠岭旅游综合体、高德古镇、银滩、中越—德天板约瀑布跨境旅游合作区、明仕国家级旅游度假区等重大项目加快建设。德天小镇、龙州左江国际旅游度假区、圣泉谷度假区等项目开工建设。

（四）文化旅游公共服务体系不断完善

广西北部湾经济区不断加大投入力度，完善文化旅游公共服务体系，为文化旅游产业发展提供重要的支撑。建成北部湾经济区图书馆服务联盟，"向海之路"特色资源库首期工程初步完成，"海岛智慧书房"在北海市涠洲岛建成。钦州市、玉林市、南宁市图书馆新馆和南宁市群众艺术馆新馆相继建成开馆。自治区级壮族文化（崇左）生态保护区、壮族歌圩文化（南宁）生态保护区获批设立。南宁花雨湖文化产业示范基地、北海源生南珠文化产业示范基地、坭兴陶柴烧传统文化工艺传承创新基地、玉林古玩城荣获广西文化产业示范基地称号。成功举办"环广西"公路自行车世界巡回赛、"一带一路"国际帆船赛等重大赛事、中国（北部湾）海洋经济与文化旅游发展论坛、北部湾城市运动会、广西民宿大会等系列文化旅游活动。冯子材旧居获命名为全国爱国主义教育示范基地，防城港市成功列入第三批国家公共文化服务体系示范项目名单。

（五）文化旅游科技创新稳步推进

广西北部湾经济区大力推动全域旅游直通车，2019 年建设完成全域旅游中通车线下服务网点，无缝衔接了高铁站、机场、公共交通、旅游专线等。借鉴一键游桂林的成功经验，部署推进"一部手机游广西"工作，已实现南宁、北海、崇左等市平台上线运营。南宁市"乐游南宁"智慧旅游服务平台已完成微信公众号、微信小程序、手机 App 的建设，整合纳入南宁市多家重点景区、酒店、民宿、旅行社的优质旅游产品，全面覆盖"游前、游中、游后"旅游场景。北海市旅游大数据平台初步建成，智慧旅游和"旅游＋"新模式、新业态释放新活力。加强科技元素与旅游资源的融合发展，如南宁方特运用"旅游＋科技"、"旅游＋文化"等先进理念与实践相结合的领先主题游乐产品，在国内首创了将东盟十国传统历史文化和优美的自然风光，与国际一流水准的高科技娱乐设施相结合的主题游乐形式，优质的文旅科技体验项目直接促成了南宁方特较高的游客重游率，两次及以上游玩的游客占比高达 26%。

（六）文化遗产保护利用和传承发展不断增强

持续开展重点文物保护单位的修缮及周边环境整治，2019 年 3 月，南宁、防城港、崇左等设区市 32 县（区）被列入国家《革命文物保护利用片区分县名单（第一批）》中的左右江革命文物保护利用片区。2019 年 8 月，自治区级壮族文化（崇左）生态保护区批准设立。国家级非物质文化遗产项目"京族哈节"和"京族独弦琴艺术"的影响力不断提升。加强世界文化遗产保护，左江花山岩画景区创建"国家5A级旅游景区"工作有序推进，海上丝绸之路·北海史迹保护和申遗工作扎实推进，中越边境非物质文化遗产保护惠民富民示范带加快建设。组织开展宁明花山岩画危岩体抢险加固工程、花山岩画污染物清理试验等工程。争取国家专项资金118万元用于合浦县大浪古城遗址的考古发掘。持续抓好壮族天琴艺术申报国家级非物质文化遗产、联合国教科文组织人类非物质文化遗产代表作工作。

二 广西北部湾经济区文化旅游产业
发展存在的问题

2019年广西北部湾经济区文化旅游产业发展取得了显著成效，但仍存在一些短板和不足，主要体现在以下几个方面。

（一）文化旅游产业发展层次偏低、效益不高

近年来，广西北部湾经济区文化旅游产业发展突飞猛进，文化设施投入不断加大，文化艺术精品大量涌现，文化遗产保护成效明显，接待国内外游客人数、旅游总消费均快速增长，但与全区及周边省市相比，北部湾经济区文化旅游产业仍处于相对落后的位置。无论是接待游客数还是旅游消费额，北部湾经济区六市占广西比重都未达到50%，近几年的占比也呈缓慢下降态势，2018年接待国内游客人数、国内旅游消费在2016年分别达到49.8%、47.8%峰值后开始出现缓慢下滑态势，发展的质量和效益不高（见表3）。2019年广西北部湾经济区国内旅游人均消费1108.1元，比同为西部省份的四川低370元，比相邻省份的江西低129元，反映出广西北部湾文化旅游产业发展效益不高的问题较为突出。文化事业经费投入不足，县级文化活动场馆数量缺乏，在文化设施建设、文化产业发展、文化遗产保护及文艺演出等方面均落后于江西。

表3 2014～2019年北部湾经济区接待旅游人数及旅游消费情况

	2014 年	2015 年	2016 年	2017 年	2018 年	2019 年
接待国内游客人数(万人次)	13693.7	16313.2	20122.3	25180.9	32274.2	40569.7
占全区的比例(%)	47.9	48.5	49.8	48.6	47.6	47.8
国内旅游消费(亿元)	1165.4	1469.2	1936.3	2542.0	3393.9	4495.5
占全区的比例(%)	46.7	46.8	47.8	46.9	45.6	45.4
人均消费(元)	851.1	900.6	962.3	1009.5	1051.6	1108.1

资料来源:《广西统计年鉴2019》。

(二)文化旅游资源分散且文旅融合深度有待提升

广西北部湾经济区各地市旅游资源丰富,但在景点景区建设上普遍单兵作战,重眼前轻长远,缺乏整体意识和全盘考虑,缺乏抱团发展意识,未能联合优势资源集中开发,旅游资源分散现象突出。大多数旅游景点景区仍处于粗放式管理阶段,过度依赖门票经济,削弱了广西北部湾经济区文化旅游整体实力。文化产业发展落后于旅游产业,各地市缺乏对旅游景点景区文化特色的深入挖掘,无法切实有效地转化为旅游产业发展所需的融合性资源,许多城市文化公园、历史文化名村、特殊地质地貌区、古迹文物点都尚未开发成旅游景区景点,文化与旅游的融合发展水平不高。文化与旅游融合的广度不够,创意理念、科技元素在文化融合中的应用不足,具有特色的文化工艺品、文化旅游产品数量有限,缺乏影响力大的融合精品。文化产业总体规模偏小,高层次复合型人才缺乏,企业融资渠道较为单一,制约文化产业和旅游产业融合进程。"文旅 + 夜游""文旅 + 体育""文旅 + 金融""文旅 + 非遗""文旅 + 农业""文旅 + 扶贫"等融合发展业态不足。

(三)文化旅游公共基础设施仍以低水平供给为主

旅游基础设施方面,广西北部湾经济区的旅游交通基础设施较为薄弱,部分地区高铁和高速公路还未开通,通往主要景区景点、乡村旅游区的道路仍面临可入性差、"最后一公里"不畅通等问题。旅游公共服务投入不足,接待设施还不够健全，旅游厕所、停车场、道路标识系统、"智慧旅游"、自驾车营地、驿站、慢行系统等旅游基础设施和公共服务设施不够完善，难以满足日益增多的游客需求。高档次酒店偏少，星级饭店只占全区的42.7%，五星级饭店占比为33.3%（见表4），且区域分布不平衡，大部分评定的星级酒店都位于市区，部分县区旅游住宿发展滞后，分布在城乡各处的社会旅馆接待服务水平较低。旅行社数量缺乏，北部湾经济区旅行社数量仅占广西的40%左右，各个旅行社之间缺乏抱团发展意识，内部信息不畅、竞争激烈，整体实力偏弱。文化基础服务设施方面，北部湾经济区大部分公共文化场馆存在"小、散、破、旧、缺"状况，文化场馆总面积满足不了现有人口的需求，单体场馆面积普遍偏小，达不到现行的国家建设标准。文化设施未实现全覆盖，部分市县文化场馆只有机构没有馆舍，租用馆舍等问题仍然存在。文化场馆分布不均，如广西民族博物馆地处偏远，公共交通通达不便，广西美术馆、广西博物馆等也存在交通不便的问题。相比全国大多数城市，如广东省博物馆、广州大剧院、广州图书馆三足鼎立，与广州的标志性建筑——广州塔（小蛮腰）隔江相望，成为广州新的文化地标；深圳书城、深圳图书馆、深圳音乐厅、深圳市少年宫、深圳市民中心等文化场馆集中布局在莲花山和深圳市人民政府办公楼之间，广西文化设施发展仍存差距。

表4　截至2019年末广西北部湾经济区旅游相关指标情况

区域	旅行社	星级饭店	五星	四星	三星	二星
北部湾六市（家）	338	195	4	45	121	25
全区（家）	857	457	12	103	273	69
北部湾占全区比例（%）	39.4	42.7	33.3	43.7	44.3	36.2

资料来源：《广西统计年鉴2019》及北部湾经济区各市《2019年国民经济和社会发展统计公报》。

（四）特色文化旅游产品和线路策划相对滞后

广西北部湾经济区历史文化资源总体开发水平较低、挖掘不够深入，历史文化资源整合力度不够、规划建设滞后，特色文化旅游产品数量缺乏。大部分景区只停留在观光层面，主题不够突出，比如钦州定位为现代生态滨海城市，但城市的滨海文化气息不浓。大部分景区缺乏对历史文化内涵的挖掘，历史文化、民俗参与体验、科普教育等项目较少，景区设施的文化主题不够鲜明，文化旅游精品不足。部分旧城区还没得到修旧如旧，部分文化资源未得到有效和充分挖掘，文化挖掘不够透彻，创意不够，旅游与文化的结合只是形式化，主题不够鲜明，文化旅游特色缺乏。北部湾海滨游、山顶露营体验游、边关公路游、北部湾康养美食游等精品线路数量缺乏。文化创意、文化休闲娱乐、文化经纪等高附加值、高科技含量、高成长性的文化服务业仍处于起步阶段。跨国旅游通关手续办理及环节较为复杂，广西与广宁跨国自驾车旅游团队办理通关手续涉及多个部门，部门信息不共享，旅游企业需要重复提交材料，对跨境旅游产品及线路造成较大负担。

（五）文化旅游产业系统政策支撑尤为不足

目前广西北部湾经济区文化旅游产业政策体系较为健全，但各市普遍各自为战，出台的支持政策相互独立，财政、金融、土地等要素支持政策全面开花、散状支持的旅游发展局面仍普遍存在，尚未形成北部湾经济区政策联动合力。各县更多地倾向于"短、平、快"等易于产出和增收的项目，旅游项目因受配套项目多、投资量大、投资回收周期长等诸多因素的制约，旅游扶贫项目推进缓慢，新业态培育、新品牌创建难度大，奖励品牌创建政策难以兑现。文化旅游产业融合度不高，旅游与农业、林业、医疗养生、体育等产业深度融合开发力度不够，存在简单化、表面化现象。旅游新业态的融合有待加强，旅游供给不能满足多样化的旅游需求。

三 2020年广西北部湾经济区文化旅游产业发展的机遇和挑战

2020年全球暴发了新冠肺炎疫情，部分国家采取"封国"措施，对文化旅游产业产生一定的不利影响，但疫情也进一步加速了文化旅游产业数字化、融合化、生态化步伐。总体来看，文化旅游产业既面临重要的发展机遇，但也面临不小的挑战。

从机遇来看，一是振兴文化旅游政策效应逐步显现。目前国家文化和旅游部就疫情发生后复工复产出台了各项促进文化旅游产业振兴政策措施，自治区党委、政府高度重视疫情防控时期文化旅游恢复工作，陆续出台振兴文化旅游经济、提振文化旅游消费、促进乡村旅游高质量发展等系列政策文件，将有效激活文化旅游消费市场，对旅游的需求不仅不会降低，而且会不断提高，文化旅游业将迎来"爆发性反弹"。二是文化旅游新模式加速涌现。疫情仍在全球蔓延，导致出境游受到限制，但激发本地游、周边游、短途游、自驾游等"轻度旅游"模式的快速发展。疫情也进一步加速旅游消费观念的转变，健康旅游、康养旅游、休闲旅游、体验旅游等旅游需求将持续扩大，文化旅游服务的便捷性、安全性和品质化的关注度日益提升。尤其是夜间游站上新风口，游客夜间旅游参与度高、消费旺，九成左右的游客有夜间体验的经历，成为文化和旅游融合发展的需求新潜力、供给新动能。三是智慧文旅将迎来快速发展。以5G、人工智能、大数据、物联网等为主的科技与智慧因素对加快文化旅游产业振兴恢复发挥着重要的支撑作用。可以预见，未来的文化旅游领域将更加注重大数据、人工智能等数字化技术的运用，科技和智慧在文化旅游中的应用将越来越广泛，文化旅游数字化、智能化的推广将加速推进，智慧文旅将进一步加快发展。

从挑战来看，一是文化旅游恢复尚需时间。疫情暴发初期，旅行团暂停、旅游景点关闭、大量订单退订，部分旅游企业破产清算；文化旅游产业是劳动密集型产业，部分旅游从业人员离职转行、另谋出路甚至失业。二是影响文化旅游产业恢复的"黑天鹅"事件仍较多。2020年下半年，中东动荡、美国选举、英国脱欧、"欧佩克＋"谈判陷入僵局、债务危机、地缘政治冲突发"黑天鹅"事件仍较多，特别是上半年的疫情对全球文化旅游产业已造成较大冲击，下半年的一系列"黑天鹅"事件将给文化旅游产业带来更大的变数。

总的来看，2020 年广西北部湾经济区文化旅游产业发展机遇大于挑战，文化旅游产业发展面临良好的发展形势，广西北部湾经济区要抓住文化旅游市场的重大发展机遇，采取有力措施助推文化旅游产业提质升级迈上新台阶。

四　广西北部湾经济区文化旅游产业发展的对策建议

在疫情防控常态化的形势下，未来旅游业仍面临较大疫情防控压力，广西北部湾经济区要以超前的谋划能力和战略定力，筑牢基本面、积蓄新动能，推动文化旅游产业提质增效。

（一）融合发展，构建文化旅游现代化产业体系

一是加快文化旅游深度融合，打造文化旅游融合体系。以推进文化和旅游业深度融合发展为首要抓手，确立"宜融则融、能融尽融、以文促旅、以旅彰文、和合共生"的发展理念，加强文化旅游融合发展的顶层设计。依托文化遗产、文物古迹、历史名城名镇名村、博物馆、纪念馆、文化馆等物质文化资源，加强对具有北部湾特色的丝路文化、岭南文化、花山文化、红色文化等特色文化的挖掘，培育一批文化旅游融合示范村镇，打造一批文化旅游产业创新示范基地，建设一批精品文化旅游景区和路线，不断扩大文化旅游产业规模。精心筹办北部湾开海节、国际马拉松赛等一批文化旅游融合活动，大力发展滨海度假旅游、边境文化旅游、休闲娱乐旅游等文化旅游融合模式。发挥广西北部湾经济区丰富的健康旅游资源和长寿生态资源，全面引导特色文化资源与健康、长寿等旅游资源相结合，提升文化休闲、康体养生等为主的文化旅游融合体验。二是深入挖掘文化旅游内涵，丰富文化旅游产品体系。以文化为魂、旅游为体，通过对特色文化进行保护传承和开发利用，深入挖掘特色文化内涵，依托旅游项目积极开发历史文化街区、文旅

乡村、文创产业园、文创街区、主题公园、文旅小镇和大型实景演出等丰富的文化旅游融合产品,大力发展文艺精品创作展演、文化旅游博览和文化动漫、文化旅游影视创作等新业态。扶持开发特色文化旅游商品,激活文化旅游市场活力,提升文化旅游产业综合效益。三是深入推进"文旅+",拓宽文化旅游发展空间。以更大力度、更宽视野推进文化旅游产业与大数据、人工智能、物联网等数字技术融合发展,推动"文旅+夜游""文旅+体育""文旅+金融""文旅+非遗""文旅+农业""文旅+扶贫"等产业融合发展,拓宽文化旅游业发展空间,丰富商、养、学、闲、情、奇等新旅游业态、新模式,培育文化旅游产业发展新动能。加快健康旅游与农业、工业、体育、商贸物流等产业深度融合,促进健康旅游业态创新和特色健康旅游商品开发,扩大健康旅游融合消费。依托广西北部湾经济区成功举办国际性体育赛事的平台载体,重点打造一批体育旅游综合体和体育旅游示范基地,促进旅游与体育深度融合。

(二)多措并举,打造文化旅游特色产品和精品线路

一是壮大文化旅游市场主体。优化文化旅游营商环境,提高政务服务效能,降低文化旅游企业成本,加大企业税收优惠,激发文化旅游市场主体活力。做大做强广西北部湾经济区骨干文化旅游企业,支持本土大型文化旅游企业与国内知名文化旅游投资商、运营商、服务商合作,促进文化旅游企业规模化、品牌化、网络化运营,鼓励文化旅游骨干企业积极培育文化旅游特色产品和精品线路。二是大力打造特色边境旅游。完善边境地区旅游交通体系,积极探索中越边境口岸旅游通关便利化新举措,深化边贸旅游和民族文化融合发展,建设中越边关风情旅游带。加快防城港边境旅游试验区建设,强化政策集成和制度创新,积极探索全域旅游发展模式,改革创新边境旅游发展制度体系,打造边境旅游支柱产业。三是培育文化旅游精品。大力培育花山世界遗产景区、海上丝绸之路·北海史迹等文化遗产景区建设。开发一批文化遗址的保护性展示和遗址公园、遗址博物馆、文化遗址研学游一体化体验项目。推动北部湾经济区现有的A级以上景区和国家级、自治区级旅

游示范区等提质升级，着力策划一系列精品化、主题化、个性化的文化旅游线路。

（三）顺应形势，探索疫情防控时期文化旅游产业新模式

一是推动夜间游，激活文化旅游产业新需求。借鉴学习外省、兄弟省市好经验好做法，加强规划顶层设计，积极争取政策和资金支持，为夜间旅游创造良好的环境。合理科学制定夜间经济标准，推动夜间旅游经济高质量发展。以北钦防沿海地区以及部分商街为重点，打造一批夜间经济示范点。全面实施强首府战略，依托中国—东盟博览会品牌，打造集会展、文娱、休闲、商务等于一体的大型文化旅游商贸综合体，丰富夜经济业态。二是深化预约游，提升旅游愉悦度。旅游市场主体进一步规划"科学分时"，根据不同季节、不同阶段、淡季和旺季的客流量规律制定预约方案。针对"触网"程度较低的青少年、老年等群体，优化现场售票和网上预约配比，通过限流、错峰优化资源配置，让更多人的游客享受便捷、愉悦的旅游体验。三是聚力周边自驾游，推动文化旅游产业复苏提质。综合运用政策倾斜、资金扶持、宣传推广、区域合作等方式，优化自驾游资源配置结构、供给结构、需求结构，构建上下游产业链、旅游主客体相互融合、相互补充、环环相扣的自驾游产业发展的闭环体系。准确识别旅游者的心理变化，顺应一家人或亲朋好友的情感性消费和美好生活型的旅游体验，积极完善产品供给、场景营造，从主题、创意、业态、运营和管理等，提供详细化、专业化、定制化的产品和服务。

（四）整体营销，打响"亮丽北部湾"旅游品牌

一是实施品牌营销战略。加大文化挖掘力度，加强文化旅游产业创新，以文化创意为引擎，加紧谋划旅游精品线路，打造独具特色和影响力的"北部湾滨海度假品牌"。着力塑造旅游目的地形象，构建多层次旅游品牌体系，培育滨海文化旅游品牌。研究开发具有区域特色和文化内涵的旅游商品，深入挖掘北部湾边关城市资源、海洋资源、红色旅游等资源，

加强旅游资源宣传推介，做大做强北部湾边海旅游、红色旅游、康养旅游、长寿品牌及世界文化遗产品牌。加强对品牌的精准营销，提升滨海度假、长寿养生、边关揽胜、民族风情、红色福地、世界文化遗产等旅游品牌影响力，以品牌感染游客，以品牌带动市场。积极推进文化旅游消费品牌建设，加强文化旅游演艺精品营销，增强消费吸引力，培育新兴消费增长点。二是扩展营销内容。根据旅游形象主题和目标客源市场，制作独特新颖、形式多样的图文影像宣传资料，以旅游产品、旅游线路、旅游品牌的宣传为重点，将商贸活动、科技产业、文化节庆、体育赛事、特色企业、知名院校、城乡社区、乡风乡俗、优良生态等纳入宣传推介内容，并在全国全区主流媒体及旅游目的地进行宣传推介。三是整合营销方式。整合传统渠道的报纸、电视、广播和新媒体渠道的互联网、公众号、微博等载体，建立传统宣传载体和新媒体宣传载体融合发展机制，实现全面化、精准化的推广，加强对广西北部湾经济区文化旅游资源的宣传推广。加强与同程网、携程网等企业合作，形成"线上＋线下"专业化、品牌化营销模式，加强与旅游目的地的合作，加大宣传的力度，共同推介旅游精品线路、文化旅游产品、文化旅游品牌，销售特色旅游购品。以大型节事活动、传统节庆为依托，拓展营销内容，形成上下结合、横向联动、多方参与的联合营销格局。

（五）科技支撑，增强文化旅游质量与服务品质

一是利用新一代信息技术进行"游前"规划与营销。加强5G、VR、AR等数字化技术的应用，充分将旅游景区景点的历史文化特色、优美自然风光与数字化技术结合，清晰直观展现文化旅游品牌特色。加强大数据技术对居民旅游消费需求类别的分析，根据用户需求与旅游景点的空间关联，进行个性化精准营销，确保"吃、住、行、游、购、娱"等方面实现最优配置，确保游客旅游的最佳体验。二是利用新一代信息技术进行"游中"的精细化管理与服务。加快文化场馆、旅游景区景点的智能化改造步伐，加大电子票单、人脸识别、智能导游、智能感知等人工智能技术的运用，依托大

数据、云计算、物联网等数字技术，实现对景区的全方位智能覆盖，提高文化旅游服务的便利度、舒适度。探索构建景区信息发布与预警大数据展示平台，实时预警客流并及时处理突发事件，提高景区的应急管理能力。三是利用新一代信息技术进行"游后"的数据分析和服务改进。探索建立游后评价大数据库，积极通过微博、微信、论坛、App 等媒介引导游客对景区、交通、餐饮、住宿等进行评价，全面收集游客游后反馈信息。加强对数据的分析，全面掌握游客对文化旅游各方面的意见建议，优化改善"吃、住、行、游、购、娱"等领域，进一步提高服务质量，满足游客个性化需求。

（六）补齐短板，提升文化旅游基础服务设施供给水平

一是加强旅游基础设施补短板。加大通往景区旅游和乡村旅游点道路建设的投入，提升通往景区和旅游村屯的交通道路等级，切实解决旅游公路"瓶颈路段"问题。加快旅游集散中心和旅游咨询服务中心建设，为游客出行提供便捷的旅游服务体验。加快完善旅游集散中心通往各大景区的交通运输体系，重点加快补齐旅游交通标识系统、自驾车服务体系、风景道绿道系统等领域短板。继续推进"厕所革命"，提升旅游厕所建设质量与标准，提升旅游厕所管理服务水平。加快县域旅游集散中心、旅游咨询服务中心及高铁无轨站旅游集散中心等建设。加快绿道体系建设，配套建设驿馆驿站和观景平台，增加观景休憩、餐饮购物、停车换乘、自行车租赁等服务功能，形成覆盖景点景区的绿道"慢游"系统。完善北部湾全域旅游直通车网络平台，建设北部湾旅游电子地图。二是加强文化基础设施补短板。继续实施文化惠民工程，推进村级公共服务中心项目建设，抓好公共文化服务设施向社会免费开放，推进基本公共文化服务标准化均等化。加强文化设施景区化建设，加快推进公共图书馆、文化馆、博物馆、艺术馆、乡镇（街道）综合文化站、村（社区）综合性文化服务中心、非物质文化遗产传承展示中心等文化设施建设。推动基层公共文化设施建设，加快完善市县图书馆、文化馆、博物馆、综合文化站等文化设施的旅游服务功能。持续打造"魅力北部湾"系列群众文化活动服务品牌。加快推动数字图书馆、文化馆、博物

馆、美术馆和公共电子阅览室建设，全面提升公共文化服务能力和服务水平。

参考文献

《广西壮族自治区 2019 年 A 级旅游景区名录》，2020 年 4 月 8 日，http：//wlt. gxzf. gov. cn/ggfw/yzgx/lymlcx/t4434239. shtml。

《"方特效应"推动南宁市观光游向品质游转变》，2019 年 9 月 5 日，http：//www. gx. chinanews. com/ly/2019 – 09 – 05/detail – ifzntuzz0697056. shtml。

蔡华锋、保继刚：《"旅游业恢复需要 1 年左右"》，《南方日报》2020 年 3 月 4 日。

《下半年的黑天鹅，将继续重创中国旅游业！》2020 年 7 月 6 日，http：//www. seelvyou. com/html/industry/2020/0706/28250. html。

《关于加快文化旅游产业高质量发展的意见》，《广西日报》2019 年 11 月 22 日。

《坚定信心　发挥优势　化危为机　加快推进大健康和文旅产业跨越式发展》，《广西日报》2020 年 3 月 28 日。

单晨：《旅游业与科技融合发展的思考》，《天津日报》2019 年 3 月 18 日。

地 市 篇

Development of Cities

B.7
南宁市2020年开放开发报告

王红梅*

摘　要：　2019年是全面建成小康的关键之年，也是南宁市大干快上、
　　　　　开放发展攻坚之年。在自治区党委、政府的正确领导下，在
　　　　　强首府战略的有力推动下，南宁正逐渐成为广西开放开发的热
　　　　　土。2020年是南宁市"十四五"规划谋篇布局之年，也是承上
　　　　　启下的一年，站在新的历史起点上，全力打好开放开发攻坚
　　　　　战，关系南宁市经济社会长远发展。本报告系统梳理2019年
　　　　　南宁市开放开发取得的成效、存在的短板，并对2020年南宁
　　　　　市开放开发面临的新形势、新特点进行把脉，就南宁市下一
　　　　　步如何打好开放开发攻坚战，提出前瞻性思考和建议，为加
　　　　　速南宁市开放开发步伐提供参考。

关键词：　开放开发　区域协作　南宁市

---

* 王红梅，广西社会科学院民族研究所助理研究员，主要研究方向为民族经济、民族旅游。

一 南宁市2019年开放开发基本概况

（一）南宁市2019年开放开发取得的重点成效

1.经济发展稳中有进、稳中提质

2019年，面对国际环境复杂多变、国内经济下行持续加压的新形势，南宁市认真贯彻落实党的十九大和十九届二中、三中全会精神，严格按照中央和自治区的决策部署，牢牢把握"稳中求进"的工作总基调，实施稳工业、稳投资、稳消费、稳财政等系列政策，全力打好稳增长攻坚硬仗，首府经济发展迈出了稳中有进、稳中提质的铿锵步伐。2019年，全市地区生产总值、固定资产投资、社会消费品零售总额、财政收入分别同比增长5%、9.9%、4.2%、6.3%。三次产业的比重由2018年的10.5∶30.4∶59.1调整为11.2∶23.2∶65.6，工业发展"双百双新"重大战略工程纷纷开工或建成投产，"千企技改"工程深入实施，工业高质量发展基础不断夯实，第三产业在国民经济中的比重大幅度提升，产业转型升级步伐加快。

2.全面对接粤港澳大湾区建设取得新成效

2019年以来，南宁市明确将"打造北部湾城市群与粤港澳大湾区融合发展的核心城市"作为全市四大战略定位之一，全力靶准"东融"的主攻方向，在"东融"的基础设施对接、产业招商引资、科技创新合作、人才交流培养等方面不断取得新成效。2019年，南宁至香港高铁正式开通，南宁至香港、南宁至澳门航线得到加密，极大地压缩了南宁到香港的时空距离，南宁经玉林至珠海高速公路、南宁至湛江高速公路建设加快推进，南宁通达粤港澳大湾区的交通网络体系加快完善。以互联互通为支撑，南宁市赴粤港澳大湾区的招商成效可圈可点。2019年，南宁市招引来自粤港澳实际到位的内资项目有162个，实际到位资金为284.91亿元，外资项目27个，实际利用外资30281万美元。根据"三企入桂"总指挥部2020年4月21日印发的招商情况通报，2020年1月1日至4月15日，全区已签约和开工

"湾企入桂"项目共 177 个，总投资 1919.35 亿元，南宁市已签约和开工项目总投资排名在全区各地市中位居前列。同期，全区在谈"湾企入桂"项目 411 个，项目总投资 3932.11 亿元，南宁市排全区第一位。以产业对接为重点、以交通对接为先导，粤港澳大湾区逐渐成为南宁市新一轮开放发展的重要靶向点，也是最重要的投资来源地。

3. 西部陆海新通道物流枢纽建设迈上新台阶

西部陆海新通道上升为国家战略后，南宁作为西部陆海新通道南向东盟的物流关键节点的功能进一步发挥，"南宁渠道"作用进一步深化。2019年，南宁入选全国首批国家物流枢纽，中国—东盟多式联运联盟落户中新南宁国际物流园，物流园一期新中智慧园试运营，有效推动了通道物流降本增效，进一步促进了物流枢纽通道与产业融合发展。南宁国际铁路港一期投入运营，南宁立足北部湾经济区、衔接中国—东盟自贸区、辐射大西南以及临边临海的"黄金区位"优势进一步凸显。同年，开通了南宁—越南铁路冷链运输线路，中越跨境公路运输实现常态化，南宁—凭祥—河内、南宁—东兴/芒街—海防跨境运输线路一站直达，节省耗时和费用约30%。南宁至玉林城际铁路正式开建，贵南高铁和南宁至崇左的城际铁路建设正加快推进。吴圩机场作为面向东盟的国际门户枢纽地位进一步强化，顺利实现"东盟国家通"，并基本实现了"国内省会通"。

4. 国家级开放平台建设展现新作为

作为新一轮自贸试验区的重要成员之一，中国（广西）自由贸易试验区南宁片区试点改革任务加速推进，在政府职能转变、贸易转型升级、通关便利化等方面形成了一批可复制可推广的制度创新经验。南宁率先出台了《加快建设中国（广西）自由贸易试验区南宁片区支持政策》，支持片区在开放开发过程中先行先试，赋予片区管理机构经济管理权限，并在税费减免、人才奖励、融资支持等方面出台专项支持政策，优化片区营商环境，鼓励片区企业做大做强。2019 年度，片区试验改革和招商引资成效初显，实现综合服务大厅 225 个事项办理时限较揭牌前平均压缩 30% 以上，综合保税区内入驻的加工贸易、跨境电商、保税物流企业数量不断攀升，全区实现进出口总额245.36亿元，同比增长54%。中国—东盟金融城产业集聚辐射功能日益凸显，新增入驻金融机构39家，总数达60家，开展金融创新业务50余项，面向东盟的金融开放门户的金字招牌不断擦亮。"国字号"工程中国—东盟信息港建设总体规划得以印发，中国—东盟信息港顶层设计不断完善，"一核一心三基地"发展格局初具雏形，中国与东盟合作之港、共赢之港的平台作用逐步显现。南宁核心基地出台并实施了《中国—东盟信息港南宁核心基地建设方案（2019—2021年）》，一批重点项目顺利上马，建成了广西电子政务云中心、中国—东盟网络视听产业基地、广西电子口岸"单一窗口"等一批重大项目，互联网、大数据、人工智能等新技术与南宁市政府管理、民生服务、开放合作深入融合的新效能逐步凸显。中国（南宁）跨境电子商务综合试验区建设的政策环境不断优化，各项基础设施建设日趋完善，实现跨境电商业务"秒通关"，面向东盟的跨境电商物流体系逐步形成。

5. 营商环境攻坚突破实现新提升

2019年，南宁市深入实施营商环境攻坚，打好优化营商环境的"组合拳"，根据中国科学院地理科学与资源研究所开展的广西营商环境第三方评估，南宁市获得电力、获得用水、登记财产、跨境贸易、获得信贷、知识产权创造保护和运用、综合立体交通指数等7项营商环境指标排全区第一。一年来，南宁市纵深推进"放管服"改革，加大简政放权力度，深化"证照分离"改革，落实市场准入负面清单制度，极大地激发了企业和社会的创业热情和活力。2019年，全市新增市场主体140025户，同比增长20.15%，新设立企业50650户，同比增长22.71%。推进"双随机、一公开"监管和信用监管，竭力打造公平竞争的市场环境。加快打造全市政府服务"一张网"，在更大范围内实现"一网通办"、同城通办和异地可办，"智慧人社"等的经验做法获得国家部委和全区肯定性推广。同时，持续压减企业经营成本，专项治理中介服务收费，清理规范行政事业性收费，设立中小微企业孵化基金，推进"4321"政府性融资担保体系建设，优化银企对接，着力破解民营企业特别是中小企业融资难、融资贵的大难题。着手启动信用立法工作，进一步加大信用信息的归集力度并拓展信用信息应用，推动以信用为基础的营商全过程监管机制，营造诚实守信的招商引资社会环境。

6. 产业招商取得新成果

2019 年，南宁市充分利用好自贸区、综合保税区等平台，发挥南宁市区位、政策和产业优势，紧紧抓住国家支持中西部地区承接产业转移的重大机遇，创新招商思路，改进招商方式，坚持招大引强、招新引高、招才引智，充分聚焦"三大三新"产业，主动出击，创新精准招商的体制机制，着力推进"央企入桂""湾企入桂""民企入桂""浙商广西行"等重点活动，引进了一批龙头企业、补链企业、优质项目，全年实际到位资金 1026 亿元，商务口径实际利用外资 31018 万美元。经过全力攻坚，南宁成功引进合众新能源汽车、瑞声光学模组、浪潮安全可靠生产基地等一批"分量级"投资项目，实现全年新签约 5000 万元以上项目 500 个，其中工业项目 250 个。

7. 对外交流合作取得新突破

2019 年，南宁积极拓展对外交流朋友圈，深化与周边地区及国家在文化、旅游、教育、科技等领域的合作。成功举办了第 16 届中国—东盟博览会和中国—东盟商务与投资峰会、2019 年中国—东盟新型智慧城市协同创新大赛、2019 年中欧绿色智慧城市峰会、中国—东盟智慧城市合作交流会、2019 年亚信金融峰会、第七届中国—中亚合作论坛等交流活动，缔结的国际友城达 24 对，遍及亚洲、非洲、欧洲、南美洲、北美洲、大洋洲 6 个大洲，世界朋友圈范围不断拓展。逐步提升与"一带一路"共建国家特别是东盟各国之间的文化交流水平，与老挝新闻文化旅游部、老挝国家博物馆、泰国孔敬市教育局等机构签署合作备忘录，与东盟各国文化部门建立了良好的合作关系。持续整合东盟国家的旅游资源和旅游市场，前往缅甸、柬埔寨、越南等地开展"南宁旅游大篷车走进东盟"宣传活动；组织越南、柬埔寨等东盟国家的旅行商和媒体代表到南宁实地考察旅游线路，全面推介南宁旅游产品，进一步加强南宁与东盟旅游业界的交流合作。

（二）南宁市2019年开放开发过程中存在的突出问题

1. 招商引资政策竞争力有待提升

近年来，南宁市接连收获国家和自治区的招商引资政策"大礼包"，中国（广西）自由贸易试验区（简称"自贸试验区"）的获批赋予了南宁市先行先试的政策创新和制度改革的优先权，自治区强首府战略为南宁在要素市场化配置、营商环境优化、招商方式创新等方面提供了有利的政策指引。但整体而言，南宁招商引资仍面临政策落地难、执行难、政策弱化等情况。自贸试验区南宁片区的有些政策还处在探索制订阶段，没有具体成型的条文；自贸试验区南宁片区的政策比较优势逐步"褪色"，与新设立的国家级经济区、城市新区、保税港区、自由贸易区、综合实验区的重量级优惠政策相比，自贸试验区南宁片区的招商引资政策倾斜力度不够明显。与此同时，国内自贸试验区数量的不断增加以及海南自贸港的设立客观上也冲淡了现有政策的效力。而且，尽管南宁获得国家批复成为跨境电商的试点城市，在政策上可以先行先试，但海关、检验检疫、税务和收付汇等体制和政策无法满足跨境电商发展的需求。

2. 承接产业转移要素支撑不足

目前，南宁市承接产业转移的土地、资金、人才等要素方面的瓶颈依然存在。部分项目受用地问题影响，仍然无法快速落地；中小企业融资难、融资贵问题依然突出；全市人才要素支撑不足，特别是高端管理人才、领军型高科技人才稀缺，由于待遇和条件等原因，人才流失严重，大量高级技术人员和管理人员流向珠三角或其他沿海发达地区。本土培养的技术型人才即使短期留为本市发展服务，也仅仅是将之作为前往东南沿海的跳板。一些产业园区作为承接项目的重要载体，基础设施项目建设进度缓慢，标准厂房和配套设施不能完全满足企业入驻、发展需求，特别是园区内部的企业配套和园区之间的产业横向配套体系不完善。

3. 营商环境有待持续深入改善

经过持续攻坚，南宁的营商环境改善趋势明显，但与东部发达地区甚至是一些西部省会城市相比仍相对欠优，要赶超兄弟省市仍然任重而道远。根据国家主流媒体中央广播电视总台编撰的《2019 中国城市营商环境报告》，按照基础设施、人力资源、金融服务、政务环境、普惠创新 5个维度构成的评价体系，对全国 4 个直辖市、27 个省会城市和自治区首府以及 5 个计划单列市进行营商环境综合评价，南宁市在 36 个城市中的综合排名为第 28 位，总得分为 72.42 分（按照百分制），远低于排第 1 位的北京（93.67 分），甚至低于同为民族地区省份城市的贵阳市（72.87分）。从该营商环境报告选取的人力资源维度看，36 个城市人力资源维度排名中，南宁市的总得分仅为 64.01 分（按照百分制），总排名在 36 个城市中垫底，这也进一步坐实了南宁位处人才洼地制约营商环境提升的现实窘境。

二 南宁市2020年开放开发面临的新形势新特点

（一）国际层面

从国际层面来看，当今世界处于大发展、大变革时期，贸易保护主义与新冠肺炎疫情冲击双重压力叠加，全球经济正面临诸多挑战。2019 年，受经济逆全球化和贸易保护主义的侵扰，全球经济增速明显放缓，外国直接投资大幅度下降，主要经济体增速持续下行，新兴经济体下行压力加大。全球经济 2019 年各季度 GDP 增速分别是 3.1%、2.5%、2.5% 和2%，全年仅平均增长 2.4%，世界贸易量增速仅为 1%，远低于 2018 年的 3.7%，创下 2010 年以来的最低水平。2020 年新冠肺炎疫情蔓延，对世界贸易局势产生叠加影响，许多国家对人员、货物等生产要素流通进行严格限制，并采取关闭制造厂商等遏制措施，相关产业链条上的上下游行业和企业受到影响，全球供应链、产业链出现中断，贸易和制造业增速进一步下滑。

（二）国内层面

1. 经济增长不确定性增加

当前，中国经济正处在增速换挡、结构调整、动能转化三期叠加的新阶段，面临改革攻坚、中美博弈等内外部复杂严峻形势，受新冠肺炎疫情的冲击，中国经济在 2020 年第一季度遭受重创。特别是第一季度旅游、餐饮、航空等行业均受到抑制，中小企业资金链紧张加剧，面临的生存压力也急剧加大。第二季度以后，消费、投资、出口渐进式恢复上扬，但海外疫情发展的不确定性较大，一些贸易伙伴国家疫情进一步蔓延，导致企业停工、物流停运、出口减少，从生产资料供应、资本供给和最终消费市场等方面对全球供应链产生较大的冲击，中国作为全球供应链的中心，经济恢复增长的不确定性无疑也随之增加。

2. 开放型经济承载压力趋增

伴随着新一轮科技革命和产业变革的深入推进，各国在科技、产业发展上正抓紧布局，全球科技、经济、政治等格局面临深刻调整。我国要推动制造业向高质量发展迈进、向全球价值链高端攀升、增强在全球产业中的话语权，实现更高水平的科技自立自强，在高科技领域和高端制造业同发达国家的竞争将呈现白热化趋势，贸易摩擦带来的不确定不稳定性因素增多。在传统制造业领域，我国仍将继续面临来自部分新兴经济体的挤压。

3. "双循环"新发展新格局加速构建

立足世界正处的百年未有之大变局，我国将逐步构建以国内大循环为主体、国内国际双循环相互促进的新发展格局。新形势下，中国将竭力发挥国内超大市场规模优势，以满足国内需求为经济发展的出发点和落脚点，下功夫打通国内生产、分配、流通、消费的各个环节；同时，国内国际双循环相互促进，是中国经济高质量发展的内在需求，我国开放的步伐不会止步，"十四五"时期，我国将深入参与引领国际经济循环，提升对外开放的深度与广度，推动更高层次的开放和创新，形成以国内大循环为主体、国内国际双循环相互促进的新发展格局。

（三）自治区层面

2020 年以来，面对新冠肺炎疫情带来的严峻考验和复杂多变的国内外环境，广西加大力度统筹推进疫情防控和经济社会发展，积极落实"六稳""六保"系列工作措施，全区各领域恢复形势向好，但制约发展的不确定不稳定因素仍然较多。根据地区生产总值统一核算结果，2020 年上半年广西地区生产总值为 10206.04 亿元，按可比价格计算，同比增长 0.8%，由第一季度的下降 3.3% 转为正增长。全区工业生产继续回升，主要产品增长面扩大，但规模以上工业增加值增速难以短期内扭转下降颓势，2020 年 1 ~ 8 月，全区规模以上工业增加值同比下降 2.0%，下降幅度明显。服务业发展逐步好转，但"报复性"反弹趋势不明朗，2020 年 1 ~ 7 月，全区规模以上服务业营业收入实现了由负转正，同比增长 0.2%。全区固定资产投资稳步回升，2020 年 1 ~ 8 月，全区固定资产投资保持稳步回升态势，同比增长 1.5%，重点领域投资持续向好。全区外贸回稳趋势向好，但上半年的同比增速仍有所下降，2020 年上半年，广西外贸进出口总额为 2180.3 亿元，同比下降 4.1%，下半年，全球疫情的扩散对全区进出口的影响仍在持续。

（四）南宁市层面

加快南宁市开放开发步伐，全力打好开放开发攻坚战，是自治区赋予南宁提升首府首位度的重要内容。当前，南宁市正处于转变发展方式、优化经济结构、转换增长动力的攻关期，新形势下，南宁市开放开发面临新的挑战和战略机遇。

从挑战压力看，2019 年南宁市地区生产总值为 4506.56 亿元，按可比价格计算，比上年仅增长 5.0%，再次低于全国、全区水平，也远低于周边省份的省会城市，实现 2025 年南宁市经济总量比 2018 年翻一番，2035 年经济总量占全区比重达到 30% 的强首府战略目标的任务还很艰巨。2020 年，受新冠肺炎疫情的冲击，南宁市经济稳增长的任务异常艰巨，经济发展形势依然严峻，全市经济企稳回升的基础还不稳定，一些深层次矛盾特别是结构性矛盾仍然比较突出。西部各省市正在推动新一轮的改革发展，各地市的发展也是你追我赶、百舸争流，外部环境的竞争更加激烈，不进则退，小进也是退。南宁市总体经济实力还不够强，现代服务业规模还不大、水平还不高，社会事业发展相对滞后，影响开放发展的体制机制性障碍亟待解决。随着营商环境改善、体制机制创新的持续推进，许多新问题、新矛盾层出不穷。只有增强危机意识和忧患意识，未雨绸缪，科学谋划，才能牢牢把握发展的主动权。

从战略机遇看，2019 年 5 月，中共中央、国务院发布《关于新时代推进西部大开发形成新格局的指导意见》，意味着"升级版"的西部大开发战略正加快实施，特别是支持西部地区开放发展的政策逐步落实，助力西部地区发展开始进入快车道；西部陆海新通道建设上升为国家战略，为包括广西在内的中国西部地区腹地带来了重大战略机遇。西部陆海新通道规划加快落地，物流、商流、信息流、资金流等要素体系汇聚畅通，将带来增长拉动效应、城市空间极化效应、产业集聚与扩散效应、城市群发展效应。作为西部陆海新通道的节点城市，南宁可以借力拓展发展空间，有效运用通道沿线的各种资源和要素，取长补短，实现经济发展跃升。伴随着粤港澳大湾区进入实质建设阶段，广西作为粤港澳大湾区近邻省区的区位优势逐步显现，南宁作为首府城市承接产业转移的潜力逐步显现。自贸试验区在投资自由化、贸易便利化、金融国际化、行政管理简化等方面试验推行制度创新，释放出强大的开放发展动力，有助于大大提升南宁的首府形象、美誉度和开放度。开放的贸易政策和优化的投资环境，为南宁吸引更多国际国内资源，打造开放层次更高、营商环境更优、辐射作用更强的开放新高地提供了助力。强首府战略的深入实施，使得南宁区域发展增长极日益凸显，高端要素快速集聚，辐射带动作用逐步增强。

三 南宁市加快开放开发的建议与思考

"十四五"时期，全力推进南宁市开放开发，是在更高起点上强化南宁首府功能、推动南宁市跨越式发展的主攻方向。南宁市必须顺势而为，紧紧抓住中国（广西）自贸试验区建设、西部陆海新通道建设、强首府战略实施等新机遇，举全市之力加快开放开发步伐，努力在机制活上做好全区示范，在产业优上做好表率，在富民上下足功夫，使之成为带动北部湾经济区发展的核心引擎，切实发挥好首府城市的龙头引领和示范带动作用，为建设壮美广西做出更多贡献。

（一）把握发展机遇，充分用好用活各项政策

当前，南宁市发展正面临千载难逢的重大机遇，城市开放开发也面临前所未有的发展契机，必须以时不我待的精神面貌，自我加压，全力奋进，切切实实地把战略机遇转化为生产发展的现实生产力。要用足用活现有政策，对于中国（广西）自贸试验区建设、西部陆海新通道建设、中国—东盟信息港建设、面向东盟的金融开放门户等国家战略实施和自治区出台的一系列有利于南宁发展的重大政策措施，以及为南宁市量身定制的政策，如强首府的支持政策、建立跨境电子商务试验区的支持政策，需要吃透精神，用足用活，敢于创新，敢于先行先试，最大限度地发挥政策的叠加效应。同时，要积极研究并争取新的政策支持，加强同区直部门以及国家部委的沟通、衔接，努力在产业、项目、土地、审批等方面为南宁市建设跨境电子商务试验区、面向东盟的金融开放门户、中国—东盟信息港等争取更大的支持，形成完善的政策支持体系。

（二）强化发展根基，夯实特色优势产业支撑

"十四五"时期，南宁市加快开放开发步伐，必须以产业支撑为根本着力点，把"产业强"摆在更加突出的位置，加快产业转型升级步伐，发展壮大优势产业集群，推进产业规模化、集聚化、高质化、绿色化发展，夯实强首府的根基。一是要着力培育现代工业产业集群。重点育大育强电子信息、机械装备、生物医药等现代工业产业林，加快建设南宁高端铝产业基地，充分发挥高新区、经开区、东盟经开区三大国家级开发区工业"主战场"作用，做大做强特色优势产业。加快推进瑞声光学模组、浪潮、宝德、万有（南宁）国际旅游度假区、天际新能源汽车等标志性重大项目建设，增强开放发展的动力。二是大力发展现代服务业。加快建

设面向东盟的金融开放门户核心区，高标准、高质量、高水平建设好中国—东盟金融城，深化以人民币面向东盟跨区域使用为重点的金融改革，大力发展跨境人民币结算业务。以建设国家物流枢纽为契机，优化物流园区空间布局，积极引进大型物流企业参与国家物流枢纽核心项目建设和运营，发展壮大现代物流业，着力构建具有首府特色和较强竞争力的现代服务业体系。三是培育壮大国际会展业。依托作为中国—东盟博览会永久举办地的优势，围绕提质升级主线，制定落实会展业发展支持政策，强化会展人才队伍培养。顺应智慧城市建设新需求，建设会展一站式服务中心，完善商务服务和智慧会展等基础设施，大力引进面向东盟的国际品牌展会，加快发展现代会展业。四是加快发展文化旅游和大健康产业。积极创建国家全域旅游示范区，推动万有（南宁）国际旅游度假区、南宁非物质文化遗产展示中心、南国乡村等一批高品质文旅项目建设，建设环首府生态旅游圈，打造中国—东盟旅游开放合作新高地。围绕健康医疗、健康养老、健康旅游、健康食品、健康运动、健康管理等重点领域，全面提升南宁市大健康产业集聚力和带动力。要以发展新经济形态和培育新经济应用场景为着力点，聚焦数字经济、平台经济、枢纽经济等重点领域精准发力，不断培育壮大首府发展新动能。

（三）夯实项目建设，增强开放发展后劲

要使南宁市开放发展有活力有后劲，项目带动至关重要。2021年是"十四五"规划实施开局之年，南宁市开放开发也必须增强项目建设的紧迫感和责任感，不断在项目谋划、建设实施上取得新突破、新成效，以大项目、好项目为着力点，拉动大投资、培育大财源、带动大发展。要紧盯目标，加强与国家各部委及自治区层面的沟通衔接，重点与国家文件和自治区"十四五"规划中的重大项目衔接，力争有更多的大项目好项目，特别是一批重大项目能够纳入中央和自治区规划的"大盘子"。疫情防控常态化时期，南宁市要抢时间、抓进度、保质量、出实效，全力以赴推进在建项目建设，着力解决项目建设中的突出问题，争取早出项目成效。

（四）加快机制创新，当好开放发展的"试验田"

南宁片区作为中国（广西）自由贸易试验区的重要组成部分，要按照中央和自治区部署，立足国家战略，凸显对东盟特色，集合人力物力资源，力争取得更为亮眼的成绩。围绕打造制度创新高地、营商环境高地、开放型经济高地、人才聚集高地的目标定位，以制度创新为核心，对标对表国际先进规则，加快转变政府职能，深化投资领域改革，打造国际一流营商环境。利用好南宁片区支持政策，加快打造片区现代金融、智慧物流、数字经济、文化传媒、新兴制造等产业集群，积极培育服务贸易新业态、新模式，努力打造贸易投资便利、金融服务完善、监管安全高效、辐射带动作用突出的自由贸易园区，凸显南宁市在服务国家战略大局中的作用。积极学习国内外自贸区、海南自贸港等地在开发建设过程中的经验和做法，探索构建更高水平的投资贸易便利、监管高效便捷、法制环境规范的行政管理体系，研究推进投资、贸易、金融、人才、监管等改革试点项目，积极探索一批走在全国前列、凸显广西特色、可复制可推广的贸易监管模式和发展经验。充分用好用活 RCEP 投资领域负面清单制度，激发开放开发的市场活力。

（五）深化区域协作，开拓合作发展新空间

加强与"北钦防"深度联动。推动要素集聚，强化金融开放、商贸物流、创业创新、国际交流合作等核心功能，培育一批有特色、显优势的产业聚集区，提升南宁作为首府城市的综合功能和集聚辐射带动广西北部湾城市群的能力。推动南宁市与"北钦防一体化"深度联动发展，促进北海、钦州、防城港深度融入南宁都市圈，共同建设"南宁—北钦防"城镇发展轴，打造引领全区发展、龙头带动作用明显的城市群。

加快与粤港澳大湾区融合发展。建立完善广西北部湾城市群与粤港澳大湾区的联动发展机制，深度融入粤港澳大湾区产业链、创新链、人才链、资金链，探索与粤港澳大湾区共建产业孵化器、招商引资、科技金融、人才培养、市场拓展等服务平台，促进合作共赢。有序发展"飞地经济"，促进粤

港澳大湾区与首府南宁区域要素顺畅流通，有序承接粤港澳大湾区产业项目溢出。创新"湾企入桂"精准承接合作机制，充分发挥瑞声科技、歌尔股份等龙头"湾企"入桂效应，招引一批中小"湾企"集群，推动建设承接粤港澳大湾区产业转移和科技成果转化的示范区。深化与粤港澳大湾区的人才交流与合作，完善互派干部双向挂职长效机制。开拓面向粤港澳大湾区的人才引进渠道，探索在粤港澳大湾区创建南宁人才"飞地"，有效导入粤港澳大湾区优质人才资源。

拓展深化与东盟的协作。继续打造好中国—东盟博览会和中国—东盟商务与投资峰会的交流合作平台，推动中国—东盟博览会提标扩面，实现博览会的服务区域向"一带一路"共建国家或地区逐步拓展。加快建设好中国（南宁）跨境电子商务综合试验区，构建具有东盟区域特色的跨境电商产业带及集聚地。加快中越跨境电商班列、中越公路跨境电商通道、航空全货机航线等面向东盟的跨境电商物流通道建设，完善面向东盟的跨境物流体系。以南宁综合保税区为依托加快中国—东盟（南宁）跨境电子商务产业园建设，逐步构建粤港澳大湾区—广西沿海—东盟产业链、供应链、价值链、创新链。

服务好西部陆海新通道建设。充分利用面向东盟开放合作的前沿城市的黄金区位，全力服务好西部陆海新通道建设。加强与沿线国家和地区合作，围绕主通道完善综合交通运输网络，支持推进一批多式联运示范工程建设，构建更高效、更便捷的多式联运体系。加快中新南宁国际物流园、中国—东盟国家物流基地、南宁空港物流基地等一批重大物流项目建设，把物流园区建设作为推动物流业转型升级的重要抓手。培育开通南宁至中南半岛国家的跨境公路直通车，加快推进南宁国际铁路港建设，促进南向运输跨境货物在南宁集散，把南宁南站打造成西南地区货物出海的重要铁路货运编组站，强化南宁在西部陆海新通道建设中的物流枢纽地位。

B.8
北海市2020年开放开发报告

冼 奕[*]

摘　要：　2019年，北海市坚持稳中求进工作总基调，通过抓产业、抓招商、抓项目、抓营商环境、抓生态环境，努力克服经济下行压力，扎实做好稳就业、稳金融、稳外贸、稳外资、稳投资、稳预期"六稳"工作，保持了经济社会持续健康较快增长的良好势头，一些好的工作做法为助推广西实现高质量发展提供了"北海方案"、贡献了"北海经验"。2020年初，尽管新冠肺炎疫情大暴发和中美贸易摩擦升级等因素导致外部环境严峻复杂、困难重重，但国内的有利条件比较多，北海市开放开发继续保持平稳运行的态势还是有条件、有支撑的，可考虑从发展向海经济、精准招商引资、优化营商环境、改善民生福祉等方面下足下深功夫。

关键词：　开放开发　向海经济　北海市

2019年，面对严峻复杂的宏观经济形势，北海市深入学习贯彻党的十九大和十九届二中、三中、四中全会精神，坚决落实中央和自治区党委各项决策部署，坚持稳中求进工作总基调，贯彻新发展理念，深化供给侧结构性改革，抓产业、抓招商、抓项目、抓营商环境、抓生态环境，努力克服经济下行

---

* 冼奕，广西社会科学院民族研究所助理研究员，主要研究方向为民族经济、民族文化和民族旅游。

压力，加大力度做好稳就业、稳金融、稳外贸、稳外资、稳投资、稳预期"六稳"工作，经济社会保持持续健康较快增长的良好势头，多项工作位居全区前列，一些做法为助推广西实现高质量发展提供了"北海方案"、贡献了"北海经验"。北海市荣获"广西壮族自治区激励干部担当作为奖励集体"称号。

一 2019年北海市开放开发情况

（一）经济运行稳中有进、结构向优、质量向好

全市完成地区生产总值1300.80亿元，增长8.1%，其中三次产业增加值分别为211.70亿元、557.82亿元、531.28亿元，比上年分别增长4.1%、9.2%、8.6%。三次产业结构为16.3∶42.9∶40.8，三次产业对经济增长贡献率分别为8.2%、48.9%、42.9%，分别拉动经济增长0.6个百分点、4.0个百分点、3.5个百分点。规模以上工业增加值增长9.7%，固定资产投资增长9%，财政收入增长7.6%，达到242.3亿元，总量位居全区第四。[①] 社会消费品零售总额增长7.1%，其他营利性服务业营业收入增长49.5%，高于全区29.6个百分点。居民消费价格指数涨幅控制在3.1%。城镇和农村居民的"钱袋子"越来越鼓，人均可支配收入分别增长7.8%、10.8%。旅游业高速发展，全年接待国内旅游者超过5200万人次，增长34%，旅游总消费接近700亿元，增长39%；交通客流量再创新高，北海火车站旅客到发量突破1000万人次，北海机场旅客吞吐量达268万人次，增长17%，增幅在全国机场中名列前茅，居广西机场之首。

（二）招商引资卓有成效，投资运行稳步提升

1. 招商引资在全区独占鳌头

紧紧围绕"强龙头、补链条、聚集群"产业发展思路，围绕"七大产

---

① 蔡锦军：《政府工作报告（摘登）》，《北海日报》2020年5月10日。

业树"精准招商、以商招商，大力开展产业招商，强力推进项目落地，取得较好的成效。全市新引进项目共 332 个［其中：投资额超 100 亿元（含）以上的项目 15 个，投资额 10 亿元以上、100 亿元以下的项目 35 个，投资额 1 亿元以上、10 亿元以下的项目 125 个］，计划投资总额约 4935 亿元，重大项目数量和投资规模在全区均排名第一。引进惠科、银基、新福兴等一批关乎北海长远发展的重大关键项目；太阳纸业、川化硫酸钾项目、智能电视机项目、年产 3000 万套紫外 LED 模组及芯片项目、广西新福兴硅科技产业园等一批重大项目成功落户园区。

2. 投资运行稳步上升

固定资产投资增长 9.0%，其中，自治区层面统筹推进重大项目完成投资增长 228%，5000 万元及以上项目完成投资增长 36%，两者增速均排全区首位，大项目发展态势良好，5000 万元及以上项目对全市固定资产投资增长的贡献率逐步提高；从产业结构看，三次产业的投资比重为 0.9∶22.7∶76.4，其中第二产业投资比重不断上升。

（三）项目储备扎实推进，项目建设如火如荼

1. 项目储备成绩喜人

不断加强项目谋划储备，针对铁路、公路、水运、港口码头、水利工程、能源、数字基础设施等 10 个补短板重点领域，开展三年滚动计划（2019～2021 年）建设项目储备申报工作，全年列入自治区三年滚动计划建设项目 470 个，总投资超万亿元，排全区首位。列入自治区"双百"项目 20 个，占全区近 1/3，总投资 2480 亿元，全部建成达产后预计年新增产值 4380 亿元，将会使北海市经济总量至少翻一番。①

2. 重点项目加快推进

2019 年组织重大项目集中开竣工活动 10 次。备案的项目建设工地达 556 个。项目建设呈现项目多、规模大、质量高、推进快的可喜局面。

---

① 蔡锦军：《政府工作报告（摘登）》，《北海日报》2020 年 5 月 10 日。

3. 项目建设推陈出新

大力开展"项目建设攻坚突破年""项目落实年"活动，创新征地搬迁安置方法，用和谐拆迁、幸福安置保障项目用地需求，完成征地4.5万亩，超过过去12年的总和，有效解决了一批项目的用地难、落地难问题。以项目观摩活动为抓手，观摩惠科电子北海产业园、北海市科技高端服务业集聚区等8个重大项目，有效解决项目存在的问题，促进项目加快推进。实施市管"一把手"素质能力提升工程。大力培养选拔敢为人先、敢于担当、敢争上游的优秀"三敢干部"，在征地搬迁、招商引资、项目建设"三个一线"发现、提拔重用了37名干部。打造出干事的队伍，营造干事的氛围，凝聚干事的合力，形成推进项目加快发展的滚滚洪流和磅礴力量。

（四）行政审批效率大幅提高，营商环境逐步优化

着重为企业营造公平的市场环境、诚信的政务环境、透明的政策环境、贴心的沟通环境。大力培育资本、技术、人才和物流"四大要素"市场，实施"沃土政策"，着力发展高品质的生态环境、高质量的基础教育、高水平的医疗卫生、先进的智慧城市，加快形成北海未来吸引投资、留住人才的最强竞争优势，着力打造营商环境升级版。在全区优化营商环境百日攻坚行动综合排名中，北海名列全区第一，市辖一县三区包揽全区111个县（区、市）的前四名。构建全方位多层次工作格局，制定出台了优化营商环境"百日攻坚行动"实施方案等一系列优化营商环境的政策措施。对标一流，重点改革领域率先取得突破。持续深化"放管服"改革，比照自治区"简易办""减一半"要求，重点在压缩审批时限上做文章，自主推行"三三三"改革，全市305项行政许可事项平均法定办结时限从24.2天压缩至4.5天，提速率达81%，达到全区最优。设立"企业开办一站式服务窗口"，率先在全区开展"五环相扣"投资项目并联审批，通过将"水电气"外线报装纳入并联审批全流程，办理效率达到全区前列，实行"进一扇门、一窗受理、一库共享、一次办好、一天办结"的"五个一"改革模式，为企业和群众打开不动产登记"便利门"，打通堵点，让企业和群众成为最大受益者。

（五）乡村振兴稳步实施，脱贫攻坚成果显著

1. 乡村振兴战略开局良好

开展"三个五"亮点工程，推进农村人居环境整治"三清三拆"攻坚行动和"厕所革命"工作，建设生态宜居美丽乡村。侨港镇、烟楼村分别入选全国乡村治理示范镇、示范村名单。

2. 脱贫攻坚精准有力

聚焦"两不愁三保障"，切实打好义务教育保障、基本医疗保障、住房安全保障、饮水安全保障"四大战役"，投入财政专项扶贫资金3.77亿元，实现8个贫困村整村出列、14247名贫困人口脱贫摘帽，贫困发生率降至0.17%。采取"上市公司＋龙头企业＋合作社＋基地＋农户（贫困户）"等模式，落实"以奖代补"政策，兑现产业扶贫资金6800多万元，扶持发展县级"5+2"、村级"3+1"特色产业，通过产业发展壮大村集体经济，全市行政村、社区集体经济年收入均达5万元以上，提前1年完成自治区下达的目标任务。"扶贫产业＋"模式与乡村振兴有效衔接，大田花谷农业示范区与乡村游目的地、花海赤西田园综合体项目成为乡村旅游"网红"打卡地。南康镇秋风塘村的市贫困重度残疾人集中托养示范基地建成投入使用，啃下兜底保障最难的"硬骨头"，该基地在全区率先探索走出扶贫兜底保障新路径。

（六）城镇建设日新月异，宜居环境持续改善

1. 城镇面貌焕然一新

完成北海市总体城市设计、海洋科技城控规及城市设计等规划初步方案。一批重大基础设施建设取得新进展。市图书馆新馆、体育馆建成，博物馆和档案馆、青少年宫和妇幼活动中心等场馆加快建设，群众艺术馆新馆、北部湾体育中心等项目加快前期工作。城市道路加快连通，向海大道、西村港大桥开工建设，新世纪大道（金海岸大道—侨景路）、侨景路（新世纪大道—金春路）基本建成通车，累计有12条道路建成通车，19条"梗阻路"开工续建，主城区42条小街小巷改造提升完成。市政公共交通设施加快完

善，160 辆新能源纯电动公交车投入营运。整治公交车、出租车行业乱象，服务质量进一步提升。积极推进海绵城市建设，打造沿铁路、海岸线等生态景观绿带。"数字北海"应用服务、"数字合浦"地理空间框架、智慧城市时空大数据与云平台及遥感应急体系等智慧城市建设加快推进。新型城镇化建设和特色小镇培育初见成效。合浦县新型城镇化示范县工程三年建设任务全部完成，西场镇"百镇建设"示范工程已完工并通过自治区验收，铁山港区的兴港镇、南康镇，银海区的福成镇，合浦县的廉州镇、山口镇、公馆镇等 6 个乡镇入选 2019 年度全国综合实力千强镇，其中兴港镇在广西排名第一。合浦县月饼小镇、银海区侨港镇、铁山港区南康镇、涠洲岛旅游区涠洲镇等 4 个广西特色小镇核心区已开工建设，合浦县廉州镇海丝文化小镇列入第二批广西特色小镇培育名单。

2. 生态环境保护措严实施

全力打好污染防治攻坚战，开展蓝天保卫战、清水行动和净土行动。年度控制温室气体排放目标超额完成任务。出台广西设区市首部《矿产资源保护条例》。全面推进冯家江流域水环境治理工程，湿地生态系统建设初显成效。加快推进南流江西门江环境综合治理 PPP 项目。加快推进牛尾岭水库水源地流域综合治理工程项目前期工作和市备用（第二）水源建设。推进旺盛江水库除险加固工程、涠洲水库扩容工程、总江水闸重建工程，海湾新城乾江围、合浦县百曲围、银海区海陆等海堤，南流江治理河势控制工程等项目建设。不断提升环保基础设施处理能力，建成大冠沙污水处理厂、大墩海污水提升泵站、大冠沙 1 号泵站等一批污水处理设施并投入使用；有序推进西南大道、美景路、向海大道等 3 个地下综合管廊项目，金海岸大道、东风路、渔港路等 11 个排水改造工程，全面实施 17 个镇级污水收集管网建设工程，完成 40 个直排入海排污口、55 个雨污合流排放口整治。全市污水处理厂达标排放，外沙、南澫、侨港三大内港水体达到不黑不臭标准。开展"绿盾"专项行动，加快推进中央环保督察问题整改，完成 18 个县级饮用水水源地环境问题整治工作。北海全年空气质量优良天数 333 天，优良率 91.2%，$PM_{2.5}$ 平均浓度为 28μg/m^3，环境空气质量综合指数为 3.32，全区排名第二，六项主要污染物指标均达到国家二级标准。

（七）民生保障网织密扎牢，人民群众获得感、幸福感、安全感不断增强

1. 民生短板不断补齐

全市民生支出154.27亿元，增长16.93%，占一般公共预算支出的76.93%。开工建设公共租赁住房990套，棚户区住房改造开工建设241套，建成1100套，分配入住公共租赁住房399套。城市最低生活保障标准从每人每月620元提高到690元，农村最低生活保障标准从每人每年4000元提高到5000元，排在全区第一位。印发《关于提高孤儿基本生活养育标准的通知》，积极落实"明天计划"孤儿医疗救助政策，启动2019年度"福彩圆梦·孤儿助学工程"项目。北海市被列为全国第四批中央财政支持居家和社区养老服务改革试点城市。举办"春风行动""就业援助月"等系列活动，实施"企业用工闯年关"及民营企业招聘周等专项服务。全年城镇新增就业16665人，城镇失业人员再就业2270人，就业困难人员实现再就业700人，农村劳动力转移就业新增8243人，农村贫困劳动力转移就业新增1353人，城镇登记失业率为2.78%，低于年度控制数1.22个百分点。①

2. 创新能力和转化能力不断加强

科技创新平台建设取得新突破，建成4520平方米的北部湾国际技术转移转化中心，引进企业25家。建成科技高端服务业集聚区，认定15家企业为高端服务业企业，新增1家国家级科技企业孵化器。高新技术企业培育取得新进展，深蓝、绩迅两家企业获自治区级"瞪羚企业"称号。32家企业进入科技型中小企业培育库，27家高新技术企业通过认定。科技成果转化能力不断增强，完成重大科技成果转化项目10项，科技成果登记38项，均位居广西前列。

---

① 《2019年北海城镇居民可支配收入排名广西第三》，北海市人民政府网，2020年2月25日，http://www.beihai.gov.cn/xwdt/bhyw/202002/t20200225_2176801.html。

3. 教育事业不断夯实

安排教育专项资金6亿元。实施教育"三三零"工程，北京八中北海实验学校、北海市第十二中学等10所新建（扩建）学校投入使用，新增2万个优质学位；实施"三名工程"，在全区率先开展名校长引进工作，引进2名校长和1153名教育人才。中共北海市委党校搬迁二期建设项目竣工。

4. 文化体育事业不断繁荣

全年共举办、承办亚洲风筝板锦标赛、2019"环广西"世巡赛等各类赛事30余项。北海成为全国社会足球场地设施建设重点推进城市。大型舞台剧《珠还合浦》成功试演，《咕喱美》《碧海丝路》上线学习强国，"合浦角雕""北海贝雕"进入国家级非遗项目名录评审名单。

5. 卫生健康事业不断发展

深入推进名医工程建设，岭南名医工作站北海分站、郭应禄专家团队帮扶基地相继落成。推行乡村医生"乡聘村用"制度，落实贫困人口住院"先诊疗后付费"服务和健康扶贫"198"政策。北海市人民医院异地扩建（二期）、北海市中医医院新院区项目和市妇幼保健院异地搬迁等一批重点卫生项目加快推进。

6. 社会治理成效群众满意度高

实施网格化管理，全市划分960个网格，实现常态管理全覆盖。"北海e眼"平台实现行政执法、消防救援、公共服务、政务监督"四提升"。全市刑事警情连续三年大幅下降，群众对公安机关的整体满意率排全区第一。舞起"亮剑2019"专项行动龙头，以雷霆之势强力扫黑、铁腕除恶、重拳治乱，严惩"保护伞"，扫黑除恶百日追逃完成率100%。开展扫传"百日攻坚战"和"雷霆行动"，成功摘除"全国整治聚集式传销重点城市"帽子。出入境管理证件"全国通办"正式上线实施。深化重点行业领域安全专项整治，全市安全生产和自然灾害防控形势平稳向好。积极推广"互联网＋食品安全"监管模式，确保了"舌尖上的安全"。加强应急管理，提高防灾救灾减灾能力，安全生产形势保持良好，全年没有发生重特大安全生产事故。

（八）改革开放全面深化，发展活力充分释放

1. 各项改革向纵深推进

完成乡镇机构、综合行政执法体制、生态环境机构监测监察执法垂直管理制度、公安边防部队划转地方等97项党政机构改革，并理顺44项长期存在的部门职责交叉事项，全区首创"一个乡镇两个本"的管理体制和"一部五室执法队"运行机制。扎实推进财税体制改革，规范基本公共服务领域市与县区财政事权和支出责任划分。深化政府购买服务改革，率先在全区推行政府向公益二类事业单位购买服务改革，实现"拨改买"的转变。着力构建引领高质量发展的指标体系、政策体系、标准体系、统计体系和政绩考核办法，大力推动北海高质量发展。深化国资国企改革，壮大资产管理公司处置国有"僵尸企业"力量，将北海威正金融护卫有限公司、北海市钦北铁路建设开发公司、北海市高德粮库委托北海市恒业国有资产管理集团有限公司管理。深化商事制度改革，率先在广西实现企业设立智能"秒批"，开发全国首个企业开办税务一体化自主终端系统。深入推进涠洲岛旅游区综合改革，创新历史遗留"两违"建筑化解办法，完善涠洲岛旅游区概念性规划，积极推进和编制"多规合一"。积极开展涉政府产权纠纷治理行动，增强社会公众和企业家信心、提升政府公信力、稳定社会预期。落实减税降费政策，全年减税降费21.1亿元。农村土地承包经营权确权登记颁证率达98.8%。[①]

2. 对外开放力度加大

加快构建"南向、北联、东融、西合"全方位开放发展新格局，主动对接粤港澳大湾区及海南自贸区，积极参与西部陆海新通道建设，全面加强与"一带一路"共建国家及西部陆海新通道沿线省市的经贸文化交流。成功举办全国企业家活动日暨中国企业家年会、新中国成立70周年北海市经济社会发展情况新闻发布、2019年北海南珠节暨国际珍珠展等一系列重大活动。通关便利化水平进一步提升，出台《北海市优化营商环境攻坚突破年

[①] 蔡锦军：《政府工作报告（摘登）》，《北海日报》2020年5月10日。

跨境贸易便利化指标实施方案》等，北海口岸进出口整体通关时间均居广西沿海口岸首位。港口货物吞吐量达3496.65万吨，增长3.25%。实际利用外资1.13亿美元，增长220%。外贸进出口有所下降，完成294亿元。

二　2020年北海市开放开发态势

（一）存在的困难

就外部而言，国外新冠肺炎疫情呈加速扩散蔓延态势，外贸进出口形势严峻，北海市2020年第一季度主要经济指标出现下滑，工业生产、税收及外贸进出口等面临巨大压力，加上受2019年中美经贸摩擦升级的持续影响，广西三创科技有限公司、广西桂云芯电子科技有限公司等重点外贸企业外贸进出口大幅下降，全市外贸进出口呈现负增长。

就内部而言，一是经济总量依然不大，产业发展层次偏低，中小企业偏少偏小，向海经济发展有待进一步挖掘，高质量产业体系尚未形成；二是受非洲猪瘟影响，畜牧业发展面临巨大压力，生猪生产受影响较大，猪肉等食品价格上涨较快；三是部分项目落地建设速度不够快，推进力度还要加大；四是城乡一体化发展不平衡，农业发展、乡村振兴有待加强，城市公共设施配套有待完善；五是公共服务供给不够充分，民生领域短板还需补齐；六是少数干部思想有所松懈，干事创业的精气神需要长期保持。

（二）有利条件

1. 疫情得到有效控制

2020年1月，新冠肺炎疫情突如其来。在广西的湖北及武汉籍人员有近一半在北海，疫情防控任务艰巨、情况复杂、压力巨大。面对严峻的防控形势，北海市委、市人民政府认真贯彻落实习近平总书记关于新冠肺炎疫情防控工作重要讲话精神和中央、自治区的决策部署，坚决把人民群众生命安全和身体健康放在第一位，精准应对疫情。在疫情得到有效控制后，根据中央和自治区要求，全市上下统筹做好疫情防控和经济社会发展工作，两手抓、两手硬，从 2 月 24 日起全面开展"大走访大调研大服务"活动，组织500 多名各级干部下沉到全市 1700 多家企业，帮助企业解决原料供应、产品运输和防控物资保障等困难和问题，企业复工复产率保持在全区前列。加强经济运行调度，精准服务重点项目和企业满产达产，企业满产达产率逐步提升，提高了复工复产的质量。

2. 经济蓬勃发展的态势没有改变

近年来，特别是 2019 年以来北海在招商引资、项目建设、发展新经济等方面打下了坚实基础，为今后发展提供了支撑、积累了动能。从自治区层面看，全面对接粤港澳大湾区建设深入推进，面向东盟的金融开放门户、中国—东盟信息港、北钦防一体化等一系列重大决策和平台将对北海产生积极影响。从市级层面看，招商引资和项目建设掀起热潮，为今后的发展提供了有力支撑、积累了强劲动能。在全区率先绘制"七大产业树"全景图，按图索骥精准招商，成功引进一批重大产业项目，项目多、规模大、质量高、业态新、推进快前所未有。北部湾新材料公司、惠科公司、信义玻璃、中航化石油公司等新投产项目和现有企业增量，带动工业快速增长；高端服务业成为经济发展新引擎，引进了京东云、新奥南方总部、敦煌网、忽米网、天津金融资产交易所等一大批高端服务业项目，将持续带动服务业快速增长。2020 年陆续进入项目的开工建设期和落地投产期，为未来几年的发展积蓄了强大动能，项目投资效益将逐步显现。主要预期目标体现了稳增长的迫切要求及贯彻新发展理念和高质量发展的根本要求，与全面建成小康社会相衔接，能够超额完成"十三五"规划经济增长预期目标。

三 2020 年加快北海市开放开发的对策建议

（一）实施向海经济发展工程，打造现代产业体系

北海因海而生、依海而兴、向海而强。落实自治区《关于加快发展向海经济推动海洋强区建设的意见》，大力优化产业布局，构建现代产业体

系，加快形成"一岛、两带、三港、四路、五组团"的向海空间发展格局。

1. 加快渔业转型升级，推进现代渔业发展

积极推进国家级海洋牧场示范区建设，大力发展深水抗风浪网箱养殖，做大做强远洋渔业，振兴南珠产业，兴建一批高标准养殖及苗种生产基地，规范水产养殖管理，实现渔业更好更快发展。

2. 做强做优先进制造业，推动工业高质量发展

依托现有产业基础，发挥比较优势，抓住临港大工业和高新技术产业两大重点，尽快形成石油化工、新材料、硅科技、林纸等4个具有较强竞争优势的千亿元产业集群，大力发展电子信息、大数据、智能制造、海洋生物、海洋新材料等产业，做大总量、培育增量、提高质量，加快产业集聚和转型升级。推动大企业顶天立地，实施中小企业铺天盖地行动，扶持民营企业发展，努力培育一批瞪羚企业、独角兽企业和科技型中小微企业。开展科技创新驱动工程，大力支持企业自主创新，落实高新技术企业倍增计划，建设高新技术企业培育后备库，打造具有核心竞争力的高新技术产业集群。

3. 培育壮大高端服务业，打造经济发展新引擎

把发展高端服务业作为推动产业高端化的突破口，打造广西高端服务业发展高地。持续推动6个高端服务业集聚区和红树林现代金融产业城建设，完善配套功能，促进落户项目尽快投入运营、产生效益，推动新经济产业集聚发展。要加大企业扶持力度，积极开展服务业鼓励类产业认定工作，加快推动税收优惠政策落地，促进一大批新兴服务业企业落户北海。

4. 提升发展滨海文旅产业，打造全域旅游"北海样板"

加快推进银基、邮轮母港、冠岭旅游综合体等重大文旅项目建设，构建滨海度假旅游胜地。深入实施"旅游+"战略，深化旅游与文化、体育、医疗康养等产业融合，推动海洋运动、低空飞行等文旅业态发展，打造一批文旅体育产业基地，打造精品文化旅游线路。推进"智慧旅游""数字旅游"建设，完善北海全域旅游大数据中心建设。加快旅游标准化建设，打造旅游品牌，深化推进旅游"厕所革命"，推进重点景区综合治理，提升旅游管理水平、接待能力和服务质量，树立旅游城市良好形象。

（二）按图索骥精准招商，狠抓项目落地建设

招商引资是推动经济发展的强大动力，抓好项目建设是做大做强北海经济总量、推动北海高质量发展的关键之举。

1. 扩大招商引资成果，谋划未来产业布局

开展招商引资持续发力行动，紧紧围绕"产业树全景图精准招商"主题，继续开展产业大招商三年行动计划。创新招商手段，通过全员招商、以商招商、委托招商、驻点招商、推介招商等方式开展补链式精准引进配套企业，补齐产业链上的关键环节、薄弱环节和缺失环节，形成上下游相协调、横向互补发展的产业体系，做大做强产业经济，提升产业竞争力。扩大对高端服务业招商，引进更多高端服务业企业，发展新经济新业态。聚焦人工智能、芯片等高科技领域，积极引进新技术、新模式、新业态的高端项目，加快布局数字产业，抢占数字时代发展先机。主动对接世界 500 强，中国 500 强，央企、民营企业 200 强，跨国财团等目标企业，争取引进龙头企业投资项目，落实项目到位资金。紧密结合北海向海经济和产业发展要求，认真谋划"十四五"时期的招商引资工作，制定更亲商实用的优惠政策。

2. 千方百计推动项目落地，厚植经济发展新动能

开展重大项目落地建设投产助推行动，深入实施"项目落实年"活动，狠抓项目落地建设，集中力量攻坚征地搬迁，加大土地收储出让力度，确保重点项目建设用地。以项目观摩为契机，攻克项目建设难点、堵点，优化项目前期工作审批流程，紧盯"双百双新"产业项目，完善工作机制，推动全市上下形成合力推进项目建设，争取更多自治区政策和资金支持。

（三）聚焦重点领域发力，坚决打赢"三大攻坚战"

坚决打好精准脱贫、污染防治、防范化解重大风险三大攻坚战，是党的十九大提出的重大政治任务，也是确保北海市 2020 年实现与全国同步全面建成小康社会的迫切要求。

1. 聚焦"两不愁三保障",全力打赢精准脱贫攻坚战

实施脱贫攻坚决战工程,聚焦"两不愁三保障"突出问题,持续推进"四大战役",打好"五场硬仗",全面完成剩下的 6 个贫困村 589 户 2085 名贫困人口脱贫摘帽。开展脱贫攻坚"回头看"专项行动,巩固脱贫成果,进一步建立健全和完善防贫返贫监测机制,确保贫困户、贫困村稳定脱贫不返贫。坚持"三员新九有""五路脱贫法",做大做强北海南珠产业、贝雕根雕、观赏林业等特色产业,扶持打造一批十亿元乡镇产业、亿元乡村产业,实现高质量脱贫。推动县级脱贫攻坚项目库加快建设,持续抓好村屯级道路等基础设施项目建设。加快建设农村集中供养中心,推进农村无劳动能力贫困户集中供养。有效提高城乡最低生活保障标准,推进农村低保与脱贫攻坚有效衔接,同步推进城镇深度贫困对象脱困解困工作;深入开展农村低保专项治理,实现"应扶尽扶、应保尽保"。强力推进医保扶贫,实施"198"兜底保障和差异化医疗保障政策,落实基本医疗保障便民措施。

2. 强力推进污染防治攻坚战,建设生态宜居美丽北海

实施"生态立市工程",保持生态优势,使北海生态优势成为发展优势、竞争优势。严格落实生态环境保护"党政同责、一岗双责"责任制,推进中央环保督察反馈问题按时序进度整改落实。加大污染物综合防治和环境治理力度,坚决打赢"蓝天、碧水、净土"三大保卫战。深入实施大气污染防治攻坚行动,推进工业污染深度治理,加强城市扬尘和机动车尾气治理,严格管控燃放烟花爆竹和农村秸秆焚烧,力争城市空气质量优良天数比例不低于 94.2%。着力抓好南流江和西门江等河流环境整治,推动廉州湾、铁山港湾、银滩等重点近岸海域清理整治和生态修复,建成北海市滨海国家湿地公园(冯家江流域),完成银滩中区岸线综合生态整治修复和红树林生态修复工程。完成大冠沙污水处理厂二期工程,基本建成市工业园、海洋产业科技园、铁山港东港产业园污水处理厂,以及蚂蟥沟、大水沟等污水收集治理设施项目。加强海洋生态环境保护和监管,抓好涠洲岛珊瑚礁保护,力争确保近岸海域海水水质不下降。严厉打击违法用海、非法采砂和破坏海洋环境、海岛生态的行为。深入开展土壤环境调查,遏制土壤污染事故发生。

3.着力打好防范化解重大风险攻坚战，构筑维护安全的铜墙铁壁

全面摸排梳理经济金融等领域的重大风险，建立健全防范化解重大风险的制度体系。严厉打击非法金融活动，加快地方融资平台转型，深入推进国企、农村中小金融机构风险防范化解。严控政府债务风险，严禁新增政府隐性债务，坚决守住不发生系统性风险的底线。加强金融类企业准入管理、风险监测、风险预警、风险处置和服务。

（四）全面加强规划引领，推动城乡协调发展

开展全面提升规划引领发展水平行动，精心编制好北海"十四五"规划和系列专项规划，以高水平规划引领城市高质量发展。

1.加强城市规划建设管理，提升城市承载能力

加快新一轮国土空间规划编制，优化城市功能布局，高标准开展城市规划和设计，着力提升城市功能和品质，努力打造"两路一城一区"城市发展新格局。以推进廉州湾新城、涠洲岛、大健康生态新区等规划为重点，全面开展城市规划建设。加快推进向海大道工程、廉州湾大道一期工程、西村港大桥建设，贯通西藏路等一批"梗阻路"，推进中山路改造，启动珠海路提升工程。尽快贯通主城区和海洋新城，拓展文旅产业和海洋产业发展空间，形成滨海经济发展带。开展背街小巷提升畅通行动，解决背街小巷设施不全、破损和不配套问题。加快建设智慧城市、海绵城市，全面提升北海城市管理标准化精细化品质化水平。加快建设地下综合管廊，完善城市内涝防治体系。推动公园绿地、场馆设施建设。加快推进北海市生活垃圾焚烧发电项目、餐厨垃圾等 PPP 项目、白水塘生活垃圾处理厂应急填埋场等项目建设。深化交通秩序综合治理，全面优化市容环境，治理脏乱差等城市顽疾。

2.全力推动乡村振兴，推动农业农村全面发展

积极培育乡村旅游、健康养老、休闲农业等新产业、新业态，加快农业现代化进程。努力打造 10 个乡村振兴示范村。继续实施现代特色农业示范区增点扩面提质升级三年行动，再创建一批现代特色农业示范区。引导农产品加工业合理布局，推动建设特色农产品加工集聚区。培育特色鲜明、产业融合、

市场竞争力强的特色农产品优势区，积极打造并申报"北海海鸭蛋""北海黑猪""合浦鹅"等3个国家地理标志品牌。继续推进豹狸田园综合体、平阳花海田园综合体、赤西文旅田园综合体等项目建设。全力推动农林牧渔业生产。积极发展优质高效大棚果蔬产业，打造种植业亩产万元收益新亮点。优化生猪养殖产业布局，推动河南牧原集团100万头生猪养殖产业化项目落地。

3. 加快发展县域经济

编制县域"产业树"，大力抓好招商引资工作，积极承接产业转移，各县区争取做大做强1~3个特色鲜明的主导产业。支持县域加快推进园区基础设施建设，提高产业承载能力。支持海城区、银海区加大力度培育发展新兴服务业，实现经济持续高质量发展。开拓县域城镇发展空间，推进廉州湾新城、海洋新城和南珠新城规划建设，加快产城融合发展。实施乡村振兴战略，加快合浦北部干线建设，推进北部地区一二三产业融合发展。有序推进南康镇、侨港镇、银滩镇、涠洲镇、廉州镇、公馆镇、福成镇、西场镇等基础条件较好、产业潜力大、带动性强的特色小镇培育工作，提升小城镇综合承载力。

（五）着力营商环境改革，构建全面开放格局

以实施营商环境优化提升行动和开放合作建格局求实效促发展行动为突破口，通过优化营商环境引进、留住、发展好项目，通过开放要活力、促发展，以更宽视野、更高标准、更大力度把改革开放不断推向深入。

1. 打造营商环境升级版，激发市场主体活力

实施营商环境优化提升行动，力争实现各项营商环境评价量化指标达到国内领先水平，营商环境综合排名居全国前列。努力培育"公平的市场环境、透明的政策环境、诚信的政务环境、高效的审批环境、贴心的沟通环境"，为企业成长培育沃土。大力培育资本、技术、人才和物流"四大要素"市场，不断优化企业生长环境。加大对民营经济的支持力度。深入贯彻落实自治区关于促进民营经济发展的系列政策措施，着力降低企业要素成本，切实减轻企业税费负担，切实增强企业获得感。进一步优化融资环境，创新政银企联合协作的融资服务体系，设立市中小企业贷款风险补偿金，着

力缓解民营企业融资难、融资贵问题；设立市中小企业应急转贷资金，帮助中小企业缓解转贷难、转贷贵、转贷慢问题。进一步加大政策宣传力度，畅通政府与民营企业的沟通渠道，营造公平竞争环境，构建"亲""清"新型政商关系。尊重、关心、支持企业家干事创业，促进民营经济健康发展和民营企业家健康成长。营造全社会共同支持大众创业、万众创新的良好氛围，促进民营企业创新发展。

2. 深化关键领域改革，加快完善体制机制

深化供给侧结构性改革，加快国资国企改革，持续推进市属投融资平台公司转型升级，探索不同类型经营性国有资产授权体制改革。加强和完善国资国企监管，制定《监管企业工资总额管理办法》。深化财税体制改革，加快推进市以下各领域财政事权和支出责任划分改革，完善预算管理制度。深化事业单位改革，强化公益属性，推进政事分开、事企分开、管办分离。完善党领导基层政权体制机制，加强基层政权建设顶层设计，深化基层政权体制机制改革。完善要素市场配置，进一步深入推进农村集体经营性建设用地入市等改革。

3. 全面实施对外开放，释放发展新动能

开展开放合作建格局求实效促发展行动，主动融入西部陆海新通道、粤港澳大湾区、海南自贸试验区和环北部湾城市群建设，落实北钦防一体化发展部署，加快构建设施互通、产业互补、园区协同、服务共享、内外联动的一体化新格局。加快完善铁路、公路、航空骨干交通网，加快港口泊位、进港航道等基础设施建设。大力发展冷链物流，建设具有集中采购和跨区域配送能力的农产品冷链物流集散中心。利用敦煌数字贸易平台，积极引进外贸综合服务企业，发展跨境电商和服务贸易等外贸新业态。积极承接东部地区加工贸易产业转移，鼓励加工贸易龙头企业扩能增产，提高机电产品和高新技术产品比重。组织企业参加中国—东盟博览会及系列境外展，进一步加强与其他各国的经贸合作交流，帮助企业拓展新市场。

（六）注重补短板强弱项，切实保障改善民生

开展解决老百姓操心事、闹心事、揪心事行动，回应群众关切，积极解

决脱贫攻坚、教育医疗、就业创业、食品药品安全、住房保障、社会保障等民生领域的问题，让发展成果惠及全市人民群众。

1. 实施教育"三名工程"

加快引进名校、名校长和学科名师，引进一批名校合作办学，引进优质教育资源，发展高质量的基础教育，努力办好人民满意的教育。加快推进"三三零"工程项目，进一步解决学位紧缺和"大班额"问题。大力发展公办幼儿园，开展城镇小区配套幼儿园治理工作，提高学前教育普惠率。深入实施"1+N"素质教育计划、基础教育质量提升三年行动计划，全面提升各类教育质量。加快发展职业教育，推进北海职教园区建设。加强教师队伍建设，建立义务教育教师工资收入随当地公务员工资收入动态调整机制，不断提高教师地位待遇，让教师成为令人羡慕的职业。

2. 实施医疗"名医工程"

对已有公立医院进行改造提升和迁建，改变当前全市医院场地局促、设施陈旧的落后面貌。重点引进一批全职医疗人才，引进更多院士、国医大师及专家团队到北海开展医疗项目合作、技术援助、学术交流，大力培养本地高层次医疗人才，搭建医学人才培养等国际性交流平台。完善公共医疗卫生体系建设，加强新冠肺炎疫情防治工作。深化公立医院综合改革，推进城市医疗集团建设和紧密型县域医疗卫生共同体试点建设。稳定和充实基层卫生人才队伍，特别是加大全科医生培养力度，推进乡村医生"乡聘村用"，提高基层医疗卫生服务能力。加强落实"198"政策，健全贫困人口慢病认定机制。

3. 加快建设文化北海

实施文化北海建设工程，发展海丝文化和南珠文化，加强历史文化保护管理和非物质文化遗产传承发展。积极推进海丝申遗工作，加强海上丝绸之路史迹和历史文化街区、古建筑、传统村落保护。加快打造"博物馆之城"和"雕塑之城"。着力推进市博物馆和档案馆、群众艺术馆异地搬迁，海关历史陈列馆等重大项目建设，加快冠头岭、涠洲岛两座广播电视无线发射台基础设施改造项目建设。大力发展体育运动，开展北部湾体育中心前期工作，加快全国足球训练基地建设试点城市建设，打造国家体育总局南方（综合）冬训基地。大力发展群众体育运动，倡导全民健身，积极推进全民健身与全民健康深度融合试点市工作。大力发展体育产业和竞技体育，积极申办和承办各项重大体育赛事，把北海建成北部湾区域赛事中心，扩大对外交流。

4. 健全社会保障体系

持续推进全市棚户区改造工作，改造一批老旧小区和棚户区，建设一批公共租赁住房，提高公共租赁住房房源使用效率。大力促进就业，加速推进人力资源产业园建设，优化市场运行体系，促进各重点群体充分就业、高质量就业。制定发展养老服务的规范和补贴政策，扶持养老服务机构发展。抓好保供稳价工作，落实"米袋子""菜篮子"市长负责制，保障生活必需品的市场供应和价格平稳。加强食品药品安全监管，巩固食品安全示范城创建成效。

5. 推动社会治理创新

深入推进"党建＋社区警务＋N"工作模式，扩大试点小区范围，提升创新服务质量。加快"数字平安广西"建设，大力推广"智慧小区"建设，打造北海市公安大数据中心，提升公安机关信息收集研判的科技化、信息化水平。持续推进"无传销小区"创建工作。持续开展扫黑除恶专项斗争，健全扫黑除恶、反走私综合治理、禁毒严打等整治长效机制，巩固拓展扫黑除恶专项斗争和禁毒严打整治专项行动成果。大力推进北海公安基础设施建设。依托14个街道乡镇网格管理基础，以商圈、主要干道和社区为目标，打造网格集约高效的综合行政执法示范街区。完善和落实安全生产责任和管理制度，建立公共安全隐患排查和安全预防控制体系。加强应急管理信息化建设，全面提升灾害防治、事故预防和应急管理能力。

参考文献

蔡锦军：《政府工作报告（摘登）》，《北海日报》2020年5月10日。

B.9
钦州市2020年开放开发报告

麻秋怡 *

摘　要：　2019年钦州市坚持稳中求进工作总基调，贯彻新发展理念，实施产业发展攻坚年、优化营商环境"服务企业提升年"活动，全力推进"三大提升"工程和"十大突破"重点工作。本报告对上述工作所取得的成效进行了全面总结。在分析2019年钦州市经济存在问题和挑战与2020年国内外经济发展形势的基础上提出了加快钦州市开放开发的对策建议。

关键词：　开放开发　陆海新通道　钦州市

2019年，面对国内外纷繁复杂的经济局势，钦州市坚持以习近平新时代中国特色社会主义思想为指导，全面贯彻党中央，自治区党委、政府和市委各项决策部署，坚持稳中求进的工作总基调，贯彻新发展理念，大力实施产业发展攻坚年、优化营商环境"服务企业提升年"活动，全力推进"三大提升"工程和"十大突破"重点工作，经济发展总体稳中有进、重点领域提质突破，主要指标运行平稳并高于预期顺利完成任务，为全面建成小康社会奠定了坚实基础。

＊　麻秋怡，广西社会科学院当代广西研究所研究实习员，主要研究方向为中国社会经济史。

一 2019年开放开发情况

（一）经济实力稳步提升

2019 年钦州市 GDP 为 1356.3 亿元，同比增长 7.8%。规模以上工业总产值为 1680 亿元，增长 4.7%。固定资产投资增长 12%，社会消费品零售总额增长 8.5%，港口吞吐量增长 19.3%，集装箱吞吐量增长 33.5%，全市财政收入增长 8.1%，城镇居民人均可支配收入增长 6.7%，农村居民人均可支配收入增长 10.4%。钦州市跻身 2019 年中国外贸百强城市。钦北区获评"广西民营经济示范区"。

（二）国家级平台集聚效应持续凸显

中马"两国双园"开放开发进入快步发展新阶段。习近平总书记对"两国双园"提出"陆海新通道重要节点"的新战略定位。"两国双园"在"一带一路"国际合作高峰论坛圆桌峰会联合公报中被列为重点项目。园区 16 平方公里的面积被纳入广西自贸试验区范围，从此迈进自贸新时代。园区泰嘉光电超薄玻璃基板深加工项目列入自治区"双百双新"项目；建成广西首家飞地科技企业孵化器；川桂国际产能合作产业园落户，推动川桂优势产业聚集发展。

中国（广西）自贸试验区钦州港片区建设持续推进。中国（广西）自贸试验区钦州港片区规划面积 58.19 平方公里，为全区 3 个片区中面积最大、唯一临海的片区，重点发展港航物流、国际贸易等产业，获"一港两区"的战略定位，为钦州开放开发提供了更广阔的空间。钦州港片区新设立企业 694 家，新增企业总数 2029 家；新签约重大项目 22 个，投资金额达 315 亿元。全面启动改革试点任务，自治区下达的 35 项试点年度工作任务基本完成。形成了"两步申报"通关模式，首创中铁集装箱"一箱到底"全程多式联运新模式，落地广西第一笔"单一窗口"在线融资"跨境贷"，形成土地征收"净地交付"新模式、海铁联运"一口价"等可复制可推广事项。首条跨洋航线开通，填补了北部湾连接南美洲地区远洋直航航线的空白。

推进钦州保税港区向综合保税区整合转型。大力开展招商引资，保税港区新设立企业332家，签约项目7个，完成投资37亿元。北部湾国际门户港航运服务中心正式运营，将与海南洋浦区域国际集装箱枢纽港一道成为西部陆海新通道的主要出海口。特色产业如物流加工、冷链物流、电子加工等加快发展。

（三）产业发展形成新格局

以"双百双新"项目为重点，加快推进以绿色化工为代表的优势主导产业"四梁八柱"形成。华谊二期75万吨丙烯项目、桐昆北部湾绿色石化一体化产业基地项目、泰嘉光电超薄玻璃基板深加工项目、恒逸高端绿色化工化纤一体化基地项目、金桂二期年产180万吨高档纸板扩建项目等5个投资超100亿元的产业项目相继落户建设；投资额在100亿元内的华谊钦州二期氯碱项目、中马钦州产业园区新能源物流汽车零部件项目年内全部开工，进一步夯实产业高质量发展基础。按照"强龙头、补链条、聚集群"的思路，构建了以中石油为龙头的"三烯三苯"产业链体系；引进上海华谊集团，形成精细化工和高分子材料产业集群；构建以烯烃精深加工产品为特色的高性能化工材料和专用化学品产业集群，"油、煤、气"三大石化产业链齐头并进。绿色化工新材料产业居自治区重点培育的产业集群之首。

新兴技术产业加速发展。大数据产业从零到有，走在全区前列。全国首个华为5G数字小镇正式启动，53家大数据及关联企业进驻，成为面向东盟的大数据集散中心。加快高新技术产业发展，钦州市高新技术产业服务中心项目建成；高新技术企业突破80家；新增2家企业进入广西瞪羚企业名单；绿传科技有限公司获中国创新创业大赛总决赛第二名。

（四）陆海联运枢纽作用大幅增强

打破海铁联运发展瓶颈。正式开通运营钦州铁路集装箱中心站一期，铁路集装箱年装卸能力提升 7 倍，成为全国 12 个集装箱中心站之一，海铁联运实现无缝衔接。钦州港综合承载能力大幅提升。已建成运营钦州港东航道扩建一期工程，钦州港东航道扩建二期工程，大榄坪南作业区 7 号、8 号集装箱泊位自动化改造项目开工建设，钦州港通航能力将全面提升。

大幅提升口岸通关便利化程度。与西部省市海关建立了"点对点"联系模式，设立了陆海新通道"专用查验平台"和"专用窗口"，专窗专用，实现通关智能化、信息化、无纸化，大幅提升通关查验时效，全面压缩通关时间。开展了海铁联运"一口价、一票制"改革，大大降低了运输成本。

加速构建陆海物流联动新格局。常态化开行四川、贵州、云南等海铁联运班列，新开行宜宾至钦州等 4 条海铁联运班列。推进贵阳—钦州"无水港"建设。北部湾国际门户港航运服务中心启动运营，推动北部湾港加快打造西部陆海新通道国际门户港。

（五）社会民生持续改善

2019 年全年民生支出为 184 亿元，民生支出在财政支出中的占比达 81.8%。为民办十件实事工程资金投入达 69.69 亿元，超额完成年度任务。村屯道路新增 254.2 公里，1.5 万套棚户区改造、6736 户农村危房改造已完成，着力解决群众最关心最直接最现实的问题。全年新增城镇就业 2 万人，城镇登记失业率控制在年初预期目标内。

教育事业加快发展。新建、改扩建学校 18 所，市区新增学位 10500 个。钦州科教园区初具规模。获批设立钦州幼儿师范高等专科学校。浦北县被评为国家级农村职业教育和成人教育示范县。医药卫生体制改革继续深化。医联体工作取得重大进展，组建市级医联体 9 个、县域医共体 10 个，全市镇卫生院参与医联体建设比例达 95%，超过自治区平均水平。灵山县、浦北县分别列入国家级、自治区级紧密型县域医疗卫生共同体建设试点县。浦北县、钦南区被命名为"自治区健康促进县（区）"。医养结合工作取得突破性进展，率先与自治区民政厅搭建健康养老产业"厅市合作"机制平台，正式运营 9 个社区居家养老服务中心，健康养老事业取得较大进展。社会事业繁荣发展。成功举办国际半程马拉松赛、中国四大名陶展、蚝情节等活动。世界沙滩排球巡回赛钦州赛区被评为国际沙排赛事年度最佳赛区之一。

（六）脱贫攻坚成效显著

2019年，共投入扶贫资金11.25亿元。在全区扶贫开发成效考评中，钦州获评"综合评价较好"，且位列第一；钦南区、钦北区、浦北县在52个有扶贫开发工作任务的非贫困县考核中，获评"综合评价好"。预脱贫建档立卡贫困户危房改造工作全部完成。28个项目饮水安全战役全部完成。巩固提升受益人口5.37万人，占目标任务的275%。全市建档立卡贫困人口医疗保险应参保人数为20.64万人，100%参保。特色产业覆盖贫困户3.3万户，覆盖率达93.4%。全年实现6.8万贫困人口脱贫，64个贫困村摘帽，超额完成年度任务，全市贫困发生率降至0.25%。

（七）城乡区域协调发展

积极打造现代海滨城市。积极推动三娘湾、白石湖、龙门港片区综合开发，贝恩渔港小镇项目进驻三娘湾。截流主城区污水直排口，基本消除主城区黑臭水体，持续改善主城区水质。大气污染防治攻坚工作走在自治区前列，城区空气质量不断改善。

县域经济加快提质升级。依托林木资源发展木材深加工，中国—东盟进口木材深加工产业园开工建设，年内签约了4个超亿元项目。浦北林木循环经济产业园发展成广西沿海最大的木材加工基地，并列入自治区重点打造的林木高质量发展园区。打造临海工业，浦北高迈新能源一期、钦北锰华新能源等一批"双十双新"项目竣工投产。灵山陆屋机电产业园被列入全区创新轻工特色示范园。整合旅游资源，提升县域旅游品牌知名度。钦南区坭兴陶小镇上榜自治区第二批特色小镇培育名单，并获培育资金1000万元。浦北县获"中国长寿之乡"称号。钦北区跻身自治区级全域旅游示范区。

打造钦州特色优势农业。做大做强海红米产业，颁布《钦南区"钦州海红米"种植方案》，推进海红米种植，并采用"公司＋基地＋农户（贫困户）"方式将海红米打造成产业扶贫的重要产业。加快培育特色农业品牌，钦州大蚝入选中国农业品牌目录，浦北县成功创建"全国富硒农业示范基地"。广西园丰牧业集团股份有限公司被认定为农业产业化国家重点龙头企业，钦北区内广西富牛牧业有限公司、钦州九联食品有限公司等4家企业被认定为自治区级重点龙头企业。新增广西现代特色农业核心示范区2个、地理标志保护农产品5个。"美丽钦州"乡村建设扎实推进。

二 存在的困难和挑战

（一）经济下行压力大

规模以上工业产值增速仅为4.7%，低于年度预期目标13个百分点。实体经济困难较为突出，电子、饲料加工等行业产值下降，全市工业企业停产面超过10%，利润下降12.3%。

（二）产业发展质量不够高

工业化处在中期阶段，新产业处于培育成长阶段，产业发展新旧动能"青黄不接"。石化、装备制造等现代产业集群总体规模小，拥有较强市场竞争力的龙头企业数量较少，带动作用不明显。新能源、大数据等新兴产业发展处于起步阶段，培育仍需较长时间，并未形成有竞争力的产业集群。产业园区产业链没有真正形成，产业配套设施不完善，对经济发展贡献仍较小，支撑经济增长的作用并未充分体现。第三产业结构欠优，仍以传统的批发零售、住宿餐饮、房地产等传统服务业为主，新兴服务业发展不足，现代物流等生产性服务业受软硬件配套不完善等要素影响，服务能力不强，发展严重不足，第三产业后续发展乏力。

（三）土地、资金两大关键要素紧缺

土地要素供给不足，中央在用海等领域出台了严厉的政策，年度用地指标有限，土地储备不足，土地收储、报批、供地难度较大，难以完全满足企业项目建设用地需求。用地审批时间长，极大地影响了企业各项工作的开展。资金获取渠道狭窄，资金要素供给不足，公益性基础设施建设资金来源有限。资本市场发育程度较低，民营企业和中小企业融资难、融资贵的问题仍然存在。对土地、资金后期的管理与使用考虑不足。

（四）民生社会事业短板仍较明显

历年来，全市投入民生资金占财政总支出的80%以上，财政收支矛盾仍较为突出。污染防治任务艰巨，全市产业主要以高能耗的传统产业为主，传统产业转型升级面临较大挑战。近岸海域生态环境保护仍面临严峻挑战，入海河流及近岸海域危险固体、废弃物等污染治理形势比较严峻。钦江等入海河流水质不稳定，入海河流与近岸海域水质有待进一步改善。城镇教育资源短缺的矛盾仍很突出，主城区"入园难"等问题依然存在。

三　2020年发展态势

（一）国际发展形势

国际上，国际环境日趋复杂，不稳定性不确定性明显增加。国际力量对比格局出现深刻变化，世界经济格局面临新一轮的大调整。民族主义、贸易保护主义抬头，世界经贸摩擦多次出现，经济全球化在曲折中前行。新冠肺炎疫情的蔓延对全球经济影响显著，全球经济面临较大下行压力。疫情对经济的冲击导致许多国家经济活动停滞，全球需求减少，贸易和投资明显下滑，全球产业链受到冲击。技术革命带来的新兴产业正逐步改变传统的经济发展模式，中国等新兴经济体正通过新一轮技术革命缩小与发达经济体之间的差距。

（二）国内发展形势

从国内看，2020年是全面建成小康社会和"十三五"规划收官之年，经济发展平稳向好仍是主要趋势。突如其来的新冠肺炎疫情给我国社会经济发展带来极大的冲击，在以习近平同志为核心的党中央坚强领导下，疫情防控阻击战取得重大战略成果，复工复产稳步推进，生产生活秩序逐步恢复。当前，我国经济发展已由高速增长阶段转向高质量发展阶段。但从我国目前的经济发展现状来看，经济增长主要依靠资本积累拉动，产业发展动力以第二产业与第三产业为主。目前，我国正处于消费规模扩大、消费结构转型升级的发展期，国内消费市场潜力巨大。培育发展壮大国内消费市场，加快发展现代服务业，推动产业结构、产品结构升级，实现经济发展动力变革仍是较长时间段内的主题。

（三）地区发展形势

受新冠肺炎疫情影响，钦州市经济发展形势较为严峻。但随着全市上下统筹推进常态化疫情防控，因时因势调整经济工作措施，复工复产步伐稳步推进，经济发展势头稳中向好。从第一产业看，农业受新冠肺炎疫情的直接影响相对较小，第一产业保持平稳发展势头。第二产业中，工业缺乏新的经济增长点，且受中石油广西石化分公司停产检修及新冠肺炎疫情影响，工业总产值减少较多，工业增加值占 GDP 比重降低。以运输、旅游、餐饮等服务业为代表的第三产业受新冠肺炎疫情直接冲击最大，随着复工复产工作的有序推进，第三产业全面恢复正常经营，对经济发展支撑作用明显。

2020 年国内外经济形势错综复杂，钦州市开放开发工作面临艰巨繁复的发展任务。但钦州市迎来了西部陆海新通道国家战略、自贸试验区政策实行的黄金时期，钦州市委、市政府乘势而上，重点谋划"港、区、产、城、人"五篇文章，积极融入"南向、北联、东融、西合"全方位开放发展新格局，2020 年钦州市经济发展保持稳中有进的发展势头。

四 加快开放开发的工作建议

（一）全面建设国际门户港，打造以港口为核心的枢纽经济

紧抓西部陆海新通道国家战略、自贸试验区政策实行的黄金时期，加快

港口基础设施建设，提升港口通行能力，构建高效便捷的港航物流网络，增强港口的集聚辐射作用。一是提高港口吞吐能力。全面建成运营30万吨级油码头及航道；加快推进金鼓江作业区16号、17号泊位建设；加快建设钦州港东航道扩建二期工程；开工建设大榄坪作业区1号至3号泊位；加快推进钦州保税港区7号、8号集装箱泊位自动化改造等项目。不断加快钦州港口基础设施配套建设，提高钦州港综合竞争力，加快推动钦州港硬件设施条件进入全国沿海港口前列。二是加密海铁物流网络。内增班列，加密海铁联运班列；外拓航线，巩固钦州港至非洲、南美远洋航线，并力争增加至东盟国家港口的外贸海上航线。推动资金政策向物流方面倾斜，吸引更多社会资本参与物流运营；加强基础设施建设，提升物流服务。三是钦州港提速增效。对标对表国内国际港口，加快基础设施建设，大力推行优服提效降费。全面推行海铁联运"一口价""一单制"，推动货物进出口贸易"通关一体化"，降低物流成本。

（二）推动国家级平台全新发展，打造国家产能合作的重要基地

充分发挥港口优势，推动平台与港口的融合发展，拓展跨区域、跨境、跨国贸易投资合作内容，打造国家产能合作的重要基地。一是推动国家级平台联动发展。突出特色，打造品牌，推动政策向中马"两国双园"倾斜，增强园区吸引力，吸引更多企业入驻。既要加强两国在燕窝产业、清真食品开发、橡胶深加工、冶金、化工等传统领域的产业合作，又要加强双方在装备制造、电子信息、生物技术等新兴领域的产业合作。推动自贸试验区政策与中马"两国双园"、钦州保税港区等政策的系统集成，推动国家级园区联动发展。二是持续推动自贸试验区改革。复制推广自贸试验区便利化措施，优化营商环境。建立健全外商投资促进体系，推广"极简审批"等措施，推动外商投资便利化，吸引更多外商投资。三是拓展以钦州为中心的合作网络。积极主动融入自治区"南向、北联、东融、西合"开放发展新格局。深耕东南亚市场，加快推进"南向"通道建设，巩固钦州港至东南亚的海铁联运班列。力争增加至东盟国家港口的外贸海上航线，推动中国—东盟港口城市合作网

络升级，加强中国—东盟港口、城市合作，构建畅通高效的区域联运网络。加速推进"北联"，加强与长江经济带的产业、贸易合作，打破区域瓶颈，以重庆、四川、贵州、甘肃等省市的重要物流、制造业节点城市为重点，建立面向中西部重要物流节点城市的无水港网络。全力加快"东融"步伐，主动融入珠三角和粤港澳大湾区，充分利用自贸试验区制度、政策优势，加大重大产业项目招商引资力度，吸引更多优质企业集聚钦州。创新区域合作机制，接受粤港澳大湾区辐射，借力粤港澳大湾区，积极引入创新资源，积极承接优质产业转移。探索建立与中西部地区"飞地经济"合作机制，与中西部省市共同建设经济园区，实现生产要素的互补和高效利用。

（三）抓住产业关键，加快构建现代产业体系

按照"强龙头、补链条、聚集群"的要求，深入开展自治区"制造业发展攻坚突破年"活动，打好"工业振兴攻坚战"。发挥港口优势，打造向海经济。重点围绕临港工业、临港现代物流业、现代服务业三大领域，形成完整产业链，打造高质量现代产业体系。一是做大做强临港绿色大工业，大力发展绿色石化、装备制造、电子信息、食品加工、新能源、新材料、纸业、木业、药业、锰业十大制造业行业，推动临港产业集群发展，加快临港产业向价值链中高端迈进。持续将石化产业作为支柱产业，加大石化产业招商引资力度。做强"煤头、油头、气头、盐头"四条产业链龙头项目，抓好关键补链、延链项目招商。开展以钦州石化产业园为核心区的"1＋6"大石化发展布局规划。二是加快发展临港现代物流业。加快推进物流高质量发展，打造"一核两轴多园"的物流节点空间布局。启动开发钦州港大榄坪现代物流集聚区、北部湾海铁联运皇马现代综合物流园区等项目；加快发展钦州高新区等工业物流园和中国—东盟农产品物流园等城市商贸物流园。加快建设多式联运物流信息综合服务平台，推动物流信息的汇聚与共享，着力打造区域性国际物流枢纽。依托钦州区位优势，大力发展石化物流、港航物流。培育壮大本地物流企业，引进知名物流企业，做大物流主导产业和关联产业。三是壮大现代服务业。以推动制造业与服务业、服务业内部各领域融

合为发展方向，重点培育打造国际贸易、大数据、金融、康养旅游、文化创意等新兴服务业，推动服务业向专业化、高端化方向发展。建设面向东盟的商品国际贸易平台、食品加工贸易基地等平台；加快打造大数据服务中心；推动旅游与康养融合发展，建设三娘湾白海豚康养文旅小镇等旅游项目。

（四）推动新型城镇化建设，促进城乡一体化发展

加快实施以促进人的城镇化为核心、以提高质量为导向的新型城镇化战略，全力做好"港、区、产、城、人"五篇文章，加快打造江海宜居城，促进中心城区、县城和镇协调发展，稳步提高全市新型城镇化和城乡融合发展水平。一是优化城市布局。整合市内资源，调整优化滨海新城、主城区、钦州港区、三娘湾旅游管理区、中马钦州产业园区"一城四区"结构布局，使之成为功能完善、特色鲜明、布局合理的五大组团。落实自治区有关北部湾城市群和北钦防一体化年度工作计划，加快城市基础设施建设。对接强首府战略，争取使钦州市与南宁市的重大合作工程纳入南宁都市圈规划。推进户籍、教育、医疗等配套设施改革，提高农业转移人口市民化质量。二是推进以县城为重要载体的新型城镇化建设。加快发展县域特色产业，推进县域特色工业、旅游业、农业产业化，增强县域经济发展的内生动力。开工建设灵山医药制剂研发生产中心、浦北华仁药业生产基地等项目，打造县域特色工业集聚区。推进灵山、浦北、钦北产城融合建设，积极培育各具特色的文化旅游新业态。完善县域交通网络，推进钦北至北流高速公路、钦州至灵山至浦北高速公路、浦北至灵山一级公路等道路建设，增强县域同中心城市的联系。三是深入实施乡村振兴战略。以发展农村特色产业为重点，加大对现代农业产业园区的资金支持，推进现代特色农业示范园区建设，培育现代农业企业。加快发展绿色品牌农业，创建富硒农产品示范基地和海红米特色产业核心示范区。建设农产品加工集聚区，推进荔枝、大蚝、水牛奶等农海产品深加工，打造钦州农产品特色品牌。积极培育农产品重点龙头企业，采用"公司＋基地＋农户"模式，带动农民稳定增收。

（五）切实增进民生福祉，持续加大民生投入

继续实施教育、科技、卫生、文化等十大类为民办实事工程，加大民生投入，补齐民生领域短板。一是全面推进社会事业发展。优化教育资源配置，促进教育均衡发展。加大投入，推动市第十四中学、市第四十一小学等项目建成。加大政策支持，积极引进民间资本参与学校建设，加快中央民族大学附属中学钦州国际学校等一批高品质学校建设。加快健康城市建设，做好国家卫生城市创建工作。加快推进基层医疗卫生机构综合改革，构建县域医疗卫生共同体，强化基层医疗卫生人才队伍建设，并针对新冠肺炎疫情暴发后暴露的公共卫生"短板"项目加快建设。二是巩固拓展脱贫攻坚成果同乡村振兴有效衔接。加大对农村产业的扶持力度，扶持发展县级"5 + 2"、村级"3 + 1"特色产业；加大资金投入力度，全力助推村级集体经济发展壮大；加大资金投入力度，打好基础设施建设这场硬仗，加快实施基础设施项目建设。扎实开展稳岗就业、产业发展、消费扶贫、易地扶贫搬迁后续扶持等专项行动，强化返贫监测，关注脱贫后易返贫群众和临界困难群众，"输血"与"造血"并重，巩固脱贫成果。三是全面打赢污染防治攻坚战。强化茅尾海等近岸海域水环境治理，持续推进入海排污口清理整治，开展海洋生态修复保护工作。全面落实"河长制"，推进河道网格化管理。深入推进钦江、南流江等流域水环境综合整治，加强钦江主城区段水质综合整治。加快发展新能源汽车等利用可再生能源的新兴产业。

参考文献

黄登成：《关于钦州市 2019 年国民经济和社会发展计划执行情况与 2020 年国民经济和社会发展计划草案的报告》，《钦州日报》2020 年 4 月 28 日。
谭丕创：《政府工作报告》，《钦州日报》2020 年 4 月 27 日。

防城港市2020年开放开发报告

潘文献*

摘　要：　2019年防城港市以重大项目建设、产业大招商、优化营商环境三个攻坚突破年活动为抓手，积极应对中美经贸摩擦、非洲猪瘟等不利影响，经济实现总体平稳运行，脱贫攻坚取得决定性胜利，全市贫困发生率降至0.2%，为2020年全面脱贫摘帽奠定了坚实的基础。受新冠肺炎疫情影响，防城港市的经济发展存在极大不确定因素，报告提出了保持经济社会稳定，促进改革开放的相关建议。

关键词：　开放开发　高质量发展　防城港市

2019年，在自治区党委、政府和市委的坚强领导下，防城港市以习近平新时代中国特色社会主义思想为指导，坚持稳中求进工作总基调，牢固树立和践行新发展理念，以重大项目建设、产业大招商、优化营商环境三个攻坚突破年活动为抓手，统筹推进稳增长、促改革、调结构、惠民生、防风险、保稳定等各项工作，保持了经济持续健康发展和社会和谐稳定。

一　2019年防城港市开放开发情况

（一）重大项目突破带动经济稳中向好

2019年一批重大项目突破带动防城港市经济稳中向好。一些重大工业项

---

* 潘文献，广西社会科学院民族研究所副研究员，主要研究方向为民族经济及社会治理。

目开始投产或者开工建设。柳钢防城港钢铁基地 1 号高炉顺利点火，广西盛隆冶金有限公司产业升级技术改造项目建成投产，中海油广西 LNG 项目建设完成，广西生态铝工业基地防城港项目一期全面开工。防城港核电二期项目加快建设，三期项目前期工作全面启动。华立投资 100 亿元的防城港边境深加工产业园开工建设，投资 300 亿元的防城港津西型钢科技创新应用基地项目完成征地。一批重大交通基础设施项目深入推进。渔澫港区 513～516 号泊位建成运营，钦防高速车道 4 改 8 项目通过验收，防东高铁、国门大道、沙企大道扩建及企茅一级公路等交通项目加快建设，防城港支线机场选址通过国家评审。

2019 年防城港市工业投资增长 20.5%，规模以上工业用电量增长 14%，排全区前列。外贸继续保持增长态势，进出口总额达 805 亿元，增长 12%，总量排全区第 2 位。固定资产投资呈现回升态势，全年固定资产投资增长 8.0%，其中制造业投资增长 61.7%，房地产投资增长 50.9%，交通运输、仓储和邮政业增长 39.2%，信息传输、软件和信息技术服务业投资增长 107.9%，卫生和社会工作投资增长 242.8%，民间固定资产投资下降 0.2%。防城港市全年 GDP 达到 701.23 亿元，增长 5.4%，略低于全区 6.0%的增长率。在减税降费的形势下，2019 年防城港市全市财政收入为 87.86 亿元，增长 6.2%；财政收入中税收占比为 68.7%，收入质量排全区第 3 位。社会消费基本保持稳定，防城港市开展港城欢乐购等一系列促消费活动，全年实现社会消费品零售总额增长 3.8%，其中，城镇消费品零售额增长 3.5%，乡村消费品零售额增长 7.0%；批发业、零售业、住宿业、餐饮业营业额分别增长 34.4%、3.5%、10%、7.3%。防城港市城乡居民可支配收入分别达到 36385 元和 15962 元，居于广西前列。防城港市 GDP、城镇和农村居民人均可支配收入 3 项小康重点指标均提前 1 年实现比 2010 年翻番的全面小康社会建设目标。第三方监测报告显示，2019 年防城港市全面小康指数位居中国地级市第 93 位、广西第 2 位。

（二）稳步推进产业高质量发展

按照自治区"强龙头、补链条、聚集群"要求，防城港市加快推进重大产业项目和产业配套项目建设。防城港市临港产业集群加速发展，完成自治区"双百双新"项目投资 167 亿元，年度投资总额排全区第一。纳入自治区"千企技改"项目 33 个，完成金川铜冶炼等技改项目。华昇氧化铝项目具备点火条件。引进装配式建筑产业园。围绕钢铁、铜、铝产业，配套引进高低压电力设备生产、电线电缆生产、钢渣深加工等项目，洽谈对接一批铜下游企业和铝深加工项目。

创新驱动动力逐渐增长，高新技术产业加快成长。防城港市中国—东盟离岸信息服务外包产业园、广西中遥空间信息技术研究中心、广西检验认证公共服务平台、军科正源（广西）生物医药科技有限公司代谢动力学实验室、广西小藻农业科技有限公司海洋微藻二期等一批项目加快推进，民用无人机整机装配生产项目进入试产阶段，中国移动防城港分公司成功开展首例 5G 远程协同手术，防城港电信获最佳增长地市分公司称号。以新技术推动大宗工业固废综合利用，中电利用滤泥白泥项目顺利运行，园区热电联产及节能环保等项目加快推进，经济开发区绿色园区认证工作顺利推进，全市国家级、自治区级绿色工厂达到 4 家。2019 年防城港市新增高新企业 11 家，榕华创业孵化基地成为国家级孵化器。防城港市高新产业产值达 665 亿元，增长 7.4%，增速高于全市 GDP 增速；高新技术产品出口 1.13 亿元，增长 235%。

农业转型升级加快，农业特色产业逐渐形成产业规模。防城港市粮食和甘蔗种植面积在总体稳定的基础上继续减少，粮食种植面积减少到 43.88 千公顷，甘蔗种植面积减少到 39.75 千公顷。水果和蔬菜种植面积增加，水果产量为 11.24 万吨，增长 23.3%；蔬菜产量为 34.65 万吨，增长 3.6%。2019 年防城港市新增 3 个自治区级现代特色农业示范区，创建 3 家国家级水产健康养殖示范场，新增深水网箱养殖水体约 10 万立方米，抗风浪网箱养殖从近岸海域向深水海域拓展。农业机械化程度继续提升，主要农作物综合机械化水平达 51%。受非洲猪瘟影响，全年生猪出栏 26.66 万头，同比下降 27.5%，但生猪养殖产业集中度进一步提高。建成肉桂、八角、金花茶、中药材等名特优农产品生产基地，2019 年防城港市农业产业化龙头企业增加到 34 家，有机绿色产品产地创建面积达 49 万亩，"三品一标"绿色优质农产品达 49 个。

物流稳步发展，现代服务业不断壮大。东湾物流园区内的防城港保税物流中心通过海关验收并封关运营，东湾物流园区入驻物流企业 158 家，吸纳就业 11056 人，东湾物流园区获评自治区优秀现代服务业集聚示范区，并入选西部陆海新通道重点培育物流园区。东兴国际综合性服务业集聚区已建成面积 600 万平方米，入驻企业 1245 家。智慧物流、冷链物流不断发展。"运的易"智慧物流总部落户，中良现代仓储物流基地、金成智能仓储物流中心建成投产。防城港市积极争取到铁路冷链货物运费下调 40% 的政策，以海铁联运提升铁路冷链专列竞争力，联合国内外 10 个城市成立西部陆海新通道冷链经济城市联盟。2019 年发往西部陆海新通道城市的海铁联运集装箱达 18.1 万标箱，同比增长 26.1%。桂海国际农产品冷链物流中心、十八方冷链物流集散中心等一批项目加快推进。深化与物流速递企业合作，大力支持跨境电商市场，2019 年东兴市再次获评全国电商百佳县。2019 年防城港市旅游业持续快速发展，景区建设和节庆活动水平不断提升，全年接待国内外游客 3671.4 万人次，增长 32.8%。东兴国门景区建成国家 4A 级景区，上思布透温泉被评为广西五星级乡村旅游区。北部湾开海节、京族哈节、中国—东盟国际马拉松等节庆活动美誉度持续提升。东兴市获评首届广西旅游创新发展十强县。防城港市积极推动金融服务实体经济，持续推进"引金入港"，北部湾银行、桂林银行在上思均设立了支行。2019 年末全市各类金融机构共 268 家，全年金融业增加值增长 4.9%。全市金融机构人民币存款、贷款余额分别增长 10.7%、10.2%。

（三）奋力推进更高水平对外开放

谋划推进防城港国际医学开放试验区建设，成立专门筹备机构，精心组织起草并上报总体方案，自治区主要领导多次率队向国家相关部委争取指导和支持。防城港市将防城港国际医学开放试验区与创建国家养老服务业综合改革试验区相结合，加快推进防城港国际医学创新赋能中心、国际生物医药和医疗器械产业园等一批重大项目建设，成功引进药明康德、军科正源、福康（中古）国际等国内外知名医药企业，与印度、俄罗斯等国家的医药公司达成一批合作意向。

防城港市陆海新通道加快建设，互联互通能力进一步增强。2019 年新增万吨级以上泊位 6 个，增加通过能力 600 万吨，一批 20 万~30 万吨级泊位正在加快建设。防城港两个港区港口货物吞吐量合计首次超 1 亿吨，达到1.014 亿吨，增长 13.4%，集装箱吞吐量达 42.1 万标箱，增长 34.9%。国道G219 峒中至东兴公路加快建设。口岸基础设施不断完善，北仑河二桥配套设施等重大项目加快建设。峒中口岸（含里火通道）综合区基础设施项目建设加快推进。防城港海港水域实现全域开放，陆续开通连接百色的"煤铝对流"专列、昆明的"北粮南运"集装箱专列、锦州港的粮食直航班轮。

不断深化交流合作，积极发展商务往来。2019 年防城港市积极承办了"国际医学创新合作论坛（中国—上海合作组织）"，举办了"中国（北部湾）海洋经济与文化旅游发展论坛""海外华侨华人防城港（东兴）联谊大会"，在马来西亚吉隆坡挂牌成立防城港国际商会驻马来西亚联络处。

（四）深化改革优化营商环境

防城港市深化重点领域和关键环节改革，进一步理顺了东兴试验区和跨境经济合作区管理体制，深化国企混合所有制、工业园区体制机制、企沙镇管理体制、应急管理事业等各项改革。推进实施自然资源资产权制度、国土空间规划统筹划定落实三条控制线等重大改革。加快推进投融资、财税金融、价格等关键领域改革。建立健全产权保护工作协调机制，持续推动完善产权保护制度，依法保护产权的各项改革举措落实。通过落实东兴试验区和跨境经济合作区机制改革方案，成立东兴试验区工作领导小组和跨境合作区建设委员会，建立东兴试验区联席会议制度，落实"属地化管理，一体化发展"。

防城港市政府机构改革顺利完成，市县两级政府部门内设机构比改革前分别精简了 13% 和 12%，制定市县乡权责清单规范化通用目录，管理权限下沉。2019 年防城港市完成行业协会商会与行政机关脱钩改革，整合重组国企 104 家。深化价格机制改革，非居民用水价格降低 10%。推进医药卫生体制改革，县域医共体乡镇卫生院参与率达 100%。统计管理体制改革走在全区前列。

改革助推作用显著，营商环境持续优化。防城港市整合 26 个部门 226 项行政审批事项，流程精简 40%，审批提速 83.6%。公积金提取实现"零跑腿""秒到账"。政务服务"最多跑一次"事项占比为 98.5%，网上可办率达 100%。企业开办、登记财产、获得水电气等多项指标位居全区前列。完成"进一步完善企业简易注销登记改革"国家级试点改革任务。有研究报告显示，防城港市改革热度指数为 75.61，居全国第 10 位、全区第 1 位。[①] 深入开展扫黑除恶专项斗争，实施"亮剑"系列专项行动，打击传销、走私、贩毒等犯罪活动，社会治安显著好转，人民群众安全感满意度达 97.53%。贯彻中央八项规定及其细则精神，深入纠"四风"，持续转变作风，落实行政执法"三项制度"，法治政府建设取得新成效，人大代表建议和政协提案办结率为 100%。

（五）全力打好脱贫攻坚等攻坚战

扎实开展脱贫攻坚，接近全面脱贫摘帽。2019 年防城港市脱贫攻坚资金投入持续加大，全市财政扶贫资金投入 5.2 亿元，其中市本级专项投入 9750 万元，增长 130%。大力推动产业扶贫，全市"5 + 2"特色产业覆盖率达 92.5%。易地扶贫搬迁进展顺利，按时完成搬迁总任务，切实做好易地扶贫搬迁后续扶持工作，1438 户有劳动能力的易地扶贫搬迁贫困户实现每户至少有一人就业，消除零就业家庭。2019 年全市实现 7 个贫困村脱贫摘帽，8460 人脱贫，贫困发生率降至 0.2%，接近全面脱贫摘帽。全市累计 90.24% 的贫困村和 97.66% 的贫困人口已经实现脱贫摘帽，82 个贫困村村级集体经济收入全部达到 4 万元以上。

防城港市大力实施贫困家庭子女职业教育扶助工程，进一步加大"控

---

① 《防城港：深化改革激发发展活力》，人民网，2020 年 1 月 22 日，http：//gx. people. com. cn/n2/2020/0122/c179430 – 33738363. html。

辍保学"力度,全市建档立卡贫困户子女辍学学生全部返学,全市无建档立卡贫困户子女辍学、失学现象。健康扶贫政策全面落实,实现"198"兜底保障和差异化医疗保障政策,贫困人口基本医疗保险参保率达到100%,未脱贫贫困人口、两年继续扶持期内脱贫人口按规定就医住院医疗费用报销比例达到90%以上,门诊特殊慢性病符合规定就医医疗费用报销比例达到80%以上。抓好贫困人口就业保障兜底,2019年全市贫困劳动力实现就业7293人,农村贫困劳动力新增转移就业1.06万人。符合参保条件建档立卡贫困人口的城乡居民基本养老保险参保率为100%,60周岁以上参保人员100%享受养老保险待遇。2019年实现了边民补助机制动态化,大幅提高了一线边民补助标准,惠及边民13.4万人,切实保障边民的基本生活。

狠抓污染防治攻坚战,环境质量位居全区前列。2019年防城港市认真落实中央环保督察反馈问题整改,切实狠抓污染防治。强化大气污染防治,进一步推动能源消费结构清洁化,强化施工工地扬尘治理,全面推进道路扬尘整治,加大露天烧烤和餐饮油烟污染整治力度,加强生活垃圾、秸秆露天焚烧和烟花爆竹燃放管控,切实抓好港口码头粉尘整治,高压治理工业废气污染,全力打赢蓝天保卫战。2019年环境空气质量继续保持优良水平,空气质量优良率为94.2%,全区排名第二,细颗粒物(PM$_{2.5}$)年平均浓度为29μg/m^3,同比下降3.3%。

落实河长制,推进防城江等重点流域生态环境治理。防城港市市级集中式饮用水源地水质达标率为100%,县级集中式饮用水源地水质达标率,上思县为100%,东兴市为100%;地表水国控监测断面、入海河流水质断面水质状况基本与上年持平,达到水环境功能区划要求,水功能区水质达标率为100%;近岸海域海水功能区水质达标率为100%。

2019年防城港市加大危险废物污染监管力度,规范了企业危险废物管理,加强工业危险废物申报登记工作和严格执行危险废物转移制度,开展工业企业危险废物规范化管理考核工作,对辖区内产生危险废物的企业进行抽查考核,启动城镇人口密集区危险化学品生产企业搬迁改造,加强危险废物全过程监管。

优化金融服务环境,有效防范化解金融风险。规范政府债务管理和举债融资行为,加强政银企合作,发挥好财政性存款调节作用,引导金融机构加大对重点项目、重点领域的信贷保障,为经济社会发展提供金融支持和资金保障。2019年防城港市政府与各金融机构签订授信累计总额超1100亿元。2019年防城港市制定了"获得信贷指标攻坚示意图"、问题清单、行动时间表。获得信贷指标办理环节平均为4个,办理时长平均为5.5个工作日,申请材料平均为4项。积极推动建设面向东盟的金融开放门户,以防城港市小微企业融资担保公司为基础,筹划将农村产权交易中心、融资服务中心、基金公司、保理公司、政府转贷基金等建立和组织起来,形成地方金融体系。深化农村金融改革,实行"一社一策"防范农村中小金融机构风险,打击和处置非法集资,整顿金融市场秩序。

(六)不断提升人民生活水平

持续改善和保障民生,城市吸引力不断释放。始终坚持把增进民生福祉放在第一位,让人民群众有更多获得感,民生投入力度持续加大。2019年防城港市切实落实"减税降费"政策,人民群众获得感进一步提升。2019年防城港市全年城镇居民人均可支配收入为36385元,增长6.0%;农村居民人均可支配收入为15962元,增长9.2%。城镇居民人均可支配收入位列全区第五,农村居民人均可支配收入位列全区第三。2019年防城港市全年财政支出近80%共108.1亿元用于民生,扎实推进市政设施、教育、卫生、便民服务、残疾人保障等为民办实事的项目。

教育、卫生水平不断提升,基本公共服务供给不断增加。2019年防城港市全市幼儿园有590所,其中各级多元普惠性幼儿园有211所。2019年全市学前三年毛入园率达到92.7%,"入园难"问题得到较大缓解,学前教育迈上新台阶。新建海湾新区4所中小学正式开学,防城港市市理工职业学校被评为自治区4星级职业学校。防城港市适时调整大病保险赔付比例,2万元以内的赔付比例从53%调整到60%。自2019年7月起,防城港市所有定点医疗机构已实现城乡居民大病保险即时结算。自2019年11月起,由大病保险公司垫付资金,初步实现城乡居民大病保险异地就医,参保群众医疗费用即时结算，及时享受大病保险待遇。2019年防城港市有医疗卫生机构681个、卫生技术人员6280人、病床4182张。防城港市第一人民医院通过三甲综合医院预评审，防城港市市中医医院通过三甲中医医院复评审。防城港市妇幼保健院迁建项目竣工，中越友好医院加快建设。

大力推进生态文明建设，推动城乡更加美丽宜居。2019年防城港市荣获"国家园林城市"称号，成功举办第十二届广西（防城港）园林园艺博览会。全市绿地面积为1538公顷，绿地率为31.5%，绿化覆盖率为36.2%，人均公园绿地面积达到20.01 m^2/人。城市生活污水处理率为95%，城市生活垃圾无害化处理率达到100%。乡镇环境明显提升，2019年思阳镇、那梭镇等5个乡镇获评自治区级生态乡镇。防城港市启动特色小镇项目建设，开展东兴市江平京族海洋特色小镇、防城区华石金花茶特色小镇培育评估验收相关工作。加快打造乡村旅游品牌，初步形成上思县十万大山、东兴市大国门、港口区大东沙、防城区大南山等4条休闲农业与乡村旅游精品示范带。

2019年末防城港市常住人口为96.36万人，比上年末增加1.03万人，其中城镇人口为57.52万人。据公安部门统计，年末全市户籍人口为100.37万人，比上年末增加1.05万人。防城港市正在慢慢成为人口流入地。

二　面临的形势和问题

（一）新冠肺炎疫情影响较大，持续较快增长压力增大

2020年1月25日，防城港市公布两例新型冠状病毒感染的肺炎确诊病例。按照广西壮族自治区人民政府的统一部署，防城港市启动重大公共卫生突发事件Ⅰ级响应，防城港市成立市新型冠状病毒感染的肺炎疫情联防联控指挥部，下设7个专项工作组。各县（市、区）也成立了新型冠状病毒感染的肺炎疫情防控工作领导机构，统一负责本行政区域内的疫情防控工作。到2020年3月18日，防城港市全市累计报告确诊病例19例，累计出院19例，当日无新增病例。防城港市疫情防控取得阶段性胜利。作为重要的旅游

目的地和交通运输重要港口，2020年防城港市受到新冠肺炎疫情影响较大。

2020年上半年防城港市地区生产总值为337亿元，维持1.3%的增长率。分区域看，除港口区实现增长6.9%以外，其他县区都是负增长，其中，防城区负增长9.9%，上思县负增长7.0%，东兴市负增长7.0%。除了第一产业基本保持稳定，实现5%的增速外，第二产业和第三产业发展都遇到极大的挑战。防城港市全市规模以上工业总产值负增长4.2%，其中，防城区负增长69.9%，东兴市负增长75.9%。2020年上半年防城港市社会消费品零售总额为62.01亿元，负增长14.6%。尽管港口货物吞吐量增长18.3%，但外贸进出口总额为365.70亿元，负增长1.5%。

为切实做好疫情防控工作，有效阻断新型冠状病毒可能传入防城港市的途径，从2020年9月1日起，防城港市范围内暂停购进、储存和销售新冠肺炎疫情高风险国家和地区的冷冻冷藏肉制品（含水产品）。防城港市近年来发展起来的冷链物流产业及相关贸易会受到较大影响。综合来看，新冠肺炎疫情对防城港市开放开发的影响是防城港市建市以来最为严重的。

新冠肺炎疫情对全区贸易的影响程度可能要远大于2008～2009年国际金融危机时的情况。当前各国为减缓病毒传播普遍采取了各种限制流动措施，这种限制流动措施使酒店、餐馆、非必要零售贸易、旅游业和制造业等国民经济重要部分都受到巨大影响，限制措施在造成区域劳动力供应短缺的同时也使得失业率大幅增长，交通和旅行受限，全球价值链和服务贸易也受到巨大冲击。

世界贸易组织（WTO）2020年4月8日发布报告认为：2020年全球商品贸易可能下降13%至32%；2021年全球贸易有可能复苏，但也存在不确定性，其最终表现在很大程度上将取决于疫情持续时间和各国抗疫政策的有效性。世界银行（IMF）2020年6月8日在《全球经济展望》报告中认为：2020年全球经济萎缩是近80年来最严重的状况，预计2020年全球经济萎缩5.2%。

新冠肺炎疫情对经济的影响不仅在短时间会对经济活动造成冲击，由于限制流动措施的存在，全球经济不可避免地长期承压，除非医疗和科学技术在短期内取得决定性的重大突破。防城港市在新冠肺炎疫情的冲击下，2020年上半年仍维持了经济正增长实属不易，要完成2020年初设定的5% ~ 5.5%的目标的可能性较低。大概率的情况是防城港市经济2020年下半年缓慢复苏，全年保持低速增长。

（二）新旧动能接续不畅，项目制约瓶颈较多

过去几年防城港市的经济增长主要依靠重大项目的带动，受疫情影响，市场存在较大的不确定性，正在推进的重大项目部分出现融资困难，业主投资更加谨慎，投资持续增长缺少支撑，项目建设和投资进度滞后。尽管政府加大了对重大项目的融资支持力度，但主要是重大交通基础设施和国有企业项目投资推动，民间投资总体上仍处于下滑的通道中，在市场需求没有明显提升前，民间投资难以保持投资热情。防城港市重大项目以传统产业为主，产业基础不强，高新技术产业发展基础薄弱，起点低，创新驱动机制不健全，特别是以企业为主体的技术创新体系尚未真正形成，企业普遍技术创新能力不强，且传统产业中低水平重复较多，高水平和高科技含量较少，创新驱动动能不强。粮油加工是防城港市重要的产业，根据防城港市统计局数据，2020年1~7月，防城港市农副食品加工业增加值下降14.4%。

生产要素成本偏高问题仍然存在，严重制约产业发展。根据自治区人民政府《关于印发进一步深化广西电力体制改革若干措施的通知》，2019年防城港市委托中电防城港电厂组织园区10千伏大工业用户积极参与广西电力市场交易，为园区符合条件的24家工业企业代理购电业务，根据统计，参与电力市场交易的工业企业平均可直接降低13.75%的电费。长期以来，广西一般工商业用电和大工业用电价格总体上高于广东，严重制约了广西经济发展。2019年广东对受电变压器（含不通过受电变压器的高压电动机）容量在315千伏安及以上的港口岸电运营商、污水处理企业、海水淡化企业的生产用电，执行大工业电价，广西和防城港市均没有类似政策。2020年自治区工业和信息化厅和自治区发展改革委联合印发了《2020年深化电力体制改革降低用电成本的电力市场化交易措施》，进一步明确所有两部制用电到户电

度电价为 0.54 元/千瓦时，220 千伏电解铝用电到户综合电价为 0.365 元/千瓦时。该政策有利于广西企业降低用电成本，但很多企业与广东同质企业相比用电成本仍略高。防城港市工业用水价格长期偏高，2020 年防城港市临时降低工业用水价格，降价时间为 2020 年 2 月 1 日至 6 月 30 日。2020 年 3 月 19 日防城港市临时降低部分行业用气价格，政策执行到 6 月 30 日。

防城港市项目用地、环保指标等瓶颈依然严重。防城港市面临土地供需矛盾突出、用地资源短缺的严峻形势。随着环境执法进一步强化，用地用海更加严格，部分项目得不到用地、环保指标的保障。防城港市 2016～2020 年国有土地供应计划见表 1。

表1　防城港市 2016～2020 年国有土地供应计划

单位：公顷

年份	2016	2017	2018	2019	2020
商服用地	88.839	75.67	80	40	40
工矿仓储	463.585	438.16	450	300	400
住宅	12.291	14.95	21.5	45	50
公共管理与公共服务	58.877	9.85	10	15	15
交通运输	26.764	108.48	95	30	150
特殊用地	1.361	—	—	—	—
合计	651.717	647.11	656.5	430	665

资料来源：根据防城港市国土部门历年公布国有土地出让计划表整理。

三　保持开放开发稳定发展的措施和建议

（一）巩固疫情防控成果，确保民生和就业

由于当前国际疫情防控形势不够乐观，截至 2020 年 9 月 10 日，全球感染新冠病毒患者累计达 2700 多万人，防城港市外防输入、内防反弹的压力在较长时间内还会存在，需要强化常态化疫情防控，特别是要克服侥幸麻痹

174

思想，加快完善疫情防控常态化新机制，落实优化防控措施，根据疫情风险等级实施差异化的防范细则。加强信息技术在疫情防控中的应用，在人员管控、健康码互认等方面做到政策、标准衔接。

有序推动复工复产复商复市复学，推进集贸市场、宾馆、培训机构、餐饮业、娱乐行业全面恢复营业，稳定和扩大消费，确保工作岗位和工作机会不大幅削减，进一步做好"减税降负"工作，加强社会保障工作，减轻企业和家庭的负担，确保民生和就业。全面打赢脱贫攻坚战，建立健全返贫致贫预警和相对贫困治理机制，着力补齐民生短板。加强低保兜底保障和社会救助工作，适度扩大临时救助规模。

（二）狠抓陆海新通道建设，推动重大项目见产见效

以陆海新通道建设统领现代综合交通网建设，加快构建通边达海交通枢纽，促进区域优势的进一步发挥，进一步推动港口和其他运输方式的有效衔接。强化新型基础设施建设，加强"多规合一"，统筹协调能源、物流、信息、管道等基础设施网络建设，加强水利基础设施建设，不断提升教育、医疗和市政基础设施水平。

加快重大项目建设，推进"双百双新"产业项目见产见效，促进工业高质量发展。以龙头项目为依托，着重推动产业补链延链，打通钢铜铝等下游产业链。加大财政投入，落实"千企技改"政策，推动一批传统企业开展智能化改造升级。

（三）开创开放合作新局面，更加依靠经济内循环

做好顶层设计，争取国家有关部门指导和支持，推动总体方案尽快获得国务院批复，全力推进防城港国际医学开放试验区建设，做好做实项目支撑，努力把防城港国际医学开放试验区打造成生物医药产业发展的新引擎。推进东兴试验区及跨合区、边境旅游试验区协同发展，充分利用国际金融资源，打造区域性国际航运贸易金融和边境贸易金融综合服务平台。

优化营商环境，在继续吸引外资的基础上，大力推动"央企入港"

"民企入港""湾企入港",培育本地龙头企业,深度参与国内产业合作,
更加依靠经济内循环,促进本地企业与中南、西南和粤港澳大湾区的产业
互动。

参考文献

防城港市发展和改革委员会:《关于防城港市 2019 年国民经济和社会发展计划执行
情况与 2020 年国民经济和社会发展计划草案的报告》。

防城港市人民政府:《防城港市 2020 年政府工作报告》。

防城港市统计局:《2019 年防城港市国民经济和社会发展统计公报》。

防城港市统计局:《2019 年 1—7 月防城港市经济运行总体平稳》。

B.11
崇左市2020年开放开发报告

周黄忠　黄才浩*

摘　要： 2019年，边疆国门城市崇左市经济保持较快增长，两个翻番提前实现；自贸试验区获批设立，沿边地区再度扩大开放；创新政策，互市商品落地加工取得新突破；特色优势产业加快发展壮大；口岸通关便利化全面提速；电子商务快速发展；文化旅游取得新进展；开放开发平台建设成效显著；跨境物流取得新成效。在分析存在问题和研判国内外发展形势的基础上，提出围绕"十四五"时期崇左市"两个高于"主要目标、"五大战略"重大举措，立足口岸优势，坚持高水平对外开放，坚定不移做好开放带动大文章，推动崇左市开放型经济高质量发展的对策建议。

关键词： 开放开发　沿边地区　崇左市

　　2019年是新中国成立70周年，是全面建成小康社会的关键之年。一年来，面对错综复杂的国内外环境和经济下行压力持续加大的严峻形势，在自治区党委、政府和市委的正确领导下，崇左市以习近平新时代中国特色社会主义思想为指导，深入学习贯彻党的十九大和十九届二中、三中、四中全会精神，坚持稳中求进工作总基调，以"三个终端见成效"为工作抓手和检

---

* 周黄忠，崇左市商务和口岸管理局党组书记，崇左市北部湾经济区规划建设管理办公室主任；黄才浩，崇左市北部湾经济区规划建设管理办公室开放合作科科长。

验标准，全面实施"两篇大文章""四大攻坚战"新三年行动计划，统筹推进稳增长、促改革、调结构、惠民生、防风险、保稳定，全面完成年度社会经济发展目标任务，为与全国全区同步全面建成小康社会打下了决定性基础。

一 2019年沿边开放开发情况及主要成效

（一）经济保持较快增长，两个翻番提前实现

2019年全市GDP完成760.46亿元，同比增长8.5%；规模以上工业增加值增长15.2%，增速排全区第3位；固定资产投资同比增长12%，增速排全区第2位；外贸进出口总额完成1893.39亿元，同比增长28.3%，总量占全区的40.3%，保持全区第1位；城乡居民人均可支配收入为20967元，同比增长9.5%，增速排全区第1位；GDP、居民人均可支配收入比2010年翻一番，提前一年实现翻番目标。县域经济加快发展，扶绥县、江州区获评广西科学发展先进县（城区），凭祥市获评广西科学发展进步县。

（二）自贸试验区获批设立，沿边地区再度扩大开放

中国（广西）自由贸易试验区崇左片区于2019年8月经国务院批准挂牌设立，是广西3个自贸片区之一、全国5个沿边片区之一。崇左片区所在的凭祥市，同越南谅山省接壤，是中国面向东盟的前沿阵地和最便捷的陆路通道。崇左片区实施范围15平方公里（含凭祥综合保税区1.01平方公里），形成从凭祥市中心延伸到边境一线友谊关口岸、浦寨和弄怀互市区，长18公里、宽1公里左右的狭长区域。崇左片区作为全国5个沿边片区之一，以制度创新为核心，以项目建设为载体，以产业发展为导向，重点发展跨境贸易、跨境物流、跨境金融、跨境旅游和跨境劳务合作，为我国沿边地区深化改革、扩大开放、加快培育发展新动能探索新路径，积累新经验。中国（广西）自由贸易试验区崇左片区成立，为崇左带来重大历史发展新机遇。

（三）创新政策，互市商品落地加工取得新突破

为推动《关于促进边境贸易创新发展的指导意见》（简称"国十条"）政策落地，制定了贯彻落实"国十条"实施方案和分解任务的"凭祥方案"，积极争取将以互市进口农产品原料进行落地加工的企业纳入农产品增值税进项税额核定扣除试点范围。在推动互市商品落地加工方面，推动自治区商务厅、南宁海关、广西税务局共同印发《进一步促进互市商品落地加工的实施意见》，新增列入互市进口的越南商品32种，其中必须进行落地加工的越南互市商品12种，直接纳入互市常见商品目录的越南商品20种，为崇左市口岸加工业健康发展注入了强大动力。2019年，全市有10家互市商品落地加工企业列入全区首批22家试点，实现6家企业459柜货物实行直通式模式，共计15173吨，货值9324.95万元。

（四）强化培育，特色优势产业加快发展壮大

以园区发展为平台，加快糖、铜锰稀土、林木、建材传统优势产业转型升级，全力培育口岸加工、跨境贸易、跨境电商、跨境物流、跨境旅游、跨境金融等产业集群。一是逐步培育铜锰稀土新材料、食品、泛家居、建材四大产业集群。南国铜业、龙州氧化铝、中信大锰锰酸锂技改、中铝广西国盛稀土、广西国宸稀土等一批新材料产业项目，崇左东亚糖厂技改搬迁、湘桂乐斯福酵母、好青春甘蔗醋等一批食品加工产业项目，以山圩产业园、龙赞产业园、凭祥边合区三大木业产业园为平台引进的一批重大木材加工产业项目，海螺水泥、南方水泥、红狮水泥等一批建材产业项目建成竣工投产。二是边贸加工业发展迅猛。大力发展边贸商品落地加工，在全区率先实现了落地加工商品"直通式"通关模式，规模以上口岸贸易加工企业85家。2019年，口岸贸易加工业产值达85亿元。三是服务业发展取得新突破。第三产业占GDP比重达49.5%，凭祥综合保税区被评为全国优秀物流园区、自治区优秀现代服务业集聚示范区，新增服务业市场主体19392户，新增上规入统服务业企业117家，社会消费品零售总额174.48亿元，增长8%。

（五）多措并举，口岸通关便利化全面提速

建成全国第一个检验检疫试验区——凭祥（卡凤）国检试验区，上线运行国际贸易"单一窗口"，延长口岸通关时间，实行口岸周六周日及节假日正常通关，取消出入境货物的通关单，实施进出口货物整合申报、全信息化智能通关、外籍车辆（越南载货车辆）合法合规进入凭祥市区过驳、进口货物"提前审结"及设立农副产品快速通关"绿色通道"等措施，提升通关便利化水平。2019 年，试验区进口整体通关时间为 7.19 小时，出口整体通关时间为 1.75 小时，进口、出口整体通关时间均快于全区平均水平。

（六）创新方式，电子商务快速发展

一是凭祥、宁明申报 2019 年国家电子商务进农村综合示范县（市）项目获得国家批复，中央财政项目资金已划拨到位；天等县电子商务进农村综合示范县项目进入实施阶段；扶绥县、龙州县电子商务进农村综合示范县项目正在按照绩效评价标准加快整改；大新县电子商务进农村综合示范县项目进入验收阶段。2019 年，全市已有 6 个县（市）列入电子商务进农村综合示范县（市）。二是争取落实自治区商务厅广西三月三电商节在凭祥、龙州设立分会场，成功举办 2019 年广西"壮族三月三·e 网喜乐购"崇左（凭祥、龙州）分会场活动，同时积极组织企业参加柳州主会场活动。三是大力推进凭祥·江楠鲜品东盟电商产业园建设。2019 年，"江楠鲜品"凭祥直发频道线上水果成交额已超过 1 亿元，园区已入驻企业达 30 多家。

（七）聚焦品质提升，文化旅游取得新进展

以发展全域旅游为抓手，全力做好文化旅游发展大文章。加强文化遗产保护利用与传承发展，自治区级壮族文化（崇左）生态保护区获批设立，壮族历史文化展荣获全国博物馆十大陈列展览推介活动优胜奖，新增 2 个全国重点文物保护单位，成功召开壮族天琴艺术国际研讨会。中越德天—板约瀑布跨境旅游合作区、明仕国家级旅游度假区等重点项目加快建设，新增 1

个国家4A级旅游景区、1个广西生态旅游示范区、5家广西四星级以上乡村旅游区（农家乐）。旅游服务供给能力稳步提升，大力实施旅游饭店建设年活动，新签约四星级以上旅游饭店8家，新开工建设10家，新增四星级旅游饭店4家；成功举办2019广西民宿大会，开业运营精品民宿4家，新签约22家。成功打造"崇左有礼"品牌，推出83款旅游商品。积极推进智慧旅游平台建设，"一部手机游崇左"正式上线运行。巩固扩大《魅力中国城》冠军城市品牌效应，崇左全景钻石游线路、壮族酸粥分别荣获年度魅力主题线路、特色美食。全年接待游客4772万人次，增长30.6%；实现旅游消费484亿元，增长36.4%。

（八）加大改革创新，营商环境实现新优化

大力开展"优化营商环境攻坚突破年活动"，深化"放管服"改革，自贸试验区崇左片区承接下放事项161项。启动实施"流程再造、服务重塑"工程，稳步推进"一事通办""一窗受理"，企业开办等7项重要事项办理时限大幅缩短。深化农村改革，完成8103个村、组集体资产清产核资工作。国有林场改革通过国家验收并被评为"优秀等级"。深化电力体制改革，探索实施企业专场交易、园区电力增值服务等新模式，推动200多家企业参与电力直接交易，全年降低企业用电成本4.46亿元。落实减税降费政策，减免各项税费6.02亿元。深化开放合作体制改革，友谊关口岸、水口口岸整体通关时间由原来的平均2小时缩短至10分钟以内。深化跨境金融改革，在全国率先开展中资机构结构性贸易融资业务，线上供应链融资实现零的突破；全国首个县（市）级现金服务示范区在凭祥设立。深化国企国资改革，市城建集团债项评级获得AAA等级，市工投集团主体长期信用获得AA等级，左江金土公司获得农发行授信AA－等级。加强产学研合作，转化重大科技成果15项。

（九）发挥政策优势，开放开发平台建设成效显著

1. 自贸试验区崇左片区建设成效初显

自中国（广西）自由贸易试验区崇左片区于2019年8月30日揭牌

全面启动建设后，崇左市把推进崇左片区建设作为口岸经济高质量发展的重要抓手，通过总结一批创新经验做法和案例，推进一批试点任务落地和项目建设，推动自贸片区和口岸经济创新发展。运行一年来，崇左片区制度创新亮点纷呈，已经形成了"边民合作社+落地加工"模式等8个全国首创创新案例，即首创实现互市监管全链条、全领域通关作业模式，首创实现越南输华水产品检验检疫证书联网核查，首创提出在互市领域推广应用 H986 集中审像和智能审图系统，首创开展互市查验作业"1＋N"模式，首创实行互市进口商品分类管理，首创允许边民互助组（合作社）进行集中申报，首创开发边民互市贸易手机申报 App，首创开展落地加工产品直通式通关。

2. 凭祥重点开发开放试验区建设成效显著

凭祥重点开发开放试验区 2016 年 8 月 12 日获国家批准设立，2017 年以来，争取凭祥试验区友谊关口岸浦寨通道旅客联检楼工程等 22 个项目，获得沿边重点开发开放试验区建设专项中央预算内资金 2.61 亿元支持。按照职责要求，拉出《加快推进广西凭祥重点开发开放试验区建设若干政策落地任务清单表》，推动全区开发开放试验区政策落地；深入推进沿边开发开放体制机制创新，实现 16 项"全国首创率先"、15 项"全区率先第一"，在跨境贸易、跨境物流、跨境旅游、跨境金融、跨境劳务合作等领域形成了一批可复制可推广的经验做法。由于工作成效显著，亮点突出，国家发展改革委于 2019 年 11 月 26 日在崇左市凭祥召开首次沿边重点开发开放试验区建设现场会。

3. 凭祥综合保税区管理体制改革深入推进

凭祥综合保税区积极融入自治区构建"南向、北联、东融、西合"全面开放新格局，以"保畅通、抓项目、强产业"为抓手，加快推进通关便利化建设，大力推进重点项目建设，强化产业大招商，国际陆海贸易新通道陆路主通道重要节点作用持续发力。2019 年，凭祥综合保税区口岸进出口货值 1606.96 亿元，同比增长 15.7%；出入境货物 237.76 万吨，同比增长 14.5%；出入境货车 29.67 万辆次，同比增长 23.8%；集装箱吞吐量为

36.7 万标箱，同比增长 28.3%；关税及进口环节税 13.41 亿元，同比增长 12%；入区企业进出口总额为 526.67 亿元，同比增长 104.3%；园区 9 家企业进入广西外贸 50 强。园区荣获全国第二批示范物流园区、全国优秀物流园区等荣誉称号。

（十）加快物流体系建设，跨境物流取得新成效

崇左（凭祥）列为陆上边境口岸型国家物流枢纽承载城市，首趟中越集装箱（凭祥—上海）冷链班列于 2019 年 2 月 22 日开行，主要装运来自越南的火龙果、龙眼等水果，该班列实现了全程制冷保温、远程实时监控的功能，较普通货物列车用时压缩 50 个小时左右，填补了广西通往长三角地区的冷链专列空白，为发挥崇左市铁路口岸跨境物流运输功能、推进东盟和长三角地区贸易畅通起到积极促进作用。中欧班列（凭祥—河内）跨境集装箱直通运输班列实现每周 2 列常态化运行。打通了"崇左市—越南谅山—越南海防港""崇左市—越南河内—越南胡志明市""崇左市—越南谅山—老挝他曲—泰国曼谷" 3 条黄金物流线路，全国各地经崇左的跨境铁路班列达 9 条。广西祥祥国际物流公司已在越南谅山省、泰国那空拍侬府分别建立了物流园区，跨境物流项目落地生根。积极融入崇左市—苏州—满洲里—欧洲（苏满欧）、崇左市—郑州—新疆霍尔果斯—欧洲（郑新欧）、崇左市—重庆—新疆阿拉山口—欧洲（渝新欧）等 3 条国际物流线路，推进丝绸之路经济带与中南半岛经济走廊的有效对接。崇左被列为国家第三批两岸冷链物流产业合作试点城市，凭祥综合保税区荣获"2018 年度全国优秀物流园区"称号。

（十一）坚持共享发展，民生福祉得到新改善

圆满完成庆祝新中国成立 70 周年、龙州起义 90 周年纪念活动。全面完成十项为民办实事工程。全市民生支出 233.69 亿元，增长 10.4%。农村居民人均可支配收入增长 11%，排全区第 1 位；城镇居民人均可支配收入增长 7.7%，排全区第 4 位。大力发展教育事业，学前教育三年毛入

园率、九年义务教育巩固率、高中阶段毛入学率均高于全国平均水平，新建学校 16 所，改扩建 143 所；南宁地区教育学院成功转制为崇左幼儿师范高等专科学校并实现招生，广西城市职业大学成为全国首批、广西第一所本科层次的职业大学，广西理工职业技术学院城北新校区、广西外国语学院空港校区投入使用。卫生健康事业取得新突破，市人民医院成功创建三级甲等综合医院，市儿童医院、市妇幼保健院等投入使用。成功举办中国—东盟妇女创业创新论坛。千方百计扩大就业，实现城镇新增就业 1.61 万人，城镇登记失业率为 2.56%，比目标控制数低 1.64 个百分点；农村劳动力新增转移就业完成 4.42 万人次。持续加强社会保障，基本医疗保险参保率达 98.6%，基本养老保险参保入库率达 75.7%，均超额完成自治区目标任务；棚户区改造新开工 15258 套，基本建成 6337 套。全力防控非洲猪瘟，逐步恢复和稳定生猪生产。全市 CPI 涨幅为 3.8%，总体物价水平处于合理区间。加强和创新社会治理，深入推进扫黑除恶专项斗争，依法打击各类黑恶势力及其"保护伞"，社会稳定动态八项工作保持在全区前列，连续 5 届荣获"建设平安广西活动先进市"称号，连续 4 届荣获"自治区双拥模范城"称号。深入推进兴边富民行动，强边固边基础进一步打牢，2 个集体、3 名个人荣获"全国民族团结进步模范"称号。

（十二）先行先试，推出一批可复制推广的改革经验

充分发挥与越南相邻及与东盟紧邻的地缘优势，在跨境贸易、物流、金融、旅游、劳务合作以及通关便利化等领域先行先试，大胆创新，形成了一批可复制可推广的经验做法。"沿边金融服务保障机制创新""边境贸易＋互联网"贸易发展新模式作为可复制推广事项，提前审结、卡口验放陆路口岸"智慧"通关新模式作为创新案例报送商务部在全国推广实施。

1. 率先在全国沿边口岸实现全信息化智能通关

2018 年 11 月，友谊关口岸实现全信息化智能通关。创新启用车牌识别

模式,创新启用海关信息系统二次识别模式,创新启动卡口无刷卡模式。在"三大创新"的基础上,还启用了"快捷通"系统,车牌识别取代了刷 IC 卡控制抬杠,指纹面相自动读取比对取代了下车盖章,每辆货车在卡口的通行时间可减少 1 分半到 2 分钟,大大提高了车辆通关效率。

2. 推行"提前审结"通关模式

水口口岸于 2019 年 3 月实施进口货物"提前审结、卡口验放"监管作业模式改革,成为全国首个实现"提前审结"通关模式的沿边口岸。"提前审结、卡口验放"是在车辆货物运抵卡口之前完成运输工具备案、舱单申报、报关单申报、缴税、单证放行等手续,车辆抵达后即可直接放行或转布控查验后放行,减少货车在口岸作业区内的周转时间。

3. 贸易商品落地加工实现"直通式"通关模式

2019 年 3 月 23 日首辆越南货运车辆直通夏石加工厂,在全区率先实现了落地加工产品"直通式"通关模式,开创了国外货运车辆直达凭祥市区的先河。

4. 创新外省司机、外来客商享受凭祥边民出入境便利政策,推动人员往来便利化

率先在全国将从事外贸进出口货物的全国各地驾驶员列入"中华人民共和国出入境通行证"的办理对象,为从事口岸货物跨境运输外省司机、外来客商提供出行便利,进一步提升了人员通关便利化水平。

5. 首创以做市商的定价机制

由实力较强的银行探索做市商报价,建立银行间人民币对毗邻国货币汇率直接定价机制,并开展毗邻国货币清算业务,畅通毗邻国货币清算渠道。建立毗邻国或地区货币服务平台,统一对市场主体发布人民币对毗邻国货币汇率牌价,建立规范的人民币对毗邻国货币汇率形成机制。

6. 推行互市贸易"银行 + 服务中心"结算模式

通过设立互市贸易服务中心,上线运行"边贸服务平台信息系统",开展互市贸易信息互联互通建设;引入非银行支付机构与银行合作开展互市贸易集中跨境人民币支付;试点互市贸易通过自助机由边民自主发起银行结算

申请；为边民开立互市结算卡，创新边民互市贸易融资方式等措施，让互市贸易结算更便利、更安全。

二　存在的问题

（一）互联互通依然滞后

目前，崇左无高速铁路线路连通边境口岸，公路网整体结构等级低，高等级公路比例小，运输能力低。境内航道狭窄，弯道多，通航条件差。水路、铁路、公路还不能做到无缝对接，多式联运尚未形成。

（二）口岸发展压力较大

精深加工、物流仓储、集散配送等口岸经济支撑产业占比还较低，过路经济占比过大。劳工、资金等生产要素的自由流动仍然受限。外贸发展不确定性因素增多以及国际贸易摩擦的加剧导致边境贸易政策极不稳定。崇左市受我国边贸政策调整影响，一些加工企业因原材料问题生产停滞，甚至停产，造成外贸快速增长乏力。

（三）新旧动能转换压力大

现阶段崇左市工业经济还是以蔗糖、锰合金、水泥建材、木材单板等传统资源型产业为主，产业层次低、产品附加值低。而稀土新材料、铜铝合金材料、家居定制化、电子信息制造等尚处于起步阶段，新旧动能转换任务艰巨。

（四）"国十条"政策落地缓慢

虽然《关于促进边境贸易创新发展的指导意见》及《边民互市贸易进口商品负面清单》已出台，但在推进互市进口商品落地加工方面仍有急需解决的问题，政策还没真正落地。

三　2020年工作展望

（一）机遇

从国际上看，2020年虽然受新冠肺炎疫情影响，世界面临的不稳定性不确定性更加突出，但我国对东盟进出口稳定增长，2020年上半年同比增长5.6%，占我国外贸总值的14.7%，东盟取代欧盟成为我国第一贸易伙伴，这给崇左深化与东盟国家经贸合作带来新机遇。同时，越南对欧盟的自由贸易协定自2020年8月1日起生效，越南对欧盟出口产品71%的关税取消，欧盟对越南出口产品65%的关税取消，10年内双方将取消出口产品99%的关税，对崇左发展跨境贸易、跨境物流、跨境金融、跨境旅游和跨境劳务合作，打造跨境产业合作示范区，构建国际陆海贸易新通道陆路门户是重大利好。

从国内来看，目前，我国疫情防控取得重大战略成果，经济发展呈现稳定转好态势，国家继续实行逆周期调控政策，密集出台一系列含金量很高的政策措施，正在加快构建以国内大循环为主体、国内国际双循环相互促进的新发展格局，深入推进"一带一路"建设，推进新时代西部大开发形成新格局。这些为崇左扩大有效投资、产业转型升级、推动经济社会高质量发展带来新机遇。

从区内来看，2020年以来自治区相继出台了一系列稳增长的政策措施，集中力量打好三次产业达产增产、"五网"项目建设、提振消费、"三企入桂"、稳外贸外资、稳企保岗"六大会战"，推动全区经济实现稳增长。这有利于崇左加快融入西部陆海新通道、粤港澳大湾区建设，加快发展新经济、新产业、新模式，推动产业转型升级，补齐发展短板。

从崇左来看，"十三五"以来，崇左大力推进六项重点工作"双10"项目建设，南国铜业等重大项目持续发力，崇左市新兴产业得到加速发展，量的积累推动了质的提升，夯实了发展基础，增强了发展后劲。特别是

2020 年崇左市一些重大项目有了新进展，总投资 1200 亿元的恒大崇左文化旅游康养城项目开工建设，总投资 149 亿元的崇左至凭祥城际铁路项目于下半年开工建设，崇左市继 2019 年获得设立自贸区崇左片区之后，2020 年成为广西第二个获批设立跨境电商综试区的地级市。这将加快崇左外贸稳增长、推动口岸经济大发展。

（二）挑战

受新冠肺炎疫情持续影响，世界经济已陷入衰退，美欧等国的部分制造业企业停工停产，严重冲击全球供应链、产业链，企业又面临短期内国际供应链受阻、外商投资下降、外贸进出口萎缩等困难。这些将给外贸易大市崇左市带来很大的挑战。与此同时，崇左市自身发展环境和条件仍存在诸多不足。比如，自贸试验区综合效应的发挥尚待时日；边贸落地加工少，产业链项目没有及时配套跟进，内生发展能力不足；投入产出效益不明显，受现行财税体制的影响，地方政府从企业经营中获取的收益甚微，呈现严重的投入和收益不匹配；口岸、园区还没有形成联动发展格局；等等。这些问题都在一定程度上影响崇左经济发展。

（三）2020 年工作重点

坚持以习近平新时代中国特色社会主义思想为指导，深入贯彻党中央、自治区党委决策部署，按照自治区"稳安当头、守住底线、以保促稳、稳中求进"工作思路，紧紧围绕"十四五"时期崇左市"两个高于"主要目标、"五大战略"重大举措，立足口岸优势，坚持高水平对外开放，坚定不移做好开放带动大文章，推动崇左市开放型经济高质量发展。

1. 毫不放松抓防控，坚决守住来之不易的防控成果

筑牢外防输入防线。坚持以外防输入作为疫情工作的重中之重，密切关注境外疫情发展形势，进一步聚焦重点领域和薄弱环节，确保不留死角、不出漏洞。严格口岸管控，对入境人员实行"全部核酸检测、全部集中隔离"措施，加强对进口冷链食品以及食品加工、销售从业人员等的风险监测，阻

断境外疫情输入渠道。保持边境一线封控和二线管控力度，加快完善边境地区隔离拦阻设施，加强281条边境非法便道的封锁，持续开展打击"三非"外国人专项行动，严厉打击走私、贩毒运毒等违法犯罪行为。完善应对疫情输入工作预案，强化应急处置演练，筑牢4个边境县（市）、中心城区、扶绥县"三道防线"，坚决守好国门。

守住内防反弹底线。充分运用大数据手段和网格化管理责任制，坚持依法科学精准防控，确保人员有序流动。加强对集中交易市场、商场超市等重点场所的管控和从业人员的健康监测，切实做好进口冷冻鲜活食品的核酸检测，防止由物及人的疫情传播和扩散。落实学校、医院等重点场所和快递行业的防控主体责任，全力维护广大群众身体健康。

2. 坚定不移抓工业，不断增强经济增长的驱动力

突出抓好"双百双新"项目建设。要推动鑫科精密电子铜带等25个项目列入自治区第三批"双百双新"项目库，确保已纳入自治区总盘子的16个项目都成功纳入自治区"5个50"重大项目范畴。加快在库的"双百双新"重大项目建设，确保扶绥海螺绿色建材产业园、川恒集团"铜钛磷"等项目下半年全面开工建设，加快山圩产业园综合能源等项目建设，推进达利食品等项目竣工投产。

壮大发展四大产业集群。推动铜锰稀土新材料产业集聚发展，协调南国铜业与北投集团、国家开发银行广西分行、中国银行广西区分行等做好对接，尽快解决企业建设运营融资问题。加快新振锰业电解金属锰等项目建设，确保龙州生态氧化铝、国华稀土等项目竣工投产。推动食品产业转型发展，加快广西·中国糖业产业园建设，开工建设捷康三氯蔗糖全产业链等项目。推动泛家居产业提质发展，加强木材加工原料供应保障，开工建设书香门第木业生态产业城等项目，推动欧卡罗定制家具项目满产达产，争取使龙赞东盟国际林业循环经济产业园和山圩产业园创建为国家林业产业示范园区。推动建材产业加快发展，加快中国建材崇左产业园建设，开工建设桂民投碳酸钙全产业链精深加工等项目，推动钢之泰装配式绿色建筑产业基地项目竣工投产。

3. 用足政策促开放，提升口岸经济发展水平

抓好中国（广西）自贸试验区崇左片区建设。扎实做好自贸试验区改革试点任务及经验复制推广工作，力争形成10项以上可复制可推广的经验。聚焦高质量发展指标，加快推进崇左片区产业发展，主动承接国内产业转移，确保新设立企业数达到2000家。加快成立自贸试验区融资平台。

推进西部陆海新通道建设。加快推进中越水口—驮隆二桥建设。加强口岸基础设施建设，尽快完成硕龙口岸主通道建设，确保年底前水口口岸和友谊关口岸扩大开放通过国家验收。加快凭祥综合保税区智慧园区及数字口岸等项目建设，完成友谊关口岸电子通关系统升级改造和优化工作。推进友谊关—友谊口岸建设中越"示范口岸"和农产品"绿色通道"创新试点，推广实施进口货物"两步申报"、出口货物"提前审结"等通关模式，不断提升通关便利化水平。

积极融入粤港澳大湾区建设。进一步完善中泰产业园、海峡两岸产业合作区崇左产业园等园区基础设施，推进凭祥边境经济合作区扩区建设。加快建设多式联运物流枢纽，推进崇左港中心港区濑湍作业区及货场、山秀船闸扩能改造工程等项目建设。

大力发展口岸经济。要想方设法扭转外贸下滑势头，推动边境小额贸易实行简化归类申报，扩大边境小额贸易出口规模。加大对保税物流和自营生产企业的扶持力度，争取保税物流对全市进口贡献率达到两位数以上。争取自治区尽快出台互市进口商品负面清单实施细则，进一步明确互市进口的品种、数量和金额，促进互市贸易回暖向好。以中国（广西）自由贸易试验区崇左片区为抓手，加快推进中越"两国双园"建设，推进三诺跨境电子深加工产业示范园建成投产。鼓励国内企业或驻越南加工企业到越南谅山北投产业园设立分厂，推进电子信息、机电、机械、纺织服装等出口加工业发展壮大。争取自治区扩大互市进口目录，加快发展农产品、水果、中草药等进口加工业，推进宁明冠鑫凉粉草加工等16家企业建成投产。利用好中国（崇左）跨境电商综合试验区的政策，加快整合凭祥综合保税区、广西邮政现有平台资源，尽快启动跨境电商业务，打造外贸新业态。要抓住商务部已

经确认《广西边民互市贸易进口商品落地加工试点方案》，印发《边民互市贸易进口商品负面清单》的机遇，梳理东盟十国已获准入商品目录，根据需求加大工作力度，让东盟十国准入商品通过互市进口，做好互市贸易进口商品落地加工工作。推动油隘、平而、那花、布局等互市点恢复开通运行。

4. 精准施策增活力，推动服务业逆势增长

提振发展文化旅游。充分用好疫情"零确诊"和《魅力中国城》冠军城市的品牌优势，加强与重点旅游企业的合作，强化旅游宣传推介，整合推出旅游优惠政策，促进文化旅游消费恢复增长。加强重点旅游项目建设，开工建设扶绥银基民族文化村和中新正大龙州旅游项目，加快建设恒大崇左文化旅游康养城等项目，推动中越德天—板约瀑布跨境旅游合作区实现运营，力争成功创建明仕国家级旅游度假区。培育文化旅游新品牌，加快左江花山岩画和友谊关景区创建国家5A级旅游景区工作，力争新增3家以上国家级4A级景区和广西生态旅游示范区、5家以上四星级乡村旅游度假区（农家乐）。

大力发展现代物流业。规划建设中国—东盟跨境物流中心崇左铁路货运场站、中国—东盟跨境物流中心凭祥铁路货运场站、西部陆海新通道崇左公路港、左江航运货运港、大型综合快递物流中心等，提升货物吞吐、集散、仓储、分拨能力。谋划建设崇左集中清关中心，进一步扩大与越南及东盟铁路、公路、通信等基础设施互联互通的合作，畅通与东盟的贸易渠道，推动口岸物流资源的集约节约。大力推进"物流网"项目建设，在口岸保税物流、大宗商品物流、农产品冷链物流、电商物流等方面深入挖掘一批"物流网"项目，纳入自治区层面统筹推进。

加快发展商贸服务业。加强食品药品配送、建筑材料购销、渣土运输、物业管理、快递等行业领域资源整合，做大企业规模，促进产业集聚和规模化发展。推动条件成熟的大型工业企业业务剥离，注册成立一批本地服务业企业。加大培育工作，年内新增上规入统服务业企业60家。

着力提振市场消费。大力开展"百日促消费""百店大促销""汽车下乡"等丰富多样的系列促销活动，帮扶住宿餐饮、汽车销售、文体娱乐、交通运输等受疫情影响严重的行业企稳回升。积极培育消费热点，有效扩大

居民消费需求，切实保障群众就业。

5. 凝心聚力抓项目，进一步扩大有效投资

加快"五网"项目建设。开展重大项目集中开竣工活动，加大项目跟踪、督查和协调力度，全面加快项目建设进度。重点加快推进南宁至崇左铁路、隆安至硕龙高速公路、崇左至爱店高速公路、驮英水库及灌区等项目建设，开工建设崇左至凭祥城际铁路等项目，推动巴马至凭祥高速公路10月有实质性开工，推进凭祥至东兴、南宁至大新高速公路等项目前期工作。同时，抓好中小项目谋划建设，争取形成更多投资量。

强化项目要素保障。加强前期工作经费保障，强化项目服务跟踪，加快推进规划、土地、环评等前期手续办理进度。加大项目用地供应保障，确保完成6000亩"旱改水"项目和2.7万亩增减挂钩项目的报备工作，切实解决项目建设用地紧缺和财政紧张问题。

着力破解融资难题。加强项目前期工作，做好融资资金准备，加大申报力度，争取更多项目获准发行地方债。积极申请中央预算内投资项目及抗疫特别国债项目，争取获得中央预算内投资4亿元以上。抓紧做好企业债发行工作，尽快完成市城建集团和扶绥城投公司共计15亿元的企业债发行，争取市工投集团成功发行企业债7亿元。加大政银企合作力度，推动"五网"建设等重点项目纳入国开行广西分行、农发行广西分行共同设立的1000亿元融资专项资金支持范围。

6. 持续发力抓改革，依靠改革应对变局开拓新局

要立足崇左实际，推进开放合作体制改革、农林体制改革、生态文明体制改革。要聚焦疫情防控，建立完善公共卫生应急管理体系；要健全完善防止返贫的工作机制；要聚焦经济领域，抢抓自贸区崇左片区、崇左跨境电商综合试验区建设发展机遇，围绕"五跨"先行先试，推进一批标志性重大项目，形成一批可复制可推广的经验；要聚焦自治区改革试点任务，大力推进改革系统集成、协同高效，抓好已列入自治区改革集成第一批的江州区农村改革、凭祥沿边开放体制集成改革，加快创建国家生态文明建设示范市工作，为全国全区提供改革系统集成的崇左样本。

7. 持之以恒保民生，坚决维护社会稳定边疆安宁

要切实抓好居民就业工作，深入落实就业优先政策，加大稳岗支持力度，开展下岗失业人员帮扶，重点抓好高校毕业生、农民工等重点群体就业。深挖潜力创造更多就业岗位。年内，全市城镇登记失业率控制在4.2%以内，新增就业人数1.4万人以上，失业人员再就业2400人以上，农村劳动力转移就业新增3万人次以上。要集中力量完成十项为民办实事工程。要加快发展现代教育，深入实施第二期基础教育"质量提升工程三年行动计划"。全面落实义务教育教师工资待遇政策，优化教师待遇分配机制。深化医药卫生体制改革，加快创建国家卫生城市，全力迎接国家技术评估。加强社会保障体系建设。深入开展法治政府建设。加强社会治理现代化，深化平安崇左建设，纵深推进扫黑除恶专项斗争，不断提高人民群众获得感幸福感安全感。

8. 编制好"十四五"规划，科学谋划崇左发展蓝图

要立足大局大势谋篇，紧跟国家、自治区重大战略、重要部署和政策风向标，把崇左放在全国、全区发展大格局中思考谋划，突出崇左属于边境地区的特色，抓好重大工程、重大项目、重大产业、重大政策研究和规划制定，争取将更多重大项目等纳入国家和自治区"十四五"规划。要加强各类规划的衔接协调，积极向国家部委和自治区有关部门汇报对接，确保以高水平规划引领高质量发展。

四 加快崇左沿边开放开发的国家层面的支持对策建议

（一）建议国家支持通往东盟陆路通道畅通便捷建设

崇左是中国通往中南半岛的最便捷最直接的陆路通道，也是西部陆海新通道到达广西之后，陆路通道的一个重要组成部分，这几年承担了很多越南进出口外贸业务，但是畅通方面还存在一些问题。疫情防控期间，凭祥每天

有1200～1500辆车通关，高峰时间非常拥堵，友谊关口岸非常堵，凭祥（铁路）口岸能过去，但因为从莫斯科到北京到河内的铁路年久失修，有的地方时速限速在40公里内，跟不上形势发展。崇左到各口岸之间，现在除了凭祥口岸之外，很多口岸还是二级路，口岸和口岸之间也几乎没有便捷的道路联通。为此，提出如下建议：一是加快推进湘桂铁路南宁至凭祥段扩能改造及铁路货运通道短板项目建设；二是建议国家考虑西部陆海新通道和中国（南宁）—中南半岛—印度洋仰光港陆路通道的畅通，给予崇左更多的支持，完善陆路通道建设，提高通关便利化水平，助推北部湾经济区—中南半岛及东南亚地区的跨境物流、跨境贸易等经贸合作和人文交往。

（二）建议及时出台实用管用的边境贸易政策

目前，崇左市边境人口保持稳定，守边固边，很大程度上是边境贸易把人留在边境地区。2019年9月，国务院下发了《关于边境贸易创新发展的指导意见》，但到2020年上半年为止，商务部、海关总署还没有出台实施细则，政策没有真正落地实施，边境小额贸易和互市贸易非常冷清，企业原料加工无保障，边民稳定增收和致富困难。建议"十四五"期间，国家把边境贸易的政策稳固下来，让边境贸易促进边民在边境地区的生产生活和产业发展，否则边境人口会越来越少。毗邻的越南出台了鼓励边民生产生活的优惠政策，越南边民只要在边境地区开垦，即使开垦出来的地不种，国家也会给予相应的资金补贴。所以，越南边民正在一步一步靠近我国边境生活和发展。而近年来崇左的边民正在逐步向内地流失，国家应高度重视，要出台"放水养鱼"的边境贸易政策，并保持政策的相对稳定，促进边境地区经济繁荣稳定。为此，建议国家及时出台实用管用的边境贸易政策，让边民安心守边固边兴边。

（三）建议加强边境管控基础设施建设

崇左市有4个县市与越南的3个省交界，陆地边界线长533公里，其中有281个边境小便道。在疫情防控期间，崇左市共281个边境便道码头渡口设立 124 个封控点全天候驻点值守，每一个便道靠党政军警民共同把守，成本非常高，而平时边境缉毒缉私、打击"三非"人员、打击暴恐压力较大。所以，建议支持加强边境拦阻物理隔离设施和电子探头等信息化手段建设，进一步强化边境管控。

（四）建议支持中越"两国双园"项目建设

近年来，崇左市口岸外贸进出口很多是电子产品半成品或者配件。这说明这些年来好多由中国搬到越南去的工厂实际上还没有脱离中国产业链供应链的辐射作用，有半成品说明他们的产业链供应链还在中国。为此，我们应该考虑巩固产业链的辐射作用。崇左市正在边境加快中越"两国双园"建设，也就是在凭祥建设一个 1000 多亩的边境加工产业园，同时到越南边境谅山省建设一个 2000 多亩的产业园，这两个产业园之间跨着国界，距离仅有 5 公里，许多企业有意愿把重资产放在国内，把轻资产放到越南，目的就是瞄准东南亚国家新兴的市场。目前，从招商情况来看，很多加工企业十分想进入这个园区发展。为充分享受越南的外贸政策，崇左市积极探索建立中越"两国双园"跨境产业合作模式，在中方和越方分别建设跨境产业园区，按照"境内前端制造 + 境外终端组装"的布局，实现"中国生产 + 越南制造"生产的有效衔接。为此，建议考虑中越产业链供应链的合作问题，支持崇左建设中越"两国双园"，并帮助协调解决政策和资金上的一些瓶颈和障碍。

B.12
玉林市2020年开放开发报告[*]

李文勇[**]

摘　要： 本报告对2019年玉林市认真贯彻落实党中央和国务院、自治
区党委和人民政府、市委各项决策部署，坚持稳中求进的工
作总基调，深入实施"项目建设攻坚突破年""城市管理提
升年"，积极稳妥应对经济下行和各种困难挑战所取得的成
效进行了全面总结。在分析存在的问题和挑战、2020年发展
形势后，做出了玉林市经济社会继续保持平稳健康发展势头
的判断，并提出了加快开放开发的对策建议。

关键词： 开放开发　产业集群　玉林市

2019 年，玉林市坚持以习近平新时代中国特色社会主义思想为指导，
认真贯彻落实习近平总书记对广西工作的重要指示精神，按照"建设壮美
广西，共圆复兴梦想"总目标、总要求，全面落实"三大定位"新使命、
"五个扎实"新要求，贯彻新发展理念，落实高质量发展要求，经济实力稳
步提升，项目建设扎实推进，改革开放持续深化，四大千亿元产业提速提质
发展，社会民生持续改善，脱贫攻坚取得全面胜利，城市建设管理水平不断
提升，乡村振兴稳步推进。

---

* 本报告所有数据、资料均来源于玉林市政府工作报告。
** 李文勇，玉林市北部湾经济区规划建设管理办公室综合科科长。

一 2019年开放开发情况

（一）经济实力稳步提升

经济保持稳定发展，全市生产总值保持中高速增长，同比增长 7.2%，高于广西增速 1.2 个百分点；外贸进出口总额、固定资产投资、规模以上工业增加值保持高速增长，同比分别增长 15.3%、11.5%、10.0%；经济实力不断增强，财政收入同比增长 4.1%；消费拉动作用愈加明显，社会消费品零售总额同比增长 7.7%；人民生活水平不断提升，居民人均可支配收入同比增长 7.7%。此外，县域经济发展势头强劲，北流市再次入选全国中小城市投资潜力百强县（市）；北流市与容县被评为广西科学发展先进县（市）。

（二）项目建设扎实推进

2019 年是玉林市"项目建设攻坚突破年"，各级各类项目建设扎实推进（见表 1）。一是"建高铁、修机场、造码头"三件大事取得重大突破。南宁—玉林高铁建设全线开工，福绵机场主体建设完工，铁山港东岸 2 个 10 万吨级码头泊位建设有序推进。二是招商引资项目实现新突破。新签约招商引资项目 135 个，其中台湾达鑫科技产业园、玉林（福绵）表面处理产业园、广西（北流）轻工产业园等 3 个项目的投资额超过 100 亿元，全年招商资金共到位 766.7 亿元。设立外商投资企业 11 家，实际利用外资同步增长 67%。

表 1 2019 年玉林项目建设统计情况

单位：个，亿元

项目类型或规模	数量	投资额
投资 3000 万元以上重大项目	962	668
自治区统筹推进重大项目	113	—
自治区"双百双新"项目	17	—
财政部 PPP 中心审核累计入库项目	31	962

（三）改革开放持续深化

一是全面深化各领域改革，改革不断走深走实。首先，玉林市成为农村集体产权制度改革、国家知识产权改革、民营和小微企业金融服务综合改革等多个领域改革的试点城市。6项农村改革国家试点稳步推进，北流市农村集体经营性建设用地入市改革经验被国家修法采纳。其次，开展"优化营商环境攻坚突破年"活动，全市营商环境大幅改善。出台实施了《关于打造最优营商环境创建民营经济先行示范市的意见》等"1+6"政策文件，行政审批时间大幅减少。

二是对外开放合作不断推进。积极打造广西北部湾经济区、粤港澳大湾区"两湾"产业融合发展先行试验区，主动对接和承接粤港澳大湾区产业转移，全力推进"东融"。全面参与西部陆海新通道和"一带一路"建设，打通玉林出海口，加快培育临港产业，发展向海经济。成功举办了第13届玉博会、第11届药博会，签约投资合作项目41个，总投资337.2亿元，玉博会、药博会同时获得第16届中国会展之星大奖。

（四）四大千亿元产业提速提质发展

一是机械制造产业提速提质发展。广西先进装备制造城（玉林）建设加速，截至2019年底已经建成51.4万平方米的标准厂房，玉柴国六发动机、长源东谷、埃贝赫、金特安等机械制造项目竣工投产；玉柴转型升级不断加速，"二次创业"成效显著，发动机销量稳居行业榜首。二是新材料产业快速发展。年产70万吨锂电新能源材料一体化产业基地（一期）、柳钢中金500万吨不锈钢基地、正威广西玉林新材料产业城、年产1000万吨碳酸钙项目等重大新材料项目相继落地玉林，且建设不断加速。三是大健康产业加快发展。玉林中医药健康产业园建设加快，康臣玉药、柳州医药等项目持续推进，大参林现代中药饮片等项目实现投产。四是服装皮革产业稳步发展。已经有68家企业入驻玉林（福绵）生态纺织服装产业园，其中7家已经开工，恒和纺织等一批项目竣工投产。

（五）社会民生持续改善

一是公共服务设施不断完善，顺利完成自治区 10 类惠民项目和玉林市 10 件实事，玉林市图书馆新馆、王力博物馆等公共文化项目扎实推进。二是"稳就业"成效显著。全年新增城镇就业 4.25 万人，实现农村劳动力转移就业 6.98 万人次。三是教育、文化、体育事业保持良好发展态势。全年全市新建成各类学校 42 所。广西医科大学玉林校区实现本科招生。成功承办了第 2 届北部湾城市运动会。广西第 14 届运动会上玉林代表团获 64 枚金牌，总数创历史新高。

（六）脱贫攻坚取得全面胜利

2019 年度脱贫攻坚绩效考评中，玉林市排全区第 6 名。建档立卡贫困家庭适龄儿童少年入学率达 100%；"198"医疗保障政策全面落实，超额完成建档立卡贫困户危改任务，饮水安全保障项目建设进度全区排第 1 名，"两不愁、三保障"全面实现。全市扶贫宣传工作分别完成中央级、自治区级媒体任务的 280% 和 380%，5 个县（市、区）排全区前 5 名；在全区脱贫攻坚大督查中，北流市、兴业县、玉州区综合评价获得"好"等次，其他 4 个县（区）获得"较好"等次。全市实现 12.58 万建档立卡贫困人口脱贫、96 个贫困村出列，贫困发生率降至 0.37%，博白县顺利实现脱贫摘帽。

（七）城市建设管理水平不断提升

一是城镇化水平不断提升。城市框架不断拓展，中心城区建成区面积增至 76.5 平方千米，常住人口城镇化率达到 50.1%。二是市政设施不断完善。全年共实施城市建设项目 14 个，城市道路建设加速，畅通水平大幅提升。燃气管道、供水管网不断完善，燃气普及率、用水普及率分别达到 98.8%、100%。三是深入开展"城市管理提升年"活动，获推荐创建国家卫生城市提名。四是加快棚户区改造，城市品质不断提升。全年开工建设棚户区改造安置房 6178 套，基本建成 6460 套。

（八）乡村振兴稳步推进

一是乡村产业发展显新效。全年全市分别新增自治区级现代特色农业核心示范区、自治区级农民专业合作示范社、示范性家庭农场 10 个、13 家、27 个，新增"三品一标"农产品 35 种。粮食单产全区排第 1 名。二是乡村基础设施建设不断加速。全年全市推进农村公路"四建一通"项目 295 个，开工建设镇镇通二级公路项目 9 个，岑溪南渡至陆川二级公路建成通车；开展新一轮农村电网改造升级攻坚行动。三是特色小镇建设发展取得新突破。5 个特色小镇被列入自治区培育名单，广西三环陶瓷小镇获评为 4A 级旅游景区，六万大山森林康养示范基地荣获"森林养生国家重点建设基地"和"首批国家森林小镇建设试点单位"称号。四是乡村环境治理取得新成效。农村人居环境整治三年行动、乡村风貌提升行动、领导干部回乡美化家园大行动等统筹推进，29 个村获评为国家森林乡村、3 个村入选全国治理示范村。完成畜禽养殖场生态化改造 3000 个，实施农村生活污水处理项目 94 个。

二　存在的问题和挑战

（一）国内外错综复杂的发展形势增加了开放开发的不确定性

2019 年，市场需求不足、中美贸易摩擦等不确定性因素导致玉林全市约 1/3 规上工业企业负增长 20% 以上。企业投资意愿不强，全市技改投资一直处于负增长状态，融资难、融资成本高依然困扰着中小企业、民营企业的发展等。由于中美贸易谈判仍然处于相持阶段，叠加疫情在全球蔓延，上述问题在 2020 年依然是阻碍玉林市工业经济高质量发展的主要因素。

（二）产业发展基础仍然薄弱

一是产业配套不足。玉林仍处于工业化中期阶段，上下游产业链发展不完整，相关产业因缺乏足够紧密的产业关联而处在自发培育和成长阶段，上下游配套产业发展不足，仓储物流滞后。龙头企业偏少，不少工业大企业因缺乏足够的中小企业配套而难以发挥其引领作用和龙头优势；中小企业整体素质较差，本地配套能力较弱，大部分配件、原材料、包装需要到广东等外地采购配套，生产后又经广东出口，部分大湾区转移企业因产业配套不足而经营困难，最终选择回迁。二是园区配套不足。玉林产业园区大多仍处于初级开发阶段，以土地与初级设施供给为主，园区配套落后，标准厂房及园区水、电、气、排污配套滞后。园区基础设施建设资金严重匮乏，园区平台公司融资能力有限，亟待转变园区建设模式。三是高技术产业发展落后。玉林市原创性科研成果偏少、科技创新水平较低，科技成果转化率、全社会R&D经费投入占GDP比重、科技进步贡献率明显偏低，以科技创新为引领的新产业、新业态尚未成形，产业整体处于价值链的中低端，产品附加值低，创新活力严重不足。

（三）"南向""东融"现代交通设施有待完善

一是港口及疏港交通有待完善。在建铁山港东岸2个10万吨级和3个5000吨级通用泊位年吞吐能力仅为620万吨，难以满足玉林市未来货物进出口运量需求。同时，疏港交通不完善，玉林市出海通道尚未被完全打通。二是向东陆上交通有待完善。当前，玉林不在国家高速铁路主通道上，南宁—玉林—深圳、张家界—玉林—海口"一横一纵"两条高铁仍在规划建设中。对接大湾区主要依靠公路运输，高速公路仅有广昆高速直通广东。三是玉林内河交通有待完善。玉林内河水运航道均在7级以下，绣江等历史干线航道的功能尚未发挥，西江黄金水道运输优势尚未得以有效利用，尚未形成连接泛珠三角经济区沿海港口深圳港、广州港、湛江港的海上通道体系。因此，现有"南向"和"东融"现代交通设施建设严重滞后成为阻碍玉林加快开放开发的重要因素。

（四）营商环境有待优化

根据广西贸促会与中国贸促会研究院联合发布的《2019年广西营商环

境调研报告》，玉林总体营商环境有待优化，在全区排第 10 名，政策政务环境、公平竞争环境、财税服务环境和口岸服务环境亟待优化。从政策扶持水平来看，尽管拥有沿海开放城市、少数民族地区、西部大开发及广西北部湾经济区等的一系列优惠政策叠加优势，但这些政策多为普惠性政策，具体落实的政策优惠不明，市级层面尚未出台对接大湾区的财政、金融、税收等优惠政策措施，政策优势不明显。从行政效率来看，玉林在企业开办、项目审批等行政事务服务方面效率较低，项目审批、证照办理手续烦琐，审批时间过长，影响企业开工建设；部分"放管服"行政审批职能没有下放到县（市、区），行政审批无法提速，亟待简政放权。

（五）生态环境保护压力较大

当前玉林地表水环境质量局部堪忧，氨氮污染突出，主要河流断面水质呈恶化趋势，达标率由 100% 降低至 40%，主要原因如下。一是全市产业结构仍以高能耗、高排放的传统资源型产业为主，产业结构调整转型升级难度较大，环境基础设施运行管理资金缺口大，工业园区污染治理设施建设滞后；二是东部转移产业多为低端资源消耗型制造业，随着产业转移项目数量增长和落地速度加快，经济快速发展和节能减排双重压力日益增大。南流江水环境容量小，全流域缺乏水库调节，水资源紧缺；桉树种植面积大，涵养水源能力和自净能力差，短期内水环境很难稳定达标，影响涉水项目建设。全市总能耗仅 800 万吨标准煤，能耗空间小；重金属总量指标欠缺，电镀等涉重项目建设也受到限制。

三　2020年发展形势

（一）国际发展形势

从国际看，当今世界面临着百年未有之大变局。世界政治、经济、科技、产业面临深刻变化，世界多极化加速推进，国际力量格局加速演变，国际经济秩序和经贸规则面临大重塑、大调整，保护主义、单边主义持续蔓延，贸易和投资争端加剧，中美贸易摩擦进入相持阶段，加上新冠肺炎疫情的全球蔓延，使得世界经济运行风险和不确定性显著增加，经济全球化在曲折中前行。未来中国经济秩序乃至全球经济秩序将发生深刻变革，积极主动重构和融入新的全球供应链是各经济主体面临的严峻挑战。

（二）国内发展形势

从国内看，我国进入"两个一百年"历史交汇期。我国将由中等收入国家总体迈向高等收入国家，由高速增长全面转向高质量发展，由全面建成小康社会阶段迈向全面建设社会主义现代化时期，经济社会发展将呈现出新变化。我国人均国内生产总值突破 1 万美元，中等收入群体超过 4 亿人，成为全球最大的单一消费市场之一，供给结构和需求结构将发生深刻变化，劳动力、土地等要素成本不断上升，投资率和储蓄率持续下降，支撑我国长期快速发展的低成本优势逐渐减弱，我国经济发展逐渐由以要素驱动为主转向以创新驱动为主，人民群众对高品质产品和服务的需求升级，将推动产业结构不断优化和升级。从地区看，为深入贯彻党中央、国务院关于加快建设海洋强国的重大决策部署，加快发展向海经济，全力推动海洋强区建设，广西印发了《中共广西壮族自治区委员会 广西壮族自治区人民政府关于加快发展向海经济推动海洋强区建设的意见》，提出牢牢抓住中国（广西）自由贸易试验区、西部陆海新通道和粤港澳大湾区建设重大机遇，立足海洋资源优势，坚定不移走高质量发展之路，拓展蓝色发展空间，构建现代海洋产业体系，推动陆海经济协同发展，推进陆海统筹，大力营造绿色、可持续的海洋生态环境，加快推进海洋强区建设，为"建设壮美广西，共圆复兴梦想"贡献力量。随着《粤港澳大湾区发展规划纲要》的出台，自治区先后出台《广西全面对接粤港澳大湾区建设总体规划（2018—2035 年）》《广西全面对接粤港澳大湾区实施方案（2019—2021 年）》《关于全面对接粤港澳大湾区加快珠江—西江经济带（广西）发展的若干意见》《全面对接粤港澳大湾区粤桂联动加快珠江—西江经济带建设三年行动计划（2019—2021年）》等系列文件，提出要全面对接粤港澳大湾区建设，构建"南向、北联、东融、西合"全方位开放发展新格局，实现高质量发展。

2020年是全面建成小康社会和"十三五"规划收官之年。面对错综复杂的国内外形势，玉林市开放开发工作将会面临诸多困难和挑战，但得益于国家对新冠肺炎疫情的有效控制以及国家和地区开放开发战略实施的积极影响，2020年玉林市开放开发发展形势为总体平稳并稳中有进。

四　加快开放开发工作的建议

（一）巩固新冠肺炎疫情防控成果，保障经济社会秩序全面恢复

目前，我国疫情防控成效显著，未来玉林市将在疫情防控常态化前提下，不断加大对复工复产政策的落实力度，加大对受疫情影响较大的困难行业和中小微企业的扶持力度，全面推进企业实现达产满产，有序推动各类商场、市场复商复市，促进生活服务业正常经营，扎实做好学校开学复课工作，促进全面恢复正常经济社会秩序。

（二）加快"东融""南向"步伐，着力打造"两湾"产业融合发展先行试验区

一是加快"东融"步伐，以交通"东融"和产业"东融"为重点，全面对接粤港澳大湾区。首先，加快交通"东融"步伐，实现铁路、公路、航空与粤港澳大湾区的全面对接。力争开工建设南深高速铁路玉林—深圳段，尽快实现玉林福绵机场通航，并开通至深圳等大湾区核心城市的航线；加快玉林至湛江（广西段）、浦北至北流（清湾）、南宁经玉林至珠海（广西段）、南宁经博白至湛江（广西段）等高速公路的建设。其

次，加快产业"东融"步伐。大力推广"大湾区总部＋玉林制造基地""大湾区研发＋玉林生产基地"合作方式，与大湾区产业进行错位发展、配套发展、协同发展。推进城市合作，积极谋划共建粤桂产业合作区、玉茂旅游健康产业合作示范区，实现与粤港澳大湾区的产业融合、互补、联动式发展。

二是务实高效推进"南向"。全面参与西部陆海新通道建设，推动玉林融入中国（广西）自由贸易试验区建设，努力打造玉林至铁山港出海新通道，形成向海发展新格局。全面规划布局玉林口岸，推动玉林综合保税区建设，完善保税物流体系，构建高效便捷的口岸平台和通关平台，积极打造"两湾"产业融合的大宗商品多式联运集散地。全面加强与共建"一带一路"国家的产业合作，吸引更多外商到玉林投资。

三是加快"两湾"产业融合发展先行试验区建设。发挥玉林的"通道"优势，规划建设连接"两湾"的交通网络，加快玉林中心城区过境公路、快速干道及城市主干道等路网建设，实现与"两湾"城市的互联互通。推动四大千亿元产业高新化发展，培育发展特色优势产业，鼓励发展"飞地经济"，推动"两湾"产业融合发展。加强与"两湾"国家级新区、国家自主创新示范区、国家高新区等平台的对接，策划包装一批重大新兴产业项目，吸引一批粤港澳大湾区、广西北部湾经济区高新项目落地发展。积极对标产业发展核心要素，规模化聚集资本、空间、人力、交通、环境、技术、原材料、市场等要素，全力支撑"两湾"产业融合发展。

（三）深入推进"工业强市"战略，壮大四大千亿元产业集群

按照"强龙头、补链条、聚集群、抓创新、创品牌、拓市场"和"培植工业树，打造产业林"的思路，坚定不移推进"工业强市"，深入开展"项目建设攻坚突破年"活动，以产业的高质量发展助推全市经济高质量发展。一是全面推进重大项目建设，以项目引领和保障工业发展。扎实开展"双百双新""三大三新"产业项目建设攻坚行动，着力建设一批建链、补链、延链、强链产业项目，推动产业向上下游延伸、集聚发展。二是加速推

进四大千亿元产业集聚发展。全力推进玉柴集团转型升级发展，强化龙头带动作用。全面加速建设广西先进装备制造城（玉林），以园区为平台集聚更多的先进装备制造企业落户发展，打造千亿元机械制造产业。全面推进年产70万吨锂电新能源材料一体化产业基地（一期）、高端不锈钢制品产业基地（一期）、铜精深加工产业基地（一期）等的建设，把相关产业向龙潭产业园集聚，形成全国重要的金属新材料和新能源材料基地，打造千亿元新材料产业。加快完善玉林中医药健康产业园基础设施，培育壮大康臣玉药、燕京啤酒、南方食品、旺旺食品等龙头企业，打造千亿元大健康产业。加快玉林（福绵）节能环保产业园、生态纺织服装产业园、表面处理产业园建设，大力引进国内外知名服装品牌及配套产业，推动服装产业链向高端延伸。

（四）加快优化营商环境，打造广西民营经济先行示范市

一是加快优化民营企业发展环境。充分发挥重商亲商的传统优势，落实民营企业绿色通道制度，强化惠企政策落地执行，加强企业家队伍建设，加快推进一批广西民营经济示范县（市、区）、示范园区、示范镇建设，着力培育壮大一批民营经济市场主体和产业集群，全力打造广西民营经济先行示范市。二是持续推动政策措施落地见效。多举措、多领域、多部门联合推动国家、自治区及玉林优化营商环境的政策真正落地生效，并不断加强对政策实施的监督。三是持续开展"民营企业服务年"活动。建立健全领导干部联系服务民营企业工作制度，细化完善领导干部服务民营企业清单。建立涉及企业政策制定征求企业家意见和企业对部门服务优劣进行评议的制度，搭建专门的政商沟通平台。完善银税互动机制，构建智慧金融服务平台，加强企业融资服务，帮助企业化解融资难题。

专题研究篇

Special Studies

B.13

"双循环"背景下建设广西北部湾经济区
高质量现代物流枢纽研究

吕余生*

摘　要：　在加快构建形成"以国内大循环为主体、国内国际双循环相
　　　　　互促进的新发展格局"的背景下，物流已成为"双循环"的
　　　　　重要基础和关键领域。建设广西北部湾经济区高质量现代物
　　　　　流枢纽，是构建"双循环"新发展格局的迫切要求，是落实
　　　　　广西"三大定位"新使命的重要举措，是加快推进"一带一
　　　　　路"建设的重要任务，是构建西部陆海新通道的重要支撑，
　　　　　是深化供给侧结构性改革的重要抓手。本报告在分析广西北
　　　　　部湾经济区建设高质量现代物流枢纽的区位优势、区域产业
　　　　　发展基础、叠加的支持政策等的基础上，进一步分析了建设
　　　　　广西北部湾经济区高质量现代物流枢纽存在的问题，提出了

* 吕余生，博士生导师，广西壮族自治区决策咨询委员会专家，广西北部湾发展研究院院长，二
级研究员，享受国务院政府特殊津贴专家，主要研究方向为区域经济和中国—东盟开放合作。

多措并举加快发展的建议。

关键词： "双循环" 广西北部湾经济区 现代物流枢纽

一 "双循环"背景下建设广西北部湾经济区高质量现代物流枢纽的重要意义

"双循环"将会对我国物流的流向、流量、结构等产生深远影响，也必将会影响到广西北部湾经济区的港航和物流业发展，广西北部湾经济区加快高质量现代物流枢纽建设，搭建国际国内物流与供应链稳定交流合作平台，已显得十分重要与迫切。

（一）加快建设广西北部湾经济区高质量现代物流枢纽，是构建"双循环"新发展格局的迫切要求

构建"以国内大循环为主体、国内国际双循环相互促进的新发展格局"，是习近平总书记提出的重大战略，是"在危机中育新机，于变局中开新局"的战略抉择，是疫情防控常态化时期促进经济发展与国际合作的重大举措。广西北部湾经济区作为我国面向东盟开放合作的前沿和西南、中南开放发展新的战略支点，在构建"双循环"新发展格局中肩负着重要使命，要着力打造面向东盟，连接西南、中南"双循环"的战略支点，在现有与现代化经济体系相适应的物流枢纽网络的基础上，进一步建设高质量现代物流枢纽。

（二）加快建设广西北部湾经济区高质量现代物流枢纽，是落实广西"三大定位"新使命的重要举措

落实广西"三大定位"新使命，承载西部陆海新通道建设，全面对接融入粤港澳大湾区，加快提升做实珠江—西江经济带等，势必要扩大物流服

务范围与规模，这就需要加快建设广西北部湾经济区高质量现代物流枢纽，为广西搭建高水平开放、高层次运转的发展平台。

（三）加快建设广西北部湾经济区高质量现代物流枢纽，是加快推进"一带一路"建设的重要任务

广西以参与建设西部陆海新通道和建设面向东盟的金融开放门户为契机，加快构建面向东盟的国际大通道，全方位加强与共建"一带一路"国家和地区在交通、信息、港口、园区、金融等方面的合作。这就需要加快建设广西北部湾经济区高质量现代物流枢纽，来推动内陆与沿海、共建"一带一路"地区产业链、供应链的快速稳定发展，这样才能以北部湾港为陆海交汇门户，把"一带"和"一路"在我国西部地区畅通连接起来，形成开放合作经济带，形成"南向、北联、东融、西合"全方位开放发展的新格局。

（四）加快建设广西北部湾经济区高质量现代物流枢纽，是构建西部陆海新通道的重要支撑

构建西部陆海新通道，必须要有畅通连接贵、渝、川、陕、甘等省市的大通道。但通道沿线物流产业发展水平还比较低，沿线省区市之间的铁路、公路、水路运输衔接规划、建设不平衡，物流系统之间互通程度还不高。沿线省区市的物流发展也正由出口型物流向进出口双向对流转变，从生产性物流服务转向兼顾生产与消费性物流服务。这些都要求加快建设广西北部湾经济区高质量现代物流枢纽，为加快提升通道服务供给质量，提高组织效率，实现高效、绿色发展提供重要支撑。

（五）加快建设广西北部湾经济区高质量现代物流枢纽，是深化供给侧结构性改革的重要抓手

进入经济高质量发展阶段以后，通过供应链来延伸产业链，进而提升价值链，成为国家和地方政府宏观决策的大方向和主流。而建设现代物流枢纽

可以提高物流效率、降本增效。这样既发展了物流产业，强化了产业组织网络化智能化协同发展，创新了物流技术、业态、模式，打造形成了现代供应链，也为制造业和商贸业转型升级创造出了更好的条件，有利于各地规划布局有竞争力的新兴产业、支撑内陆地区高起点承接产业转移、融入全球产业链和迈向价值链中高端，同时给传统机场、港口等基础设施的提升带来新的机遇。因此，建设广西北部湾经济区高质量现代物流枢纽，是深化供给侧结构性改革的重要抓手。

二　广西北部湾经济区建设高质量现代物流枢纽的基础条件、现状及存在的问题

（一）建设高质量现代物流枢纽的相关要求

物流是指品在从供应地向接收地的实体流动过程中，根据实际需要，将运输、储存、装卸搬运、包装、流通加工、配送、信息处理等功能有机结合起来实现用户要求的过程，现代物流是传统物流发展的高级阶段。社会经济的发展，推动着物流的现代化提升，要求物流成为一个跨部门、跨行业、跨区域的社会系统，充分发挥其节约社会流通成本、提高国民经济运行质量和效益的功效。因此，现代物流正朝着系统化、国际化、信息化、网络化、社会化、自动化和智能化的方向发展，带有鲜明的时代经济与技术特征，呈现出物流运作一体化、服务项目多样化、服务范围规模化、服务响应快速化、物流作业标准化、管理过程集成化、服务网络信息化等一系列主要特征。

物流枢纽是现代物流体系的重要组成部分，是相互间合理分工、密切协同、便捷运输及可发挥枢纽作用的物流设施群综合体。物流枢纽依托综合交通运输枢纽发展形成，通过综合交通运输枢纽，实现区域间物流交换、中转、衔接等主要功能。

高质量现代物流枢纽是辐射区域更广、聚集效应更强、服务功能更优、

运行效率更高的综合性物流基础设施，具备现代化物流设施服务网络，在产业组织中发挥重要结点和重要平台作用。同时需要具备毗邻港口、机场、铁路场站等重要交通基础设施和产业聚集区，与城市中心的距离位于经济合理的物流半径内，并且与城市群区域分工相匹配等区位条件，还需要具备空间布局集约、存量设施优先、开放性和公共性、功能完善、统筹运营管理、区域协同联动等基本条件。必须打造互联互通、功能强大的物流网络，形成高端物流要素聚集发展的重要载体，具有产业（制造、商贸）规模发展的优质产业链和营商环境。同时需要具备以下基本要素：一是实现集约、绿色、高效发展；二是实现高端物流要素高度聚集；三是物流枢纽经济快速发展；四是形成国际先进水平的现代物流体系和优越的便利化条件；五是成为区域经济高质量发展的强劲新动能。

（二）广西北部湾经济区建设高质量现代物流枢纽的基础条件

广西北部湾经济区建设高质量现代物流枢纽具有较好的基础条件。

一是双向开放的区位优势。广西北部湾经济区陆地背靠西部、中南地区，西南部与越南接壤，东邻粤港澳大湾区，南临北部湾，地处我国华南、西南和东盟经济圈衔接交汇点，兼具沿海、沿江、沿边优势，既有海岸线，又有边境线，是我国与东盟国家唯一既有海上通道又有陆地接壤的区域，是"一带一路"有机衔接的重要门户，建设高质量现代物流枢纽的区位优势明显，战略地位突出。

二是具有较好的区域产业基础。北部湾经济区作为广西优先发展的地区，在产业发展上呈现了龙头效应，一批石化、电子信息、林浆纸、钢铁、粮油项目相继齐聚，产业链、供应链逐步完备，道路、港口、码头等交通基础设施建设不断完善，为建设高质量现代物流枢纽和打造"双循环"战略支点提供了较为坚实的产业支撑。

三是交通与物流基础设施建设初步完善。近年来，广西的港口、铁路、公路、机场等多种交通方式的物流联运基础设施建设规模迅速扩大、质量不断提高、发展基础不断夯实，广西成为国家首批交通强国建设试点。广西境内已经建成连接周边省份和越南的货运铁路网和高速公路网；广西北部湾港是由以集装箱吞吐为主的钦州港区、以大宗散货装卸为主的防城港港区、以商贸服务为主的北海港区共同形成的组合港，已经成为"一带一路"有机衔接的重要门户港；此外，还形成了连接北部湾、面向粤港澳大湾区、以物流服务为主的梧州港、桂平港、贵港港、南宁港等西江黄金水道内河港口群；广西已经有2座机场（南宁吴圩国际机场、桂林两江国际机场）开展国际航空物流服务，6座机场（柳州白莲机场、北海福成机场、梧州机场、百色巴马机场、河池机场、玉林机场）开展国内航空物流服务。这些形成了广西与周边省份和东盟国家的铁公机和港口物流网络。为下一步发展多式联运打下了良好基础，为北部湾经济区建设高质量现代物流枢纽提供了强大支撑。

四是物流服务能力加快提升。以西部陆海新通道为基础的物流产业规模不断扩大、服务水平迅速提高，冷链物流等领域快速发展。沿西部陆海新通道已经开通了北部湾港至重庆、贵阳、兰州、成都、昆明、宜宾等8条海铁联运班列，2019年累计开行2243列，运送集装箱超过5.8万标箱。广西沿海铁路全年货物运输量6611万吨。北部湾港货物吞吐量2.56亿吨，增长14.7%；集装箱吞吐量382万标箱，增长35%，增速全国第一。西江长洲水利枢纽过闸货运量1.45亿吨。机场旅客吞吐量超过2900万人次。北部湾港已开通外贸航线24条，至新加坡班轮实现每周2~3班常态化运行，至香港班轮实现双向"天天班"。口岸通关效率大大提升，2018年12月广西口岸进口与出口整体通关时间分别在全国排第5名和第11名。邮政快递分拨中心日处理能力达到900万件，快递与包裹处理量达到171025万件。

五是优越的开放合作条件。广西拥有众多的开放合作平台，拥有4个综合保税（港）区（钦州保税港区、凭祥综合保税区、南宁综合保税区、北海综合保税区）、3个国家重点开发开放试验区（东兴、凭祥、百色）、2个边境经济合作区（东兴、凭祥）、2个中越跨境经济合作区（东兴—芒街、凭祥—同登）、1个国家"两国双园"产业园区（中马钦州产业园区），广西还是我国参与GMS的两个省区之一，也是澜湄合作机制中的重点省区、中国—东盟博览会和中国—东盟商务与投资峰会的永久举办地，东盟的柬埔寨、老挝、马来西亚、缅甸、泰国和越南在南宁设有总领事馆，初步建成了中国与东盟国家乃至共建"一带一路"国家相互沟通交流的"南宁渠道"。广西还拥有8个公路口岸（东兴、友谊关、峒中、爱店、水口、硕龙、龙邦、平孟）、1个铁路口岸（凭祥），以及27个边贸互市点，还有2个航空口岸（吴圩机场、两江机场）及钦州港、北海港、防城港、南宁港、贵港港、梧州港等港口口岸，这些口岸形成支撑国际物流发展的重要通道。

（三）广西北部湾经济区建设高质量现代物流枢纽的现状

广西北部湾经济区已经初步建成了以南宁、钦州—北海—防城港、东兴、凭祥等为载体的现代物流枢纽体系。

一是南宁陆港型国家物流枢纽承载城市初步形成。南宁市是《国家物流枢纽布局和建设规划》中陆港型、商贸服务型和生产服务型国家物流枢纽承载城市。截至2019年底，已经基本建成了以南宁国际铁路港、南宁综合保税区中新南宁国际物流园、南宁海吉星农产品批发市场、南宁金桥农产品批发市场、南宁农产品交易中心等为主体的陆港型国家物流枢纽体系，南宁现代化建材加工及物流配送中心、玉柴物流园区、南宁华南城、南宁大商汇商贸物流中心、东盟国际商贸港等形成了商贸服务型国家物流枢纽体系。以南宁空港经济区为基础的空港型物流基地已经基本建成。以上这些大型物流园区都已经投入使用。值得一提的是，2018年5月开通运营、占地面积约3.76平方千米的南宁国际铁路港规划建设了集装箱、冷链、商品汽车、电商物流、板材、粮油等12个功能区，截至2019年，年吞吐能力达到600万吨，远期年吞吐能力达到2000万吨，这是迄今为止广西铁路规模最大的物流中心，为区域物流提供运输集散、仓储配送、包装加工、保税存储、商贸交易、信息、电商、融资租赁等一站式综合服务。虽然，南宁市的陆港型、商贸服务型物流园区比较发达，但是，由于南宁市第二产业的主业相对不是很突出，生产服务型物流园区比较少，生产服务型国家物流枢纽建设有待加强。

二是钦州—北海—防城港港口型国家物流枢纽建设扎实推进。广西北部湾港是西部陆海新通道的主要国际门户港口，通过铁路与南宁国际铁路港、贵阳铁路港、重庆铁路枢纽、成都青白江铁路港、昆明铁路港等港口腹地构成了面向东盟和"一带一路"的西部陆海新通道。截至2019年底，钦州—北海—防城港港口型国家物流枢纽体系已基本形成。北部湾国际门户港港口吞吐量、集装箱吞吐量都保持了两位数以上的高速增长，增速在全国港口行业名列前茅。2019年，北部湾港港口吞吐量突破2亿吨、集装箱吞吐量达382万标箱；钦州市与39个东盟国家已初步构建了中国—东盟港口城市合作网络，北部湾港已开通至东盟国家的直航航线15条，航线涉及新加坡、越南等国的14个港口。西部陆海新通道海铁联运班列常态化运营。截至2019年底，广西北部湾港共有47条集装箱航线，与世界100多个国家和地区的200多个港口实现通航。与此同时，西部陆海新通道海铁联运线路已开行至渝、川、滇、黔、陇、陕等西部省市的6条班列，并通过"渝新欧""蓉欧"等中欧班列，实现"一带"与"一路"物流的有机衔接。据统计，2017年至2020年6月，通道班列累计突破5000列，发送集装箱量超过21万标箱。南宁港、贵港港、梧州港等组成了西江亿吨黄金水道枢纽港，2019年，贵港全市港口货物吞吐量达到8000万吨，同比增长14.2%，梧州全市港口货物吞吐量达到2855.7万吨，增长35.2%，形成了广西北部湾经济区对接粤港澳大湾区的物流大动脉。

三是东兴、凭祥陆上边境口岸型国家物流枢纽承载城市初具雏形。凭祥和东兴等边境口岸已成为广西边境地区规模最大的国际物流区。凭祥市形成了以综合保税区为核心、依托中国—东盟自由贸易区凭祥物流园、凭祥铁路口岸和公路口岸互补、中越老泰跨境物流线路最多的国际陆路物流枢纽，也是我国与东盟国家农产品进出口最大的贸易口岸通道；东兴也建成了以北仑河二桥国际物流园区、东兴边贸互市区为核心，水运和公路运输互联互通的跨境物流系统。以跨境电商物流为主的中国—东盟自由贸易区凭祥物流园和东兴边贸互市区的新兴业态物流园区正在进一步完善。虽然广西的口岸物流服务功能日益完善，但是随着中越贸易及转口贸易的快速增长，各口岸的物流设施在贸易季普遍满足不了贸易需求，造成大量进出口商品滞留口岸，影响了贸易发展。

四是保税物流体系基本建成。广西北部湾经济区已经建立了类型比较完整的保税物流体系，包括陆海联运型的钦州保税港区、北海综合保税区，边境口岸型的凭祥综合保税区，内陆型的南宁综合保税区，以及防城港保税物流中心（B型）、防城港港务码头海关监管作业区。这些海关特殊监管区大多位于西部陆海新通道的关键节点上，为广西北部湾经济区发展国际物流、跨境物流打下了较好的基础。

（四）广西北部湾经济区建设高质量现代物流枢纽存在的问题

尽管广西北部湾经济区在物流发展方面拥有区位优势，基础条件好，有一定的物流基础设施，但是，在建设高质量现代物流枢纽过程中仍然存在许多问题。

一是物流枢纽基础设施与高质量现代物流枢纽要求还有较大差距。总体上，广西北部湾经济区现有的物流枢纽基础设施数量少、规模小、技术水平低，与高质量现代物流枢纽还有较大差距。防城港东湾物流园、凭祥综合保税区物流园是广西仅有的2家国家级物流示范园区。凭祥综合保税区物流园受场地小影响，贸易季货车排队进场仍需几千米。南宁空港物流园区处于初步发展阶段，国际航点覆盖率低，仅有越南胡志明市航线，2019年南宁航空运输量仅为11万吨。南宁铁路港具有较大的规模，以集装箱作业、公铁多式联运为主，但由于这个铁路港还处于建设初期阶段，目前还没有形成功能完整的服务能力。

二是物流产业和支撑产业发展不足。目前，广西的物流产业与整体产业发展不相适应，物流产业满足不了整体产业发展的需要。广西物流量较大的产业主要是钢铁、铜铝铅锌等有色金属产业，以及煤炭、水泥、砂石、糖、果蔬业，还有一些电子信息等高科技产业。但是，由于广西的物流基础设施不足、落后，满足不了产业发展的需求，一些广西企业的物流不得不绕道外省，产生"广西货不走广西的物流通道"的现象，如广西的一些外贸产品走广州港、深圳港、香港港比走北部湾港速度更快、成本更低，柳钢需要的铁矿石走湛江港比走北部湾港更便宜。近几年，北部湾三市的新材料、石化、能源、林浆纸等产业异军突起，但是，生产服务型物流园区仍然没有配套发展。广西的物流产业不足以支撑整体产业发展。

三是物流平台数量少、规模小、功能发挥不充分。广西北部湾经济区具有一定规模、服务跨区域的物流平台数量少，像中外运、广西超大、海吉星、传化、华南城等兼具贸易、物流、仓储等功能的物流平台不多，多数是各地建设的服务于本地的小型物流平台，规模小、功能少，主要功能是物流集散、配送，多数物流平台连仓储的功能都没有，缺乏规范的物流场地，物流服务很不稳定。

四是物流成本仍然较高。广西北部湾经济区物流还是以公路运输为主，物流运输成本较低的水运和铁路运输所占的比重较少，尤其是水运量及其占 GDP 的比重非常小。地方铁路南防铁路（南宁—防城港）的运费仍然高于国家铁路网，地方铁路与国家铁路网之间的列车调度仍然不够顺畅。据课题组在广西物流与采购联合会上的调研，广西物流成本占 GDP 的比重仍然高于全国平均水平，2018 年为 15.5%，2019 年为 15.1%。近两年来，为打造西部陆海新通道国际门户港，虽然西部陆海新通道经北部湾港出口集装箱综合物流成本已从 8000 元降到 5000 元左右，但是物流成本仍然较高。

五是物流技术和信息化技术应用较少。由于广西北部湾经济区较大规模的物流企业和物流平台数量少，物流企业难以实现规模效益，这就影响到物流技术和信息化技术的应用，导致自动化分拣、自动化仓储等先进物流技术应用较少。物流企业信息化水平较低，即使一些物流企业建立了线上物流平台，由于大多数是服务于自身企业、功能单一的信息平台，企业之间信息也不能共享，信息条块分割，在网上的影响力很小，难以推广。总体上，广西缺乏铁路、公路、港口、航空物流信息互联互通，贸易、海关、金融服务等相关行业融合发展的综合性物流信息平台。

六是保税物流体系的基础设施建设仍待加强，港口物流功能不够完善。广西的保税物流体系的基础设施建设仍然比较滞后，如钦州保税港区的滚装码头、冷链仓储设施规模小，南宁综合保税区的跨境电商物流设施落后，凭祥综合保税区的跨境电商物流、冷链物流场地小、设施不足。这些都影响保税物流体系的国际贸易、国际物流、国际金融等的功能和效果。广西的港口物流功能仍然存在诸多不足：其一是北部湾港港口营销不足，还没有进入全球主要港口目录，国际知名度不高，造成港口的国际始发航线不多，大多数国际班轮航线经香港港、新加坡港、广州港等港口中转；其二是港口物流基础设施的功能不完善，如港口缺乏冷链物流设施，汽车滚装码头后方堆场不足，满足不了汽车进出口需要；其三是港口通关设施落后，尤其是集装箱通关设施落后，影响集装箱通关效率；其四是港口物流信息平台不完善，各港口物流信息平台各自为战、功能单一，与铁路物流、公路物流、金融、海关等信息平台实现不了互联互通。

三 广西北部湾经济区建设高质量现代物流枢纽的总体构想和发展战略

（一）合理布局，构建高质量现代物流枢纽网络体系

1. 构建"一带四通道四枢纽"物流枢纽网络体系

按照高质量国家物流枢纽总体规划的要求，围绕广西构建"南向、北联、东融、西合"发展新格局及交通干线运输通道和物流大通道基本格局，根据建设西部陆海新通道和对接粤港澳大湾区的发展需要，合理布局和建设广西北部湾经济区高质量现代物流枢纽，形成"一带四通道四枢纽"物流枢纽网络体系。一带：西部陆海新通道国家物流枢纽城市带。四通道：东融物流通道、中南地区开放发展战略支点物流通道、东兴出边物流通道、凭祥出边物流通道。四枢纽：南宁陆港型、商贸服务型和生产服务型国家物流枢纽承载城市；钦州—北海—防城港港口型国家物流枢纽承载城市；东兴陆上边境口岸型国家物流枢纽承载城市；凭祥陆上边境口岸型国家物流枢纽承载城市。

2. 构建面向东盟的"双循环"陆路跨境物流网络

跨境物流是广西北部湾经济区在中国—中南半岛经济走廊建设中的最大优势,广西要大力加强与中南半岛经济走廊沿线国家的跨境物流合作,加快陆上和海上东盟物流通道建设,构建面向东盟的"双循环"陆路跨境物流网络。一是构建面向东盟的"双循环"陆路跨境物流网络。加快推进对接东盟的"三高两铁三桥"建设,形成陆上东盟的物流通道。二是推进国际道路运输便利化。简化通关手续,重点与中南半岛经济走廊沿线国家合作推进国际道路运输规范化、标准化,推广应用电子运单、电子仓单、电子面单等电子化单证。推动沿线各国海关统一实行国际贸易和跨境物流"单一窗口"服务。

3. 构建面向东盟的"双循环"海上东盟物流网络

一是加强中国—东盟港口城市合作网络建设,打造海上东盟物流通道和国际门户港。打造北部湾国际门户港和国际航运中心,巩固提升中国—东盟港口城市合作网络功能,尽快完善相关合作机制,建立中国—东盟港口城市合作网络沟通协调机制,强化中国—东盟港口城市合作网络中方秘书处的功能,推动合作网络常态化工作机制有效发挥作用。合作加大中国—东盟港口物流信息中心运营建设力度,推进东盟国家港口与我国各港口物流信息数据有效对接。

二是全面深化与新加坡的港口物流合作。联合新加坡加快广西北部湾港基础设施建设,积极引进新加坡战略投资者以加强对广西港航、物流园区基础设施的建设,进一步提升广西北部湾港及区内节点城市物流园区等基础设施建设水平;开通广西北部湾港至新加坡的集装箱班轮航线,并不断提升航线密度,合作提升广西北部湾港及重要物流枢纽设施的管理运营水平。

三是创新港口运营模式。全面改组升级北部湾国际港务集团,在沿海三市和沿江选取部分优质港口资源,引进粤港澳大湾区港口经营和管理企业参股建设运营,提升广西港口的国际化水平。加快与香港港、广州港、深圳港三港在船舶交易、金融、船代货代、外轮理货、陆海联运等方面的合作,培育北部湾城市港口群航运交易所等综合服务载体。加强经济区与粤港澳大湾区在物流业人才培训、专项科研、智能交通等方面的合作与交流。

4. 加强区内物流合作和省际物流合作

一是加快推进平陆运河建设，形成北部湾港与广西内河江海联运新格局。通过平陆运河将北部湾国际门户港和西江黄金水道连接起来，配套建设南宁港多式联运物流设施，打造南宁国家物流枢纽水路新通道，促进广西北部湾经济区与西部陆海新通道、珠江—西江经济带深度融合，为北部湾港拓展提供更强有力的经济腹地支撑。

二是深化西部陆海新通道沿线物流合作。主动联合甘肃、重庆、四川、贵州、湖南等西部陆海新通道沿线省市建立西部陆海新通道协商合作机制，规范业务流程和标准，合作推动"渝新欧"专列经广西延伸至中南半岛国家，开通桂越集装箱专列以对接中欧班列货运专列，形成东盟—中国广西—中国西南中南地区的国际综合物流大通道。充分利用新加坡作为国际贸易陆海新通道共建方的优势，着力建设更加开放的通道建设机制，积极为东盟其他成员国参与通道建设搭建平台，依托西部陆海新通道，重点保障北部湾港至香港港"天天班"稳定常态化运行，逐步开通北部湾港至通道各节点城市集装箱班列；加快"无水港"建设，切实增强港口组货揽货能力，构建互联互通功能强大的物流网络。

三是全面畅通西江黄金水道，形成与北部湾经济区双核驱动。积极解决碍航、阻航问题，进一步提升西江黄金水道通航能力，全面畅通西江航道，形成直达粤港澳的水运物流大通道。大力推进向东融入大湾区的铁水联运、江海联运和航运协作，充分发挥西江黄金水道贵港、梧州内河港口的功能作用，积极拓展与广州港、深圳盐田港、香港港之间的合作；推动沿西江港口与广州南沙港、深圳盐田港等在物流、仓储、货代、船代、货源、箱源等方面形成紧密合作链条和利益共同体；积极开展《珠江—西江经济带发展规划》评估，联合广东推动国家层面对规划进行修编，补充完善相关内容，实现与粤港澳大湾区发展规划同步。

四是全面畅通"东融"陆运大动脉。加快推进南宁—玉林—深圳、柳州—肇庆—广州、合浦—湛江等东向客货运铁路，粤桂高速公路省际通道，梧州、贺州、玉林、贵港、钦州、北海各市之间的陆上海上水上空中4类通道综合交通网等的建设，抓紧研究推进广西与大湾区的城际网建设，以"高铁＋地铁"方式快速提升"东融"重点城市间的内外交通通畅水平。要特别注重与粤港澳的信息通道畅通和信息共享，畅通"东融"的第5条通道。

五是构建湘桂向海经济走廊。以广西实施《加快发展向海经济推动海洋强区建设三年行动计划（2020—2022年）》为契机，加快推进广西、湖南共建湘桂向海经济走廊，结合南宁、桂林、柳州及钦州—北海—防城港国家级物流枢纽建设，加强走廊沿线城市间的产业协作，打造湘桂产业合作平台，积极推进桂林、柳州等地产业一体化，深化承接产业转移和科技成果转化合作，以走廊沿线物流枢纽城市建设支撑湘桂产业合作发展新高地建设。

（二）突出重点，打造国家物流枢纽承载城市

根据国家物流发展规划，广西北部湾经济区要建设陆港型、生产服务型、港口型、商贸服务型、陆上边境口岸型等分类明确的物流网络，既分工明确，又互联互通，形成功能齐全、布局合理的现代物流枢纽网络体系。在统一的大物流系统中，使各个主体在物流基础设施、信息资源等方面实现共享。

1. 全面建成南宁国家物流枢纽承载城市，打造高质量建设国家物流枢纽的引擎和标杆

结合强首府战略，依托重要交通枢纽、优势产业基地和重点建设项目，加快南宁国际铁路港、南宁临空经济示范区、中新南宁国际物流园、中国—东盟国际物流基地等的建设，以其为核心，促进交通干线与物流通道、交通枢纽与物流节点、多式联运与供应链物流融合发展，构建重点突出、层级清晰、分工合理、功能完整、特色鲜明、便捷高效的南宁现代物流产业体系，把南宁打造成为服务中南西南、面向东盟的国际物流枢纽，成为广西高质量建设国家物流枢纽的引擎和标杆。

2. 培育发展钦州—北海—防城港港口型国家物流枢纽承载城市

打造钦州—北海—防城港港口型国家物流枢纽承载城市。加强北海、钦

州、防城港综合交通枢纽建设，完善集疏运体系，强化多式联运，构建北部湾区域性国际航运中心，形成错位发展、特色突出的区域性国际陆海联运枢纽。钦州依托临港工业开发、港区报税功能拓展及自贸区政策，以集装箱运输为重点，大力推进集装箱运输的规模化和集约化发展，将自身培育成为集装箱干线港，成为广西重化工产业发展的支撑；防城港重点培育大宗散货中转、交易功能，加快建设矿石、粮食等的专业码头和冷藏保鲜仓库，大力培育大宗商品和冷链商品交易市场；北海则大力发展现代物流，以向海经济、商贸物流和国际邮轮为发展重点。

3. 打造防城港（东兴）、崇左（凭祥）陆上边境口岸型国家物流枢纽承载城市

充分发挥东兴、凭祥沿边开发开放的优势，加快南崇经济带建设，充分发挥东兴重点开发开放试验区、凭祥重点开发开放试验区和广西自贸区崇左片区先行先试和改革创新的优势，利用东兴口岸、北仑河二桥口岸、凭祥铁路口岸、友谊关口岸和凭祥综合保税区功能，整合物流资源，加快推进陆上边境口岸型国家物流枢纽建设，重点发展现代国际物流服务，壮大口岸经济。

（三）融合发展，打造铁公机和港口口岸综合物流枢纽

整合广西物流枢纽资源，推动广西物流网络与国家物流枢纽的对接和联系，形成国家级"双循环"物流枢纽网络，建立层次分明的物流枢纽、物流园区、物流中心、配送中心、货运场站，以及综合性物流信息平台，形成网络完备、信息畅通、功能健全的物流体系。同时，以交通干线为纽带，整合广西的物流枢纽资源，构建广西国家物流枢纽网络。通过交通干线与周边省份国家物流枢纽对接，实现与周边国家物流枢纽的互联互通。

1. 铁路物流枢纽建设

铁路是西部陆海新通道的主要交通载体，要重点建设南宁国际铁路港、钦州—北海—防城港铁公港多式联运物流枢纽、柳州铁路港和桂林高铁园，完善贵港、玉林、崇左、百色、河池、来宾等铁路物流集散中心，构建广西铁路物流枢纽网络，通过铁路干线对接云南、贵州、重庆、四川、湖南、广

东等周边省市的铁路港，同时，深化与越南铁路的互联互通，将广西铁路物流枢纽打造成为中国与东盟国家乃至"一带一路"的铁路物流门户。

2. 港口物流枢纽建设

依托海港、内河港建设广西港口物流枢纽，重点建设北部湾港，对接国内的广州港、深圳港、香港港、海口港、湛江港等海港，完善南宁、贵港、梧州、柳州等内河港建设。同时，探索开展河海直达运输、一站式河海联运，构建广西的港口物流枢纽。最终实现与粤港澳大湾区及东盟国家主要港口的对接。

3. 公路物流枢纽建设

根据产业发展和消费市场的需要，在南宁、柳州、桂林、钦州等城市建设大型公路物流园区，在其余的设区市建设公路物流中心。同时，在拥有港口、铁路的城市，尽可能将公路物流中心与港口物流中心、铁路物流中心结合起来建设，形成多式联运物流中心，以此打造广西的公路物流枢纽网络。

4. 边境口岸物流枢纽建设

依托自由贸易试验区和保税区，按照"公路港＋铁路港"物流枢纽功能定位，加强陆上边境口岸物流枢纽建设，重点推进弄怀—谷楠国际货运专用通道、岩应—板空和板烂—亭立通道建设。着力将凭祥口岸打造成重庆、成都以及北部湾港、海南洋浦港等南北两端枢纽的中间节点口岸。

5. 航空物流枢纽建设

构建以南宁吴圩机场、桂林两江机场、柳州白莲机场为主的广西航空物流枢纽，配套建设空港经济区，发展跨境电商，争取批准建设特色商品指定口岸，积极争取国家批准第五航权试点，加快开辟国内外货运航线，通过更多的货运航线航班，将广西打造成为中国—东盟的航空物流枢纽。

（四）优化升级，加强基础设施和平台建设

利用广西与东盟一些国家特有的产业合作机制开展国际物流合作，推动物流与产业互动发展，重点将中马"两国双园"、中新南宁国际物流园、中泰崇左产业园、广西—文莱经济走廊、中国·印尼经贸合作区、中越跨境经

济合作区等纳入物流枢纽网络。依托境外园区加快境外物流节点布局,推进多式联运转运中心、区域分拨中心、跨境电商海外仓等物流设施建设,为境内境外园区开展产业分工协作提供国际供应链服务支撑。

1. 加强基础设施建设,提升现代物流枢纽服务能力

针对广西的国家物流枢纽仍然存在的交通通道不完善及物流设施分散、规模小、功能少、效率低等问题,实施国家物流枢纽服务能力提升工程,重点推进通道建设、内陆集装箱体系建设、枢纽多式联运建设、枢纽铁路专用线建设等以促进物流枢纽服务能力的提升。

一是继续完善铁路通道建设。重点建设完善重庆—贵阳—南宁—北部湾港、重庆—怀化—柳州—北部湾港、成都—泸州(宜宾)—百色—北部湾港、贺州—梧州—玉林—铁山港、柳州—肇庆—广州、百色—靖西—龙邦6条铁路通道,加快推进南防线马皇至防城港北站复线、湘桂铁路南宁至凭祥段扩能改造,推进防城港至东兴铁路、合湛铁路和钦州港铁路专线等铁路项目建设,以及钦州铁路集装箱中心站、大型物流园区、产业园区的铁路支线建设。

二是加强现代物流枢纽公路网络建设。提高现代物流枢纽承载城市之间及其对外连通能力,重点加强北部湾港疏港公路、直通口岸与跨省高速公路建设,加快推进南宁—上思—东兴高速公路等的建设,推进国省干线瓶颈路段扩能改造,提高衔接港口、陆路边境口岸、铁路场站、物流枢纽的公路等级和通行能力。

三是加快补齐水路通道短板。加快西部陆海新通道北部湾港航道和码头建设,提高北部湾国际门户港大型船舶通行能力。重点加快防城港40万吨级码头、企沙南作业区、潭油作业区、30万吨级航道、东湾航道,钦州港20万吨级集装箱码头及航道、大榄坪作业区自动化集装箱码头,北海铁山港西港区石头埠作业区20万吨级泊位及铁山港30万吨级航道和码头、30万吨级油气码头和30万吨级散杂货泊位等项目建设。加快推进平陆运河研究论证。

四是加强广西北部湾经济区国家物流枢纽与粤港澳大湾区的衔接,重点

提升西江黄金水道运输能力，加快实施长洲船闸升级改造工程，打造干支衔接的高等级航道网络。推进柳黔江、左江、右江、红水河、桂江、贺江、绣江、南流江等干支流航道建设，改造提升沿江船闸通行能力。

五是加强内陆集装箱体系建设。重点建设南宁国际铁路港、柳州铁路港等铁路物流枢纽集装箱集散设施，提高百色、贵港、玉林、来宾等铁路沿线重点场站集装箱收发能力；结合无水港建设，推进枢纽多式联运建设，完善集装箱装卸设施，实现铁路物流与公路物流无缝衔接。

六是完善物流枢纽功能。针对广西是果蔬产品、水产品和畜产品的重要产地和进出口的重要集散地，在南宁、桂林、百色、钦州、北海、防城港、凭祥等高附加值生鲜农产品产地和集散地建设冷链物流设施；建设应急储备、专业仓配、联运转运等设施，加强医疗、救灾等应急物资储备和调运能力。

七是加强物流枢纽的国际物流功能。加强大型物流园区的国际物流功能，加快通关速度。重点在北部湾港、友谊关口岸、东兴口岸增设 H986 通关系统，新设南宁国际铁路港海关，探索开展中越、中马"两国一检"通关模式。

2. 搭建高质量现代物流枢纽的核心平台

强化"枢纽＋平台"，建设四大平台，提升综合服务保障水平，促进"流量"变"留量"，使枢纽经济成为推动广西经济转型升级的重要抓手。

搭建国家物流枢纽承载和运营平台。高标准布局建设现代化物流园区。将物流园区作为北部湾经济区物流枢纽的重要承载体，结合广西国家物流枢纽建设，高标准布局建设一批现代化物流枢纽，并优化现有物流园区、配送点、专业市场布局。打造综合型物流园区（中心）。以南宁国际铁路港、吴圩空港、北部湾港、钦州铁路集装箱中心站、玉林现代物流集聚区、国铁凭祥口岸物流中心、柳州铁路物流园、桂林空港物流产业园区、梧州西江综合物流园、贵港苏湾现代物流园、中国—东盟农产品进出口物流中心、粤桂农副产品物流配送中心、东盟国际茧丝绸交易中心、来宾市宾港现代物流服务业集聚区等为重点，加强物流园区（中心）与产业园区之间业务模式、作业工具和流程的一体化应用和功能互补，将这些物流园区（中心）打造成为以物流为基础，为采购、制造、分销、零售的供应链提供全方位服务，集物流、加工、信息、商贸、金融等功能于一体的综合型物流园区（中心），实现"物流＋贸易＋产业"深度融合。

3. 加快建设广西物流综合信息平台

建设广西物流公共信息平台。以信息化构建物流服务的核心竞争力，推动物联网、云计算、大数据、区块链等现代信息技术在物流领域的集成应用，统筹公路、水路、铁路、航空、邮政等运输物流服务信息网络，推动交通枢纽信息化、智能化运行，提供信息发布、仓配管理、追踪溯源等服务，打造效率更高、范围更广、标准更严的交通物流信息系统。待条件成熟时，在此基础上以广西物流公共信息平台和数据库为突破口，建设多位一体的中国—东盟信息服务平台，打造中国—东盟物流信息中心。充分整合多领域信息平台数据。支持物流企业与产业链上下游企业加强信息标准对接，支持拓展平台功能，强化大数据、金融服务，开发数据分析业务，充分整合招商引资信息、产业经济信息、公共服务信息、防灾减灾信息等多领域信息平台的相关数据，积极应用大数据理论，充分挖掘与分析有关物流信息，依托大数据为物流活动提供决策参考。

4. 打造多功能的现代综合服务平台

创新物流枢纽运营模式，搭建高效优质的枢纽经济服务平台。具体来说，可以强化广西交通枢纽物流、商贸、生产、金融等增值服务功能，整合不同功能层次的创新服务，以火车站、汽车站、港口、机场等重要综合交通枢纽为依托，着力打造集传统贸易、投融资服务、电商、物流、城市服务于一体的现代综合服务平台。整合碎片化链条，推动物流、信息流、资金流、商流"四流合一"，提升区域资源配置能力和效率。

5. 探索建立交通物流服务平台

一是打造冷链物流服务模块。设立冷链物流服务模块，整合冷链班列、冷库设施等物流资源，为广西及东盟国家海产品、农产品提供冷链物流交易、调配、结算等服务。

二是打造公路货运模块。争取使广西节点的 12 吨以上货车北斗 GPS 实现位置数据和历史轨迹数据接入国家交通物流公共信息平台，并加强广西与广东、云南、贵州、湖南等周边省份物流信息的互联互通。

三是打造广西班列服务模块。以班列"单一窗口"为基础，完成班列、口岸及场站、综合保税区的整合，为客户提供国际班列及国际铁路口岸通关、综合保税业务一站式全链条物流服务。

四是打造航运公共订舱模块。由自治区政府统一规划海运公共订舱平台的功能和建设架构，串联海运物流链上的相关实体单位，提供订舱通道服务，实现多家船公司无纸化订舱。

五是打造广西多式联运综合信息服务模块。充分发挥中国—东盟信息港的数据优势，设立以海铁联运为主干线，以公海联运、跨境公路、跨境铁路等为辅的一主多线的多式联运综合信息服务模块。

6. 发展智慧绿色物流

应用现代科学技术推动物流领域智能化发展，发展高效物流组织方式，同时，优化物流流程和运输结构，发展低碳物流，践行绿色发展理念。

一是加强技术创新和科技成果孵化。充分利用物联网、大数据、云计算、遥感、人工智能等新一代信息技术，开创"互联网＋交通枢纽"新模式，依托国家物流枢纽构建相互协作的网络，整合区域客货运场站、运输车辆和信息资源，探索建立推动枢纽经济发展的智慧交通产业服务平台，培育和壮大枢纽经济。以广西特色农产品交易和物流服务为核心业务，对接京东生鲜、天猫超市、顺丰优选、盒马生鲜等国内龙头品牌生鲜电商平台。

二是加强国家物流枢纽的物流技术标准应用。在广西物流园区重点推进大宗物资储运、跨境电商、快递、冷链等领域物流操作标准和规范应用。支持仓储设施、转运设施、运输工具、装卸设备等的标准化建设和改造，推进管理软件接口标准化，逐步推进物流单证标准化、提单化。利用物联网、大数据等信息技术完善物流枢纽与贸易统计数据，为物流枢纽运营决策和运行监测提供先进技术手段。

三是大力发展智慧物流。整合生产、物流、贸易、金融、信用、政务等各类信息资源，协同西部陆海新通道沿线省区市及东盟国家，推进沿线港口、机场、口岸、铁路企业、航运企业、物流企业、公共服务与监管部门及其他服务相关方管理信息平台互联互通。鼓励各枢纽场站装配物流机器人和自动分拣、智能查验等智能化设施设备。支持物流设施升级改造,建设智慧港口、智慧机场、智慧物流园区等,推进智慧口岸建设。

(五)培育市场化、国际化的国家物流枢纽建设运营主体

1. 整合物流枢纽建设运营各主体

建设高质量现代物流枢纽是一个跨铁路、公路、港口、航空、口岸、物流园区、物流中心等的系统工程,既要体现政府管理职能,又要体现市场运行因素,随着物流枢纽建设不断推进,现代物流枢纽建设运营主体培育已经不可或缺。可通过合作运营多式联运网络,按照市场化规则,从减少物流环节、提高物流效率出发,探索组建物流建设运营企业,进行物流分工协作,共享利益。中国南宁铁路局集团有限公司、广西北部湾投资集团有限公司、广西北部湾国际港务集团有限公司都可以作为行业的物流枢纽建设运营主体,并在此基础上通过投资入股等方式建立新的企业,作为物流枢纽建设运营主体,参与建设运营北部湾经济区高质量现代物流枢纽,并成为高质量现代物流枢纽建设运营的标杆企业。

2. 探索建立国家物流枢纽建设运营参与企业的利益协同机制,提高枢纽组织效率

北部湾经济区参与物流枢纽建设运营的主体众多,各企业在国家物流枢纽建设运营中的角色和作用不同,决定了其在物流经营中获得的利益有很大的不同。保护各经营主体的利益成为提高经营主体积极性和物流枢纽组织效率的关键因素,因此,有必要建立北部湾经济区物流枢纽建设运营参与企业的利益协同机制。

3. 发挥物流行业协会的作用

支持广西物流与采购联合会等行业协会制定物流行业规则,建立物流综合信息平台,推动各经营主体的信息互联互通、共享共用,聚集物流、信息流、资金流、商流等,通过共享物流信息实现分工协作和利益共享。

（六）培育发展枢纽经济，不断增强物流在经济发展中的作用

依托物流枢纽承载城市和物流园区发展枢纽经济，发展物流加工业、贸易加工业及其他产业。

一是大力发展临港经济。推进北海铁山港、钦州港、防城港依托港口型物流园区发展临港工业，做大做强大宗粮油等农产品加工业，发展电子信息、石油化工、新材料、钢铁、铜铝等产业，形成北部湾港临港产业集群。

二是加快发展服务业。打造以消费内需为市场导向的商贸物流服务体系，发展服务周边区域性商贸服务业，对接西部地区消费市场，扩大优势商品、旅游产品等的辐射范围，重点发展电商、包装、广告、设计、会展、信息等服务业。

三是积极发展铁路通道经济。在南宁、钦州、北海、防城港、玉林、崇左等城市布局铁路陆港型物流园区，建设南宁国际铁路港、钦州—北海—防城港海铁多式联运设施，发展跨区域、可以依托铁路沿线资源的产业，重点发展信息、家用电器、纺织服装、农产品加工等产业，打造国内外产业链。

四是做大做强园区经济。在物流枢纽城市布局建设公路陆港型物流园区，引进国内外大型物流经营主体，建设服务本地、辐射周边的物流园区，发展与本地支柱产业有关的加工业；建设完善南宁、钦州、北海、防城港、玉林、崇左等生产服务型物流园区，服务当地的钢铁产业、电子信息产业、先进制造业、新材料产业、铝加工业、木材加工业、农产品加工业等产业。

五是积极发展一般贸易和边境贸易。壮大东兴、凭祥、水口和龙邦陆上边境口岸型物流园区，充分利用自由贸易试验区、海关特殊监管区和边境贸易政策，建立贸易加工区，发展口岸经济，重点开展木材加工、家居制造、茶叶加工、水产品加工、坚果及果蔬加工，同时，带动当地发展澳洲坚果等种植业。

六是加快广西空港经济发展。依托空港物流园区建设南宁空港经济区、扶绥空港经济区，重点发展新一代信息产业及高端服装、健康食品、生物医药、跨境电商、美容产品、免税商品等临空产业。

（七）加快发展、推进特色物流

1. 大力推进现代冷链物流发展

不断丰富冷链发运货种，加快建设从生产地到餐桌的农产品全程冷链物流体系，实现从生产到消费的全覆盖，实行"生鲜电商＋冷链宅配"等新模式。积极开行北部湾港至成都、重庆、兰州等地的农产品常态化铁路冷藏运输、冷藏集装箱多式联运。鼓励企业不断升级冷链技术装备，加大财金政策支持力度，鼓励投资油电混合冷链集装箱、恒温集装箱等先进冷链装备。

2. 积极发展大宗商品物流

大力发展粮食、矿石等大宗商品物流，探索集装箱化运输，构建集在线交易、金融服务、实物交割、物流服务于一体的国际大宗商品交易平台。

3. 加快推进电商物流发展

大力发展中国（南宁）跨境电商综合试验区，落实跨境电商零售进口相关政策。鼓励电子商务企业依托物流通道，建立完善电子商务物流服务平台，构建完善的区域分拨网络，优化海外仓布局。

4. 推动保税物流发展

推动凭祥综合保税区、南宁综合保税区、北海综合保税区、钦州保税港区等海关特殊监管区，发展跨境电子商务、国际采购、中转分拨、保税仓储、保税加工、加工贸易、国际物流、检测维修、出口加工、汽车进出口等产业。

（八）加快构建高效衔接的多式联运体系

1. 壮大多式联运经营主体

强化广西北部湾国际联运发展有限公司统筹"港口＋铁路"功能，鼓励港口和航运企业、铁路运输企业以资本融合、资源共享为纽带，培育多式联运专业化经营主体。引导组建跨境公路运输协会，培育壮大跨境运输企业，扩大跨境运输规模。与东盟国家物流企业、物流行业协会组建跨境物流合作联盟，合作推动公路、铁路、民航等互联互通与跨境物流业务。

2. 推进多式联运组织和服务模式创新

一是支持多式联运运营平台企业推行海铁联运"一单制""一口价""一站式"的"三个一"服务模式，实现全程"一份合同""一个承运人""一种费率""一单结算"的"四个一"目标。二是与东南亚国家合作制定跨境公路运输、跨境铁路运输标准并推广运用，积极拓展国际联运服务。三是推动建立无水港和集装箱还箱点，积极推动海铁联运集装箱标准统一，推动集装箱"下船即上车""下车即上船"，实现无缝对接。

3. 强化多种运输方式的融合衔接

高质量建设广西各类口岸多式联运基础设施，加强铁路、公路、水运、民航、邮政等重点交通基础设施衔接，有效打破"最初一公里"和"最后一公里"的瓶颈，加快形成功能完备、协作明晰、融合发展的枢纽体系。大力发展公铁联运、港铁联运、公水联运和水水联运，以及厢式半挂车多式联运等。重点在南宁国际铁路港、北部湾港内合作共建多式联运转运中心，满足西部陆海新通道沿线省区市及东盟国家货物的仓储、集散、转运、装卸等多重需求。

4. 构建便捷高效的公铁集疏运体系

着力优化联运通道枢纽布局，重点推动形成多式联运集聚区和多式联运集聚带，通过呼北、泉南、兰海等高速公路，南广、南昆、湘桂、黔桂铁路，连接南宁国际物流园、柳州铁路物流园、梧州西江综合物流园、中国—东盟农产品进出口物流中心等重要物流节点，构建便捷高效的公铁集疏运体系，提升物流组织效率。

5. 努力拓展海铁联运班列线

一是优化班列班轮运营和货源组织。在巩固加密已经常态化开行的 5 条线路之外，抓住国家大力调整交通运输结构的机会，面向重庆、四川、云南等重点省市积极组织货源。二是继续努力拓展开行新的线路。加强与中欧班列、长江航运有机衔接，努力实现与中欧班列无缝衔接。进一步织密航线网络。加强与东南亚国家主要港口的联系，合作开行航线，努力实现东南亚主

230

要港口航线全覆盖。三是努力开行更多集装箱远洋航线。稳定开行北部湾港—新加坡、北部湾港—香港常态化班轮，提升班轮服务水平和箱位利用率。支持钦州港—南美洲的远洋直航航线、北部湾港—印度/中东远洋航线常态化运营，与大型航运企业加强合作，努力开行更多集装箱远洋航线，不断扩大港口辐射范围并提升其国际服务能力。

（九）切实降低物流成本

1. 进一步优化营商环境

深化"放管服"改革，推动商务、工信、市场监管、税务、海关等政府部门的监管创新和监管合作，进一步推动港口优服降费、降低运输成本等供给侧结构性改革落实到位。强化交通基础设施建设，用市场化手段发展广西物流业，切实降低企业运营成本。在现有的基础上，逐步调低高速公路货车通行费。进一步清理一级、二级公路收费点，对确需保留但货运车辆流量大、对港口货运成本有较大影响的一、二级经营性公路收费站（如贵港覃塘、庆丰收费站），建议采取政府补贴的方式，降低货车特别是集装箱货车的收费标准。进一步降低广西沿海铁路的收费标准，推动实行广西地方铁路和国家铁路统一费用标准，统一收费项目并一次计费、一票到底，并减收或免收代理费。

2. 大力发展多式联运、甩挂运输

加快完善各类口岸多式联运设施，加强铁路、公路、水运、民航、邮政等基础设施建设衔接，除机场口岸外，在广西各水运口岸、公路口岸、铁路口岸实行集装箱多式联运，重点发展公铁联运、港铁联运、公水联运和水水联运，大力发展厢式半挂车多式联运。积极发展公路甩挂运输，重点关注甩挂运输的五大影响因素——政策制度、组织化程度、货运场站功能、信息化建设、运输车辆配备。建设完善一批具有多式联运功能的跨境物流园区，减少牵引车数量、提高牵引车工作效率，降低投资成本，减少驾驶员的数量以减少人员开支，降低空载率以提高车辆使用率，这样有利于降本增效。

3. 完善道路货运证照考核和车辆相关检验检测制度

积极完善货运驾驶员从业资格认证和信用管理制度，解决货运司机及运营车辆证照办理、审验及检验、检测重复烦琐，公路执法行为不统一、不规范，通行费收费标准偏高等物流企业反映强烈的问题。

参考文献

曹允春、罗雨：《空港型国家物流枢纽承载城市航空物流关联程度及其网络结构研究》，《技术经济》2020 年第 8 期。

黄雯等：《"一带一路"背景下广西跨境物流模式的发展研究》，《大陆桥视野》2020 年第 8 期。

王玲：《商贸服务型国家物流枢纽城市专业批发市场空间疏解的策略研究》，《智能城市》2020 年第 13 期。

喜崇彬：《国家物流枢纽项目信息化建设及智能物流技术应用分析》，《物流技术与应用》2020 年第 7 期。

陈秋如：《广西面向东盟的跨境电商与物流协同发展的思考》，《现代商贸工业》2020 年第 21 期。

姜玉宏等：《国家物流枢纽网络军民融合发展研究》，《中国储运》2020 年第 7 期。

贺兴东、刘伟、刘文华：《生产服务型国家物流枢纽的机理与实现》，《中国经贸导刊》2020 年第 12 期。

李衡、郑文明、任引：《港口型国家物流枢纽多式联运发展策略研究——以福建某港口为例》，《贵阳学院学报》（自然科学版）2020 年第 2 期。

翟茹雪：《国家物流枢纽建设规划背景下新型物流枢纽的发展研究——以广州国际物流产业枢纽为例》，《物流科技》2020 年第 6 期。

吕国清：《服务西部陆海新通道战略的广西北部湾港口物流协同发展研究》，《广西质量监督导报》2020 年第 4 期。

甘卫华、姚文珮、刘郑：《国家物流枢纽建设视角下物流业对区域经济活力影响的评价》，《物流技术》2020 年第 4 期。

易城：《加快发展广西现代物流业的研究》，《市场论坛》2020 年第 4 期。

张莉莉、刘铁：《襄阳市建设生产服务型国家物流枢纽的思考》，《商场现代化》2020 年第 5 期。

李芏巍等：《生产服务型国家物流枢纽：概念、特征及其在全球供应链中的地位》，《供应链管理》2020 年第 3 期。

陈幸吉、郭子云：《泸州物流产业发展对策研究——基于港口型国家物流枢纽承载城市背景下》，《北方经贸》2020 年第 2 期。

李芏巍：《自由贸易试验区与国家物流枢纽城市建设的战略定位思考》，《大陆桥视野》2020 年第 1 期。

刘爱玲、黄春艳：《广西智慧物流公共服务信息平台建设研究》，《沿海企业与科技》2019 年第 6 期。

栾相科：《点线成网建国家物流枢纽　提质增效创战略发展机遇》，《中国经济导报》2019 年 10 月 16 日。

谢雨蓉、陆成云、汪鸣：《构建国家物流枢纽网络　重构高质量运输大格局》，《大陆桥视野》2019 年第 10 期。

杜凤蕊：《广西 - 东盟农产品跨境电商冷链物流发展分析》，《对外经贸实务》2019 年第 10 期。

汪鸣：《国家物流枢纽高质量建设与发展探讨》，《大陆桥视野》2019 年第 9 期。

汪鸣、常河山：《国家物流枢纽成为集群产业价值提升的新动能》，《现代物流报》2019 年 9 月 2 日。

本刊编辑部：《新时期国家物流枢纽建设中发展多式联运的意义与作用》，《大陆桥视野》2019 年第 8 期。

夏文斌、庞燕：《长沙市打造国家物流枢纽的思考——新起点、新挑战、新任务与新举措》，《中南林业科技大学学报》（社会科学版）2019 年第 3 期。

徐竟楠、祝宇巍、任津辉：《国家物流枢纽城市信息平台及退出机制设计》，《广西质量监督导报》2019 年第 3 期。

李柏敏、黄荣：《广西北部湾港口物流竞争力比较分析》，《沿海企业与科技》2019 年第 1 期。

谷玉红：《广西物流金融的基本模式及风险控制研究》，《时代金融》2018 年第 8 期。

赵月：《"一带一路"战略背景下广西物流业发展的机遇及其挑战探析》，《经贸实践》2018 年第 6 期。

朱念等：《基于灰色关联分析的广西制造业与物流业联动发展研究》，《数学的实践与认识》2018 年第 2 期。

谢名雪：《新形势下广西发展现代物流业现状及对策研究》，《市场论坛》2018 年第 1 期。

B.14
"十四五"时期广西北部湾经济区扩大高水平开放的战略思考

吕余生*

摘　要：　面对"十四五"我国全面开启建设社会主义现代化国家新征程等新的形势与要求，广西北部湾经济区的开放开发面临新的矛盾与问题、新的机遇与挑战、新的目标与任务，准确把握国内国际大局，科学预判世界经济和开放合作大趋势，牢牢把握高水平开放、高质量发展主线，制定广西北部湾经济区扩大高水平开放的发展战略，提升对外开放的质量、水平，形成"十四五"开放发展新格局，在高水平开放中实现高质量发展，十分重要。本报告在分析"十三五"时期广西北部湾经济区对外开放的成就和问题，研判"十四五"时期广西北部湾经济区扩大高水平开放的有利条件、不利条件和面临的机遇、挑战的基础上，进行了"十四五"时期广西北部湾经济区扩大高水平开放的总体要求、构建高水平开放发展新格局、加快高水平开放的互联互通建设等战略思考。

关键词：　广西北部湾经济区　高水平开放　高质量发展

---

* 吕余生，博士生导师，广西壮族自治区决策咨询委员会专家，广西北部湾发展研究院院长，二级研究员，享受国务院政府特殊津贴专家，主要研究方向为区域经济和中国—东盟开放合作。

"十四五"我国全面开启建设社会主义现代化国家新征程，既处在重要的战略机遇期，也处在国内国际形势不稳定、不确定因素增加的矛盾交织期。面对新的形势与要求、新的矛盾与问题、新的机遇与挑战、新的目标与任务，准确把握国内国际大局，科学预判世界经济和开放合作大趋势，牢牢把握高水平开放、高质量发展主线，制定广西北部湾经济区扩大高水平开放的发展战略，提升对外开放的质量、水平，形成"十四五"开放发展新格局，在高水平开放中实现高质量发展，十分重要。

一 广西北部湾经济区扩大高水平
开放的重要意义

（一）扩大高水平开放，是贯彻落实习近平总书记对广西工作的重要指示批示精神的根本遵循和重要举措

习近平总书记对广西提出"三大定位"新使命、"五个扎实"新要求和"建设壮美广西，共圆复兴梦想"的奋斗目标，深刻指明了广西在改革开放中的战略地位和前进方向，为广西新时代改革开放注入了强大动力，我们一定要认真贯彻落实。广西北部湾经济区有条件、有基础、有责任、有义务，应在新时代改革开放和推进"一带一路"建设中发挥更大作用，担当高水平开放、高质量发展的使命，全面谱写新时代对外开放的新篇章。

（二）扩大高水平开放，是推动广西北部湾经济区加快高质量发展的重要抉择

发展经验表明，对外开放是广西北部湾经济区各项事业取得长足发展的根本动力。广西北部湾经济区发展的优势在区位，潜力在开放。唯有扩大高水平开放，才能充分凸显其区位优势，才能激发改革发展的活力，才能推动高质量发展。因此，广西北部湾经济区要紧紧围绕"三大定位"新使命，实施更加主动的开放带动战略，深度融入"一带一路"建设，大力发展向

海经济，加快提升开放型经济水平，不断完善"南向、北联、东融、西合"的开放合作区域布局，形成全方位、高起点、高水平的开放发展新格局。

（三）扩大高水平开放，是推动广西北部湾经济区构建开放型经济体制机制的重要抓手

通过高水平开放，可以引导干部群众树立世界眼光，学习世界现代化的发展理念和先进的管理经验，提高广大干部群众洞察国际局势、驾驭市场经济的能力，不断深化改革，推动开放型经济体制机制的建立，以更好地实施创新驱动战略和开放带动战略，推动经济区开放开发和高质量发展。

二 "十三五"时期广西北部湾经济区对外开放的成就和问题

（一）"十三五"时期广西北部湾经济区对外开放取得重大成就

一是开放型经济水平不断提升。外贸和招商引资水平进一步提升，开放合作平台建设进一步加强，外贸调结构、转动力扎实推进，实施二轮加工贸易倍增计划，推进边民互市贸易发展升级，积极培育服务贸易。全面落实国家外商投资法和实施条例，落实国家稳外贸稳外资政策，进一步扩大市场准入，推动加工贸易创新发展，扩大一般贸易规模，有效地推动了国际产能合作和进出口总额、加工贸易、一般贸易、吸引外资和对外投资的增长，特别是边民互市贸易额连续多年稳居全国首位。

二是融入"一带一路"建设取得积极成效。实施更加积极主动的开放带动战略，构建"南向、北联、东融、西合"新格局，为"一带一路"建设提供了有力支撑。加快实施"一带一路"重点突破工程，一批"一带一路"建设项目被列入国家项目库。西部陆海新通道、中国—东盟信息港加快建设，中国—东盟博览会、中国—东盟商务与投资峰会升级发展，泛北合作和中国—中南半岛经济走廊建设务实开展，与东盟国家的 47 个港口建立中国—东盟港口城市合作网络。实施加工贸易倍增计划，推动广西品牌企业"走出去"建立海外基地。中马"两国双园"、中越跨境经济合作区、东兴和凭祥国家重点开发开放试验区、凭祥国检试验区、中国（广西）印尼经济合作区等开放合作平台建设不断取得新进展。统筹实施"一带一路"百项重点工程，抓住国家加大西部开放力度的有利机遇，推动"引进来"和"走出去"，完善四维支撑、四沿联动开放发展新格局，开放型经济水平不断提升。

三是开放合作区域布局不断完善，"南向、北联、东融、西合"开放发展新格局初步形成。在南向方面，全面实施广西北部湾经济区升级发展行动计划，推动北钦防开放发展迈上新台阶，加快北钦防一体化发展，推动北部湾城市群联动发展。临海产业、沿边口岸加工业、远洋捕捞、深海养殖、海产品精深加工及海上运动休闲等新兴海洋产业加快培育，海洋强区建设取得新突破。面向东盟的开放合作加快步伐，加密北部湾港远洋航线，北部湾港至香港、新加坡班轮实现常态化运行，开行北部湾港至重庆班列和北部湾港至新加坡、北部湾港至香港班轮"天天班"。获批建设面向东盟的金融开放门户，担负起为国家全面深化金融改革开放探索经验的新重任。连续成功举办中国—东盟博览会、中国—东盟商务与投资峰会。获批建设北海国家海洋经济发展示范区、防城港边境旅游试验区，北海出口加工区升格为综合保税区，探索建立国际贸易"单一窗口"取得成效。中国—东盟信息港建设加快，中国—东盟信息港大数据中心、面向东盟的特色大数据产业加快发展和运营。全面启动信息港小镇建设，加快建设地理信息小镇和广西移动、电信大数据中心等信息基础设施，中国—东盟大数据综合服务平台、中国—东盟新型智慧城市协同创新中心、中国—东盟网络视听产业基地加快推进发展。

在北联方面，突出陆海联动，发展向海经济，加密南宁、柳州、桂林连接中南的铁路、高速公路和机场航线，南宁机场航站楼改造提升及南宁空港、南宁国际铁路港建设加快推进，南、来、柳、桂新经济走廊正在形成，湘、鄂、豫与广西北部湾经济区的合作日趋紧密。

在东融方面，全面融入、对接粤港澳大湾区取得重大进展。推进东部地区率先融入大湾区，珠江—西江经济带产业支撑能力不断提升，玉林打造东融重要通道和区域枢纽逐步推进，项目建设、招商引资和承接东部产业转移取得新成效，对接粤港澳大湾区先进生产力加速，防城港国际医学开放试验区建设获得中央支持。

在西合方面，西部陆海新通道建设上升为国家战略并务实推进，取得显著成效，海铁联运班列连通西部相关省市，实现与中欧班列无缝连接，逐步实现北部湾港至欧洲中欧班列常态化，中国—中南半岛经济走廊公路、铁路便利化运输得以促进。深入实施兴边富民行动，东兴、崇左边境基础设施建设不断加强，边境地区稳定安宁，经济繁荣发展，对外开放步伐不断加快。

四是对外开放的平台载体不断创新丰富。中国—东盟博览会、中国—东盟商务与投资峰会、泛北部湾经济合作论坛连续成功召开，"南宁渠道"效应持续发挥；中马"两国双园"、中国·印尼经贸合作区、钦州保税港区、凭祥综合保税区、南宁综合保税区、北海出口加工区等国际产能合作平台加快建设，集聚、辐射作用不断增强；国家级经开区创新提升；中国—东盟信息港、东兴和凭祥国家重点开发开放试验区、中越跨境经济合作区、中越德天—板约瀑布跨境旅游合作区、海峡两岸产业合作区等开放合作平台建设加快推进。

五是中国（广西）自由贸易试验区获批，开局良好。中国（广西）自由贸易试验区高标准建设启动，"五区一港"布局已基本完成。将对标国际先进规则、一流标准和高水平开放的新要求，发挥系统集成全区开放平台的牵引作用，开展一系列具有地方特色的制度创新，探索形成更加协调、更具竞争力的开放发展新格局，在扩大高水平开放上迈出新步伐、取得新成效，未来必将建成面向东盟开放合作的先行先试示范区。

六是对外开放的营商环境进一步优化。优化营商环境成为推进广西高水平开放、高质量发展的重要抓手，政府服务能力不断提高，"放管服"改革取得明显成效，多批次取消、下放和调整行政审批事项，在全国率先推行"多证合一、一照一码"商事登记模式，项目审批效率提高，跨境人民币结算量在西部和边境省区中保持第一，沿海铁路集装箱运输实现"同网同距同价"。"两国一检"模式逐步推行，国际贸易"单一窗口"将逐步实现全覆盖，通关便利化水平不断提升。

（二）"十三五"时期广西北部湾经济区对外开放存在的问题

一是面临的环境复杂多变，亚太地区地缘政治形势复杂，加上新冠肺炎疫情的冲击，广西对外开放不稳定、不确定因素增多，面临的挑战严峻。二是经济总量小，由于疫情的影响，当前经济下行压力持续加大，企稳基础不牢固，个别重点行业出现下滑，这势必影响招商引资和对外投资。三是新动能和资金、土地、人才、创新、基础设施、公共服务等领域短板比较明显，对外开放的支撑要素不足。四是对外开放政策创新性不足，一些改革举措和政策落实不到位，开放合作的体制机制不够健全完善，营商环境尚需进一步优化。五是对外开放方式较为单一，开放合作平台作用发挥不够，对外开放通道通而不畅，新技术、新产品、新模式、新业态发展不足，影响广西北部湾经济区对外开放步伐的加快和整体水平的提升。

三 "十四五"时期广西北部湾经济区扩大高水平开放的有利条件、不利条件和面临的机遇、挑战

习近平总书记指出："当前，我国处于近代以来最好的发展时期，世界处于百年未有之大变局，两者同步交织，相互激荡。"① 准确判断"十四五"时期国际政治经济的新变化、新趋势、新特征，抓住新机遇，迎接新挑战，对于维护延长广西重要战略机遇期、塑造提升广西北部湾经济区国际影响力、引导扩大高水平开放、推动实现经济社会高质量发展，具有重大现实意义。

（一）有利条件和机遇

第一，世界新变局、国际新形势、经济新走势，将为广西北部湾经济区新时代扩大高水平开放营造新环境、带来新机遇。

---

① 张剑抒：《在全球战"疫"中把握"百年未有之变局"》，《南方日报》2020 年 6 月 8 日。

世界处于百年未有之大变局，国际治理体系面临调整，作为超级大国的美国制度颓势显露，中国作为负责任大国正在走向世界舞台中心，这将为我们推动高水平开放、加强国际合作，创造有利条件和新的机遇。

全球化继续发展，虽有逆流挫折，但不可能发生逆转，经济全球化、区域经济一体化、构建人类命运共同体不断深入人心，这将为广西扩大高水平开放、加强国际合作，创造有利条件和新机遇。

世界经济格局面临调整，全球产业分工格局孕育新变化，世界供应链、产业链加快重组，世界新一轮科技革命和产业变革兴起，世界经济增长模式面临重大转变，这将为我们发挥区位、市场、劳动力等优势，加快扩大开放步伐，发展新兴产业提供重大机遇。

第二，"一带一路"建设全方位推进、高质量发展，我国对外开放出现由商品和要素流动型开放向规则等制度型开放转变的新趋势，我国与世界经济的融合度将不断提升，与国际经贸规则的对接将日趋紧密，这将为广西北部湾经济区努力扩大高水平开放、争取全方位国际合作，创造新的有利条件和新的发展机遇。

第三，国际经济走势对提高对外开放质量、效益提出新要求，重塑经济竞争优势成为紧迫任务，将倒逼广西北部湾经济区形成扩大高水平开放的新动力。

第四，西部陆海新通道建设、海南自贸港建设、广西自贸区建设、面向东盟的金融开放门户建设、全面对接粤港湾大湾区合作发展，将为广西扩大高水平开放、加强国内国际合作，打下良好基础，创造有利条件和新的发展机遇。

第五，疫情暴发后"在危机中育新机，于变局中开新局"的新机遇。我们必须看到，虽然新冠肺炎疫情对我国的外贸形成较大的冲击，但随着世界产业链的重构，新产业、新业态的兴起，对外开放也将迎来一些新的机遇。中国东盟合作在疫情重压下逆势增长就是一个很好的例子。2020年第一季度，中国和东盟的货物贸易总额增长6.1%，突破1400亿美元，东盟首次成为中国最大的贸易伙伴，这对广西北部湾经济区与东盟的开放合作无疑是一强劲的推动。

（二）不利条件和挑战

1. 新冠肺炎疫情对世界经济冲击的挑战

由于新冠肺炎疫情的冲击，我们面临应对公共卫生危机、世界经济严重衰退、国际经贸摩擦加剧等全球性挑战，世界各大经济体经济下行严重，进出口贸易萎缩，即使疫情结束，恢复经济增长也尚需一定时日。因此，"十四五"前期世界经济仍将处于低迷期，广西北部湾经济区也会面临周期性经济下行的挑战，这势必会给扩大高水平开放带来不利。

2. 大国博弈激烈化、贸易摩擦常态化带来的挑战

逆全球化、贸易保护主义、单边主义抬头，使我国对外贸易发展面临严峻的挑战。从国内看，经济下行压力持续加大，成本上升，土地、劳动力等比较优势弱化等，也使广西北部湾经济区对外贸易面临挑战。

3. 国际形势不稳定、不确定因素增多的挑战

地区和局部战争不断，非传统安全事故增多，大国间的竞争和博弈激烈，国际关系的不稳定、不确定因素增多，势必会在一定程度上影响广西北部湾经济区对外开放的进程。

4. 来自东盟国家和周边省区市的竞争加剧，广西北部湾经济区面临传统比较优势弱化的挑战

东盟国家和周边省区市开放发展步伐相对较快，广西经济总量相对不足，产业基础、产业链条不够坚实，人才缺乏，科技创新不足，区位优势未能充分发挥，思想观念有待进一步解放、更新，这些因素如处理不好，也会弱化广西北部湾经济区扩大高水平开放的内生动力。

四 "十四五"时期广西北部湾经济区扩大高水平开放的战略思考

（一）"十四五"时期广西北部湾经济区扩大高水平开放的总体要求

"十四五"时期广西北部湾经济区扩大高水平开放，必须坚持以习近

平新时代中国特色社会主义思想为指导,深入贯彻落实党的十九大和十九届三中、四中、五中全会精神,以习近平总书记对广西工作的重要指示批示精神为根本遵循,认真贯彻落实"三大定位"新使命、"五个扎实"新要求,全力参与"一带一路"建设,深化以东盟为重点的开放合作,积极对接和融入粤港澳大湾区,加快中国(广西)自由贸易试验区、西部陆海新通道、开放型金融试验区建设,完善优化"双核驱动,三区统筹"和"南向、北联、东融、西合"的开放型区域经济布局,把广西北部湾经济区建成高水平开放、高质量发展的新高地,奋力为实现"建设壮美广西,共圆复兴梦想"的宏伟目标做出重要贡献。

到2025年全面实现广西北部湾经济区高水平开放的奋斗目标:开放带动战略全面实施,"三大定位"新使命、"五个扎实"新要求全面落实,对外开放活力明显增强,对外开放水平显著提高,"一带一路"建设取得明显成效,以基础设施建设、体制机制改革为重点的高水平开放支撑体系稳固扎实,高水平开放合作区域布局和开放型产业体系基本形成。经过5~10年努力,把广西北部湾经济区建成区位优势凸显、陆海协同一体、科技创新驱动、外向型经济发达、生态优良、文化先进、体制机制创新、治理高效、平台优化、服务优良的高水平开放新高地。

(二)完善优化区域布局,强化区域协同,构建高水平开放发展新格局

"十四五"时期广西北部湾经济区扩大高水平开放,必须在"南向、北联、东融、西合"战略布局的基础上,进一步完善优化开放合作的区域布局,强化区域协同、一体化发展,发挥各地比较优势,加强发展战略统筹衔接,构建"龙头带动、区带支撑、特色鲜明、协调发展"开放合作的区域经济新格局。

一是以"南向"为目标,统筹区内,连接国内,深耕东盟,拓展日韩,面向欧美,走向世界。第一,深入推进广西北部湾经济区开放开发,加快北钦防一体化发展,推动北钦防开放发展迈上新台阶。将北部湾经济区作为广

西开放发展优先方向，壮大向海经济和临港产业，培育新兴产业，建设高端服务业集聚区，搭建大平台，聚集大产业，把北部湾经济区建设成为落实"三大定位""五个扎实"的核心示范区、面向东盟的桥头堡、高水平开放的主战场。第二，实行强首府战略，把南宁打造成北部湾城市群和北部湾经济区的核心城市，成为广西高水平开放的引领区。第三，抓住 RCEP（《区域全面经济伙伴关系协定》）签署的机遇，加快推进"10 + 5"合作，全力推动与东盟共同体的全方位开放合作。加快"一廊两港"建设进程，全力打造西部陆海新通道、中国—中南半岛经济走廊、中国—东盟港口城市合作网络和中国—东盟信息港，形成面向东盟的南北陆路、海路和信息国际大通道，打造国际产能合作新平台。在此基础上，拓展与日韩欧美的开放合作，引导北部湾经济区高水平开放走向世界。

二是以"北联"为纽带，加强推动与湘、鄂、豫和长沙、武汉、郑州等省、市的合作，构建南来柳桂经济带和湘桂向海经济走廊。依托发挥南宁、柳州、桂林三大区域中心城市的核心带动作用，实施强首府战略，打造南宁区域性国际枢纽城市。借助柳州建设现代制造城优势，联合推进现代制造业向高端化、智能化、绿色化、集群化发展。借助桂林的国际地位，联合发展壮大电子信息、生物医药等高新技术产业，建设世界一流的国际旅游胜地。依托南、柳、桂工业基础好、教育科研资源集中和交通条件便利的优势，形成新的经济隆起带。构建湘桂向海经济走廊，推动北部湾经济区与湘、鄂、豫和长沙、武汉、郑州等省、市合作，形成沟通南北经济的大动脉，把南来柳桂经济带和湘桂向海经济走廊打造成为连接"一带一路"的国际大通道、中南地区开放发展新的战略支点和内陆开放合作的典范。

三是以"东融"为导向，提升做实通江达海的珠江—西江经济带，加快融入粤港澳大湾区。加快"东融"步伐，积极对接粤港澳大湾区发展，主动对接海南自由贸易港，进而与长三角等东部沿海发达地区加强合作。以珠江—西江经济带、桂东南各市和北部湾经济区作为"东融"的前沿，拓展打牢对外开放的腹地支撑。完善承接粤港澳大湾区产业梯度转移的合作机制，推动北部湾经济区、粤桂合作特别试验区、贺州东融先行示范区、玉林

"两湾"产业融合发展，主动接受大湾区辐射，服务大湾区市场，主动承接产业转移，着力引进资金、技术、人才，借力发展。加强与广东产业的对接，深化旅游、港航等领域合作，建设产业转移示范区，打造面向大湾区的优质农副产品供应基地、科技创新成果转化基地和文旅休闲康养基地。全面提升与粤港澳大湾区的互联互通水平，推进连接大湾区的海陆空大通道建设，推动两广铁路、高速公路规划的建设衔接，加密南宁、北海与大湾区机场航线，全面提升珠江—西江黄金水道港航能力。加强广西北部湾港与香港港、广州港、深圳港等国内大港的合作，共同培育和加密北部湾至粤港澳大湾区的班轮航线，主动融入粤港澳大湾区世界级港口群，以建设广西北部湾自由贸易港为目标，把北部湾港打造成为区域性国际航运中心。努力把北部湾经济区建成与粤港澳大湾区、海南自贸区互联互通、联动共赢的国际性湾区。通过优化物流组织、加强与发达地区之间的联动等措施，提升物流专业化水平，降低物流成本，切实提升北部湾港的联动能力、辐射能力和服务吸引能力。加强与广东南沙、湛江等沿海港口的航运协作，更好地优化配置南海岸线资源。加快推进防城港国际医学开放试验区建设，建成国际医学合作的窗口和产业集聚地。

四是以"西合"为依托，加快建设西部陆海新通道，振兴左右江革命老区，推动沿海沿边地区高水平开放、高质量发展。联合云、贵、川乃至西北地区，大力推进基础设施的"硬联通"和政策、规则、标准的"软联通"。深度参与澜沧江—湄公河区域合作，开拓新兴市场。加快东兴和凭祥国家重点开发开放试验区建设，深入推进兴边富民行动，加强边境基础设施建设，加快发展口岸加工业，做强做大边境互市贸易。把北部湾沿边地区建成祖国南疆繁荣稳定及和谐安宁的示范区、西部陆海新通道的桥梁和枢纽。

五是重点打造"一通道、两走廊、五区、一门户"。"一通道"即加快西部陆海新通道建设。贯通广西北部湾经济区和我国西部地区腹地，北接丝绸之路经济带，深化陆海双向开放，南连 21 世纪海上丝绸之路，协同衔接长江经济带，形成广西高水平开放的国际大通道。"两走廊"即对外加快建设中国—中南半岛经济走廊，对内推动构建湘桂向海经济走廊，实现东盟陆海通道与我国陆海经济通道的对接，形成跨境经济走廊，使之成为联通"一带一路"的桥梁和纽带。"五区、一门户"就是构建广西面向东盟开放合作的沿边金融改革试验区、要素资源配置区、向海经济示范区、文化产业合作区、国家重点开发开放试验区等五个试验区和北部湾门户港。

（三）以港口、信息、口岸等基础设施建设为重点，加快高水平开放的互联互通建设

加快西部陆海新通道建设，推动构建湘桂向海经济走廊，构建面向东盟互联互通的国际大通道，推动物流一体化、通关便利化，构建多式联运体系。加快推进"一中心、一枢纽、四通道、五网络、六口岸"开放型基础设施建设，构建现代综合交通运输体系，促进形成陆海内外联动、东西双向互济、区域协调发展的互联互通交通体系，促进广西从开放末梢走向开放前沿、从开放洼地变为开放高地。

一是加强北部湾港群建设，打造北部湾区域性国际航运中心。加快北部湾港大型化、专业化、现代化发展，加快建成北部湾集装箱干线港，进一步完善北部湾港至东盟区域集装箱航线布局，加快建设中国—东盟港口城市合作网络，实现北部湾外贸航线东盟主要港口全覆盖，基本形成以广西北部湾为基地、覆盖东盟国家47个主要港口城市的航运物流带、临港产业带和港口城市联盟。开辟至日韩等其他国家港口直航班轮航线及美洲、欧洲、非洲的远洋洲际航线，着力打造"一带一路"有机衔接的重要门户港。坚持畅通道、优服务、提效率，形成以钦州港为中轴，散货向防城港、铁山港聚集的"一轴两翼"发展模式，建成面向东盟、服务西南中南的区域性国际航运中心。

二是全面落实强首府战略，全力打造南宁区域性现代综合交通枢纽，增强首府城市的辐射带动能力。全力打造南宁区域性现代综合交通枢纽，把南宁打造成为全面对接西部陆海新通道、粤港澳大湾区的重要交通枢纽、战略支点和重要门户。以出边出境出海为重点，加快完善以南宁为中心、呈放射状的陆海空水四位一体的交通网络建设，全面提升南宁对外交通能力，加快

推进南宁空港和国际铁路港建设，创建国家级南宁临空经济示范区，逐步形成南宁区域性现代综合交通枢纽。

三是抓住交通强国建设试点机遇，强力推进现代综合交通网建设，形成五条通道。第一，加强北部湾港口群建设，形成海上东盟通道。增加连接东盟港口的直达航线，形成北部湾区域性国际航运中心。第二，畅通连接东盟的陆路通道。加快推进对接东盟的"三高两铁三桥"（即凭祥—谅山—河内、东兴—下龙—河内、靖西—龙邦—高平—河内三条高速公路；南宁—凭祥—河内、东兴—下龙—海防—河内两条铁路；中越北仑河二桥［已建成通车］、水口—驮隆二桥、峒中—横模大桥三座桥梁）建设，形成陆上东盟便捷通道。第三，加强与周边省区市交通道路规划和建设的对接，连接西南、中南、华南和东盟，形成衔接"一带一路"的便捷通道。尽早快速通达我国华南、西南、中南地区，加快与丝绸之路经济带国内部分地区的交通衔接，形成"一带一路"有机衔接国际大通道。第四，建设对接粤港澳大湾区通道，增修广西连接广东的高速铁路、高速公路，全面打通连接广东的断头路，形成对接粤港澳大湾区的密集交通网络。

四是建设连接东盟的五大网络。以"五网"建设大会战为动力，加速构建现代化开放的网络体系。适应高水平开放的需要，以中国—东盟信息港、跨境物流、口岸通关为重点，加快推进连接东盟的交通网、能源网、信息网、物流网、地下管网等"五网"基础设施建设。

五是进一步加强六大口岸建设。以东兴、凭祥、龙邦、友谊关、水口、爱店等六个边境口岸为重点，全面加强沿边口岸基础设施建设，优化升级口岸硬件设施和软环境，推进通关便利化改革，完善口岸基础设施，推进电子口岸建设，重点提升国家一类口岸客货服务功能，推行海关、检验检疫、边检、海事等部门"一站式"作业，实行"联合查验、一次放行"，完成国际贸易"单一窗口"全覆盖，建成多式联运综合信息平台，进一步压缩货物转运、通关等环节、时间。推动与越南、新加坡、马来西亚等国"两国一检"试点，提升通关水平。

六是加快推进"两廊两港"建设进程。加快建设以南宁—新加坡、南宁—兰州以及粤港澳、广西—中南半岛的综合运输通道为骨干支撑的中国—中南半岛经济走廊,打造中国连接中南半岛的高速公路网、铁路网等国际道路运输线路,推动构建湘桂向海经济走廊。以北部湾港为基点,加快构建中国—东盟港口城市合作网络,同时加快中国—东盟信息港建设,形成南北陆路、海路和信息国际大通道。

七是加强机场、空港建设。进一步升级南宁、桂林、北海机场和空港,增加直飞东盟国家的航线,升级柳州、梧州、百色机场,加快支线机场建设,形成四通八达的航空网络,加快推进南宁空港、南宁国际铁路港建设,形成西部陆海新通道和扩大高水平开放的新载体。

(四)建设和优化高水平开放的重要平台

一是打造贸易、物流、产业、金融、港口、信息、城市、会展、交易等多领域、高质量开放合作平台。根据不同的合作区域和领域,打造高站位、高品位、高标准、高水平的开放合作核心平台,推动广西形成国际性公司总部、交易中心、会展中心、产业集聚地和商品齐散地,促进广西与东盟国家乃至世界各国的合作。

二是优化升级中国—东盟博览会、中国—东盟商务与投资峰会,充分发挥"南宁渠道"的国际效应。高水平办好中国—东盟博览会、中国—东盟商务与投资峰会,聚焦东盟共同体,从"10 + 1"博览会升级为"10 + 5"博览会入手,逐步把中国—东盟博览会和中国—东盟商务与投资峰会打造成东盟共同体、广西自贸区、西部陆海新通道、粤港澳大湾区货物贸易、投资贸易和服务贸易的重要平台,成为推动中国与亚太地区乃至全球经济合作的典范、自贸区的典范,成为建设"一带一路"和构建亚太命运共同体的重要国际交流渠道。

三是把"泛北部湾经济合作论坛"优化升级为华南、西南和中南各省区市联合召开的"一带一路"合作论坛,成为中国—东盟合作、泛北部湾合作、"一带一路"建设、中国—中南半岛经济走廊建设、西部陆海新通道和湘桂向海经济走廊建设的重要平台,推动泛北部湾合作与中国—中南半岛经济走廊的机制建设和务实合作。

四是优化升级中国—东盟信息港。优化升级、做强做大中国—东盟信息港，建设中国—东盟区域网络设施、通信设施，积极发展中国—东盟跨境电子商务，打造中国—东盟基础设施、技术合作、经贸服务、信息共享和人文交流五大平台，搭建信息高速公路，构建中国—东盟网络空间共同体，升级共建中国—东盟港口城市合作网络；继续升级建设中国—东盟信息港广西电子政务云计算中心、中国—东盟新型智慧城市协同创新中心，进一步推动国内外电子信息龙头企业入驻南宁核心基地。启动南宁国家级互联网骨干直连点建设，推动加快中国—东盟信息港大数据中心、中国—东盟信息港小镇建设，初步形成面向东盟的数据服务新高地。

五是充分优化升级现有国际产能合作平台和载体。优化升级、做强做大中马钦州产业园、钦州保税港区、凭祥综合保税区、南宁综合保税区和北海综合保税区，聚焦产业项目引进和建设，完善保税物流体系，对标国际先进水平，促进综合保税（港）区升级。加快推进建设国家重点开发开放试验区、边境经济合作区、中越跨境经济合作区、中越跨境旅游合作区、中国·印尼经贸合作区，扎实构建中国—东盟网络空间共同体和港口城市合作网络，积极建设防城港国际医学开放试验区，办好国际医学创新合作论坛，引进一批医药和大健康产业项目，加快形成新的产业支撑。

六是构建广西面向东盟开放合作的五个试验区，形成五大门户。加快建设沿边金融改革试验区，使广西成为我国面向东盟的金融开放门户；构建高水平开放要素资源配置区，打造高质量外资集聚地，使广西成为我国面向东盟的自由贸易门户；建设向海经济示范区，使广西成为我国面向东盟的海上合作门户；建设文化产业合作区，使广西成为我国面向东盟的人文交流门户；加快建设国家重点开发开放试验区，打造高水平对外投资策源地，使广西成为我国面向东盟的政策沟通门户。

（五）培育对外贸易竞争新优势

一是加快引进外资步伐，推动外资外贸稳中提质。全面落实国家外商投资法和实施条例,要按照李克强总理在《政府工作报告》中提出的"积极利用外资。大幅缩减外资准入负面清单,出台跨境服务贸易负面清单"的要求,进一步扩大市场准入,进一步打造中马钦州产业园、钦州保税港区、凭祥综合保税区、南宁综合保税区、中越跨境经济合作区、中越跨境旅游合作区等中外合资平台,提升引进外资水平。加强口岸建设,推动国家级经开区创新提升,推动加工贸易创新发展,扩大一般贸易规模,培育外贸出口基地和出口品牌。

二是培育发展外经外贸新业态、新模式。加快南宁跨境电商综合试验区建设,加快保税物流、冷链仓储、港航服务等业态发展,培育一批外贸转型升级基地和出口名牌企业。加快开放服务贸易,大力发展金融、物流、旅游、建筑、文化、会展等服务贸易新模式、新业态。

三是进一步落实国家边贸创新政策,创新发展边境互市贸易。培育边贸特色市场,促进边境贸易发展和转型升级,培育升级出口加工贸易,加快建设边境加工园区,提高互市商品落地加工率,大力发展边境加工业。

四是深化对外投资合作。推动贸易和投资自由化、便利化,实施重点开放园区提升工程,进一步加强中国·印尼经贸合作区建设,积极参与中马关丹产业园建设,打造对外投资平台,提高对外投资合作水平。

(六)加强国际产能合作,构建内外协同发展产业链

面对外部环境变化,要坚定不移扩大对外开放,稳定产业链供应链,以开放促改革促发展。按照产业发展的方向和地域分布,着力打造传统优势产业、先进制造业、新一代信息技术、互联网经济、高性能新材料、生态环保、优势特色农业、海洋资源开发利用、大健康产业等"九张创新名片",加强高水平国际产能合作和产业布局。

一是建设沿海临港产业带和外向型口岸工业带两条经济带。做强做大沿海的石化产业、林浆纸产业、电子信息产业、新材料产业和海洋装备产业,形成沿海临港产业带和外向型口岸工业带,发挥跨境劳务和边境贸易政策优势,引进贸易加工企业,带动广西外向型经济的发展。

二是搭建三次产业发展链。根据广西北部湾经济区的产业导向，构建以育种、植保、生态为重点的第一产业发展链；以能源、制造业配套为重点的第二产业发展链；以跨境旅游、跨境金融、跨境电商为重点的第三产业发展链。瞄准主导产业链缺失的关键环节和区域发展方向"补链""强链"，重点搭建对接越南、联通东盟、对接粤港澳大湾区和对接中西部的三次产业发展链。有针对性地搭建要素集聚桥梁，力促企业创新发展要素的有效串联。同时，着力推动全区各市、县（市、区）结合自身产业导向，瞄准本地主导产业链缺失的关键环节"补链""强链"。

三是有针对性地搭建要素集聚桥梁，构筑产业集群。建立北部湾经济区和全区各市产业联盟，发挥产业联盟在汇聚行业力量、制定标准、维护秩序、功能互补、联合开发等方面的功能，形成现代制造业、新能源汽车、电子信息、石化、林浆纸、新材料、海洋装备和海洋生物、沿边口岸出口加工、大健康等九大产业集群，筑牢产业发展基础，形成高水平开放的产业发展新高地。支持以企业为主导，大力发展跨境产业和跨境旅游、跨境金融、跨境电商等现代服务业。

（七）深化对外开放体制机制改革，打造与高水平开放相适应的体制机制

李克强同志在第十三届全国人民代表大会第三次会议《政府工作报告》中指出："困难挑战越大，越要深化改革，破除体制机制障碍，激发内生发展动力。"在重点抓好广西自由贸易试验区、沿边金融改革试验区、东兴和凭祥国家重点开发开放试验区的体制机制改革和创新的基础上，全面深化广西对外开放的体制机制改革，构建高水平开放的体制机制和宏观政策体系。

一是创新体制机制，制定高水平开放的政策体系。进一步解放思想，更新观念，突出抓好广西自由贸易试验区、沿边金融改革试验区、东兴和凭祥国家重点开发开放试验区的体制机制改革和创新。突破瓶颈，排除障碍，攻克难关，以自贸区为重点，构建包括招商引资、对外投资、服务贸易、合作机制与便利化等在内的高水平开放宏观政策体系。形成广西对外开放新体制

和法治化、国际化、便利化的营商环境。打造与高水平开放相适应的宏观体制机制，激发各类市场主体和生产要素活力，推动开放不断扩大、水平不断提高。

二是重点加快广西自由贸易试验区建设改革。推广复制上海、广东、天津、福建等自由贸易试验区的改革经验，借鉴海南自由贸易港的做法，把广西自贸区、沿边金融改革试验区、东兴和凭祥国家重点开发开放试验区建设好、管理好，着力提高试验区建设质量。逐步开展新的试点，增加试验成果，形成新的可复制、可推广的体制机制，引领和推动广西对外开放向更高水平发展，打造改革开放新高地。

三是建立健全有利于合作共赢并同国际贸易投资规则相适应的体制机制。加强外贸管理体制改革，建立跨境电子商务等新型贸易方式的体制机制，加快实施"单一窗口"和通关一体化，提供便利化服务，培育打造外贸竞争新优势。深化投资管理体制改革，全面实行准入前国民待遇加负面清单管理制度，促进内外资企业一视同仁、公平竞争。

四是健全服务贸易促进体系，有序扩大服务业对外开放。扩大银行、保险、证券、养老等市场准入，培育发展跨境电子商务、市场采购贸易、外贸综合服务等新的模式。

五是加强对外投资管理体制改革，完善境外投资管理，健全对外投资促进政策和服务体系。积极推进对外投资管理方式改革，完善金融、保险、法律、领事等对外投资促进政策和公共服务体系，推动广西对外投资更好更快发展。

六是进一步深化沿边金融改革试验区改革，加快打造面向东盟的金融开放门户。不断推进扩大金融业开放，加快建设面向东盟的金融开放门户，抓好面向东盟的国际金融大数据中心等重大平台建设，扩大金融业合作，建立符合跨境园区特点的金融服务体系，继续推进人民币跨境使用等各项金融改革创新落地，推动人民币成为可兑换、可自由使用货币试验，推进跨境人民币业务创新，扩大人民币在对外贸易、直接投资、跨境融资中的使用。转变外汇管理和使用方式，从正面清单转变为负面清单。放宽境外投资汇兑限制，放宽企业和个人外汇管理要求，放宽跨国公司资金境外运作限制，推进资本市场双向开放，改进并逐步取消境内外投资额度限制。着力打造面向东盟的金融运营服务、财富管理、金融信息和金融交流培训基地，努力构建国际金融合作大通道。

（八）全力营造高水平开放的营商环境

对标世界银行营商环境的指标体系，借鉴先进地区经验，着力改善政务、建设、经营、人力资源、税费、融资、通关、信用、法治等方面的服务，力争营商环境综合水平进入全国前列。

一是着力提高政务服务效率。深入推行"一事通办"改革，全面推行审批服务"马上办、网上办、就近办、一次办"，从"最多跑一次"到"一次不用跑"，实现更快、更优政务服务。深入开展"减证便民"专项行动，加快实现全区政务服务"一张网、一朵云"，实现"统一进出、信息共享、并联办理"。

二是大力推动重大项目审批提速。大力推行重大项目建设"五个优化"，优化投资许可、用地报批、施工许可、中介服务、监管激励等方面的审批服务；扎实推进投资项目审批"五个简化"，针对一般投资项目，简化投资许可、用地审批、规划许可、施工许可和相关事项等方面的审批程序，压缩工程建设项目审批时间，不断提高项目审批效率。

三是大力降低企业成本。切实落实"降成本政策"，在用电、用气、用水、用地等方面进一步降低企业生产要素成本，出台减轻企业税费负担措施，着力打造便捷办税体系，确保减少办税资料，压缩办税时限，减轻企业负担，帮助企业提升竞争力。

四是加快提升口岸通关效率。围绕西部陆海新通道发展需要，推动与东盟国家开展通关便利化合作试点，加强口岸建设管理，推进通关便利化改革，着力改进通关服务，全面提升口岸开放水平。

五是积极提升金融支持实体经济功能。全面贯彻落实党中央对金融工作的决策部署，进一步拓宽融资渠道，加大信贷资金投放力度，大力发展直接融资，丰富企业市场化融资手段，规范金融机构收费行为和融资中介服务收费行为，切实降低企业融资中间环节成本。改革信贷审批流程，实现动产抵押登记"一次办结"，提升融资效率。

六是切实改善创新创业环境。完善创新创业政策，加大创新创业奖励力度，坚持以人为本，提升服务水平，在住房、教育、医疗保健等方面为创新创业人才提供更多便利，着力营造引才聚才和创新创业的优质环境。

七是加强政府治理体系和治理能力现代化建设。加快法治政府和诚信政府建设，全面清理处置政府违约失信问题，打造"诚信广西"名片。着力构建"亲""清"政商关系，帮助企业协调解决项目建设和生产经营遇到的困难和问题。着力保护企业合法权益，严厉打击破坏市场秩序、侵害企业合法权益的违法犯罪行为。

（九）全力培育高素质国际化人才队伍

一是立足扩大高水平开放，培养引进一批外向型高级管理人才和科技人才。探索推广"人才飞地＋成果转让基地"等引才、引智新模式，搭建外向型人才和科技成果转移转化信息服务平台，建立"人才飞地"科技信息资源共享机制，建设一批布局合理、功能完备、环境优良的高层次人才科技成果转化示范基地，链接国内外优势创新资源，补齐创新发展的人才、技术、资金短板，引进一批高端人才，建立相应的科技成果转化基地，培育一批具有自主知识产权、创新水平高、竞争能力强的外向型科技企业。

二是搭建人才、技术交流与交易平台。建立各类人才数据库，逐步将全国乃至全球的优质人才资源纳入系统。通过开展成果展示会、人才和技术需求发布会、政府措施发布会等活动，搭建桥梁，促进人才、技术交流和交易。注重线上线下的有机融合，为引进人才、技术和成果转化提供相关服务。建立"人才飞地＋成果转让基地"合作的体制机制，理顺"人才飞地＋成果转让基地"各方的管理体制，为"人才飞地＋成果转让基地"稳步建设和可持续发展提供保障。

三是设立高层次人才创投基金，为高层次人才创新创业提供投融资支持。政府设立启动资金，区直国有平台公司、产业引导基金、企业等共同出资和大力吸引社会资本。形成从人才引进、项目研发、小度中试到产业化的全程金融支持链条，推动外向型"人才飞地＋成果转让基地"的优秀人才、优质项目落户广西并产生效益。

四是制定完善外向型人才引进优惠政策。在土地、税收、金融、住房、教育、医疗、科创、成果转化、贡献奖励、职称评审、服务保障等方面为引进的高级管理人才和科技人才提供优惠政策。鼓励、吸引国内外、区内外优秀人才和团队，把管理经验、新技术、新产品带到北部湾经济区。探索实行外籍高层次人才绩效激励政策和居留便利政策，各级人民政府对外籍高层次人才可按照个人贡献程度给予单列奖励；营造外籍高层次人才引进、创业的良好环境，为外籍高层次人才永久居留、就医、子女入学、社会保障等提供便利条件；争取国家在广西进行外国留学生（特别是东盟国家留学生）毕业后直接留广西就业试点。

五是鼓励自治区重点企业与国内外高校、科研院所及高端创新团队合作，柔性引才、引智。支持企业用自治区产业专项资金，开展以获取新技术、知识产权、研发机构、高端人才和团队为目标的境外投资并购活动。鼓励企业在海外设立研发机构，支持雇佣外籍专家和研究人员。以重大优惠政策和良好投资创业环境鼓励、吸引知名科学家、海外高层次人才创新创业团队、国际著名科研机构和高等院校、国家重点科研院所和高等院校在北部湾经济区发起设立专业性、公益性、开放性的新型研发机构。鼓励外资企业在北部湾经济区建立新型研发机构或研发中心，探索支持参与承担各类科技计划和平台建设。

六是建立外向型人才绩效考评机制。创新高级管理人才和科技人才绩效考核办法，对高级管理人才和科技人才实行考评单列，将考评结果与人才政策及奖励挂钩。探索实行市场化淘汰机制，明确规定享受政策的前提条件，对达不到条件要求、考评不合格的，实行淘汰制，并收回租金、补贴、奖励。将各地引才、引智情况纳入政府绩效考核范围，鼓励各地、各部门和企业加大引才、引智力度。

（十）采取重大举措，实施更加积极主动的开放带动战略

一是以习近平新时代中国特色社会主义思想为指导，推动广大党员和干部群众思想大解放、观念大更新。掀起新一轮思想大解放热潮，坚决摒弃一切与新发展理念不相适应的惯性思维，破除一切与新时代广西改革开放不相符合的思想观念和体制机制弊端，把干部群众的思想和行动统一到中央决策部署上来，把智慧和力量凝聚到全面深化改革，推动高水平开放、高质量发展上来。高举新时代改革开放的伟大旗帜，坚持改革开放不动摇、不停步。以更坚定的信心、更有力的措施，朝着更高的水平、更高的层次、更高的目标迈进，把改革开放不断推向深入。牢记总书记的嘱托，把"三大定位"新使命转化为新的优势，把"五个扎实"新要求作为做好各项工作的重要遵循，把总书记对广西的指示批示和关怀转化为改革开放和高质量发展的强大动力，努力走出有特色的新时代改革开放之路，为实现"建设壮美广西，共圆复兴梦想"的宏伟目标做出重大的贡献。

二是把实施开放带动战略、扩大高水平开放进一步同发挥北部湾经济区的潜在优势结合起来，凸显新优势，挖掘新潜力，释放新能量。良好的区位优势与高水平开放，互相联系，相互依存，相互促进。显著的区位优势为高水平开放提供了良好的基础，而实施更加积极主动的开放带动战略、扩大高水平开放，又可以把区位优势发挥到极致，二者相辅相成。因此，必须把开放带动战略进一步同广西北部湾经济区独特的区位优势结合起来，释放区位优势的能量。依托独特的区位优势，把北部湾经济区建设成为我国面向东盟的开放合作前沿，以及面向东盟的国际大通道、西南中南开放发展新的战略支点和"一带一路"有机衔接的重要门户。只要我们充分发挥区位优势，努力扩大高水平开放，就一定能够完成"三大定位"新使命，就一定能够充分把握国内国际两个大局，充分利用国内国外两个市场、两种资源，形成高水平开放的新格局。

三是把实施开放带动战略、扩大高水平开放同高质量发展结合起来，提高对外开放的核心竞争力。高水平开放与高质量发展互为条件，相辅相成。

一方面，通过扩大高水平开放、提高开放的质量和效益，可以促进广西培育发展新技术、新产品、新业态、新模式，增加新活力，增强新动能，推动产业升级，实现更高质量、更有效率、更可持续的发展。另一方面，实现高质量发展，加快科技创新，增强经济实力，又可为高水平开放打下更加坚实的基础，增加对外开放的底气，全面提高对外开放的核心竞争力。

四是把实施开放带动战略、扩大高水平开放进一步同全面深化改革结合起来，实现改革和开放双促进、两融合。改革和开放，从来就是一对孪生姐妹，扩大高水平开放，不仅需要道路交通、互联互通设施和各种生产要素的硬环境，也需要良好的软环境，特别是需要体制机制的创新和保障。我们在推动高水平开放过程中，必须全面深化改革，创新对外开放的体制机制，下功夫，出实招，打破各种条条框框的束缚，降低门槛，扫除障碍，具备海纳百川的宽广胸怀，推动对外开放营商环境的持续改善，以保证扩大高水平开放的顺利进行，加快高水平开放的进程。

五是做好"六稳"工作、落实"六保"任务，为"十四五"扩大高水平开放"强本固基"。习近平总书记指出："做好'六稳'工作、落实'六保'任务至关重要。'六保'是我们应对各种风险挑战的重要保证。"① 要全面强化稳外贸、稳外资、稳投资各项举措，推动各项政策落地见效，稳定产业链和市场主体，持续优化营商环境，坚定企业发展与外商投资信心，帮助外贸企业有序复工复产，为外资外贸企业特别是中小企业提供融资支持，稳定扩大高水平开放的基础。要科学分析形势，把握发展大势，坚定开放发展信心。由于新冠肺炎疫情的冲击，目前广西经济建设和对外开放面临经济下行压力加大、世界经济衰退、国际贸易和投资萎缩、国际金融市场动荡、国际交往受限、经济全球化遭遇逆流、贸易保护主义抬头、单边主义盛行、地缘政治风险上升等不利局面，"十四五"前期我们将在一个更加不稳定、不确定的世界中谋求我们的开放发展。我们必须按照习近平总书记"坚持

---

① 《"六稳""六保"至关重要》，人民网，2020 年 6 月 11 日，http://sh.people.com.cn/GB/n2/2020/0611/c375987-34080023.html。

用全面、辩证、长远的眼光看待当前的困难、风险、挑战,积极引导全社会特别是各类市场主体增强信心,巩固我国经济稳中向好、长期向好的基本趋势"的要求,① 坚定信心,坚定不移地走改革开放的强国之路,奋力夺取开放发展的新胜利。

六是"在危机中育新机,于变局中开新局",努力开创扩大高水平开放的新局面。抓住疫情暴发后世界经济格局调整、全球产业链重组、粤港澳大湾区建设加快、海南自由贸易港和广西自贸区建设加快发展的新机遇,在"稳"和"保"的基础上积极进取,努力开创扩大高水平开放的新局面。办好重点经贸活动,建设数字化外贸平台,以云交易等方式加强外贸产品展销,加大外贸紧缺物资进出口支持力度,鼓励支持外贸企业出口转内销。提升外资外贸便利化水平,开拓多元化海外市场。发挥广西自贸区发展的内生动力,推动投资自由、贸易自由、资金自由、运输自由、人员从业自由,拓宽招商引资渠道,提升引进外资水平。不断提高创新能力,加大研发力度,培育发展外贸新技术、新产品、新模式、新业态,提高产品技术含量,增加产品附加值,让传统出口产品生发新的增长点。加大金融支持力度,设立防疫情稳外贸专项贷款,为受疫情影响的外贸外资企业提供低利率融资支持,持续优化营商环境,拓展开放合作的新路径,取得对外高水平开放的新胜利。

---

① 《越是面对风险挑战越要稳中求进(思想纵横)》,"人民网"百家号,2020 年 6 月 24 日,https://baijiahao.baidu.com/s? id = 1670328796318959688&wfr = spider&for = pc。

附 录

Appendices

B.15

2019年广西北部湾经济区
主要经济指标情况

表1　2019 年广西北部湾经济区 GDP 及排位

地区	GDP			
	累计 总量(亿元)	在全区排位	累计 同比增长(%)	在全区排位
全区合计	21237.14		6.0	
三市合计	3358.33		7.4	
四市合计	7864.89		6.0	
六市合计	10305.12		6.4	
南宁市	4506.56	1	5.0	11
北海市	1300.8	6	8.1	5
防城港市	701.23	12	5.4	10
钦州市	1356.3	5	7.8	6
玉林市	1679.77	4	7.2	7
崇左市	760.46	11	8.5	4

　　注：三市指北海市、防城港市、钦州市，四市指南宁市、北海市、防城港市、钦州市，六市指表中所列的 6 个城市，余同。

258

表2　2019年广西北部湾经济区财政收入及排位

地区	财政收入			
	累计总量(亿元)	在全区排位	累计同比增长(%)	在全区排位
全区合计	2969.22		6.4	
三市合计	490.17		7.5	
四市合计	1290.86		6.8	
六市合计	1530.34		6.4	
南宁市	800.69	1	6.3	9
北海市	242.27	4	7.6	7
防城港市	87.86	10	6.2	10
钦州市	160.04	6	8.1	6
玉林市	178.23	5	4.1	12
崇左市	61.25	13	6.4	8

表3　2019年广西北部湾经济区规模以上工业增加值及排位

地区	规模以上工业增加值			
	累计总量(亿元)	在全区排位	累计同比增长(%)	在全区排位
全区合计			4.5	
三市合计			8.0	
四市合计			5.5	
六市合计			6.8	
南宁市			1.0	11
北海市			9.7	6
防城港市			5.4	10
钦州市			7.6	7
玉林市			10.0	5
崇左市			15.2	3

表4 2019 年广西北部湾经济区进出口总额及排位

地区	进出口总额			
	累计总量(亿元)	在全区排位	累计同比增长(%)	在全区排位
全区合计	4694.70		14.4	
三市合计	1303.29		2.9	
四市合计	2051.08		2.2	
六市合计	3984.64		13.3	
南宁市	747.79	3	1.0	11
北海市	294.10	4	-8.3	13
防城港市	804.95	2	12.0	8
钦州市	204.24	7	-10.2	14
玉林市	40.17	10	15.3	7
崇左市	1893.39	1	28.3	4

表5 2019 年广西北部湾经济区港口吞吐量及排位

地区	港口吞吐量			
	累计总量(亿吨)	在全区排位	累计同比增长(%)	在全区排位
广西北部湾港	25568		14.7	
北海港	3496	3	4.4	3
防城港	10141	2	13.4	2
钦州港	11931	1	19.3	1
其中:集装箱(万 TEU)	382.04		34.6	

表6 2019 年广西北部湾经济区三市、四市、六市主要经济指标

地区	全区(亿元)	增速(%)	北部湾经济区					
			三市(亿元)	增速(%)	四市(亿元)	增速(%)	六市(亿元)	增速(%)
GDP	21237.14	6.0		7.4		6.0		6.4
财政收入	2969.22	6.4	490.17	7.5	1290.86	6.8	1530.34	6.4
公共财政预算收入	1811.89	7.8	182.89	7.8	553.81	4.8	698.64	4.9
规模以上工业增加值		4.5		8.0		5.5		6.8
固定资产投资		9.5		9.7		9.0		9.6

地区	全区（亿元）	增速（%）	北部湾经济区					
			三市（亿元）	增速（%）	四市（亿元）	增速（%）	六市（亿元）	增速（%）
进出口总额	4694.70	14.4	1303.29	2.9	2051.08	2.2	3984.64	13.3
出口总额	2597.15	19.4	450.25	31.1	814.15	16.6	2139.43	17.7
社会消费品零售总额		7.0						

表7 2019年广西北部湾经济区12个重点产业园区发展情况

园区	主要产业	产值（亿元）
广西—东盟经济技术开发区	食品、轻纺	100.9
南宁六景工业园区	化工、浆纸、农产品加工	181.28
南宁高新技术产业开发区	生物工程及制药、电子信息及动漫产业、汽车零部件及机电	343.37
南宁经济技术开发区	机电制造业、食品加工业、IT信息业、生物医药业	216.74
广西北海工业园区	电子信息、生物制药、机械制造、食品加工、新能源新材料	521.69
北海市铁山港（临海）工业区	石化、冶炼	886.63
防城港经济技术开发区	磷酸、钢结构及机械装备、钢铁、冶金、核电	939.36
钦州港经济技术开发区	石油化工、化工新材料、无机化工、生物化工、汽车制造、装备制造、海洋工程	732.41
广西中马钦州产业园区	综合制造业、信息技术产业、现代服务业	31.18
广西钦州保税港区	整车进口；保税仓储；对外贸易，包括国际转口贸易；国际采购、分销和配送国际中转；检测和售后服务维修；商品展示；研发、加工、制造；港口作业	1441.21
玉林龙潭产业园区	有色金属冶炼、再生资源加工利用	87.7
广西凭祥综合保税区	以机电、电子信息、新型节能材料及环保产业为主的加工业；以仓储、运输、中转、配送为主的物流业；以国际采购、国际转口、国际贸易为主的贸易业；以商务、金融、会展等为主的配套服务业；适合综合保税区发展的其他现代产业	2077.68
合计		7560.15（其中贸易额为3518.89亿元）

B.16
2019年至2020年6月大事记

2019年

1月

1日

由钦州保税港区管委主办的第四届广西钦州保税港区进口葡萄酒评比大赛在钦州保税港区国际商品直销中心圆满落下帷幕。

玉林市北流市筹建红色文化暨田园综合体产业园区圭江新区。项目地处现北流市区附近的河泉村革命老区中的大位埌。

4日

防城港市桃花湾社区荣获"全国民族团结进步创建示范区（单位）"称号。

7日

以"弘扬桂商精神，加强交流合作，携手共同发展"为主题的 2019 年世界桂商暨商会经贸文化交流合作大会在南宁举行。在大会的强优企业入桂发展项目签约仪式上，钦州市成功签下 4 个项目，总投资 35.8 亿元。

广西壮族自治区发展和改革委员会做出批复，同意建设南宁国际空港综合交通枢纽工程。南宁吴圩国际机场将建设南宁国际空港综合交通枢纽工程，打造现代综合客运枢纽。

9日

海关总署印发《关于同意北海综合保税区验收结果的批复》，这标志着北海综合保税区正式通过海关总署验收。

10日

广西民调中心公布的 2018 年群众安全感调查设区市结果数据显示，北海市 2018 年群众安全感得分 96.38 分，位居全区第五，平安建设继续保持全区第一方阵优势。

15 日

南宁轨道交通 4 号线体育中心西站至体育中心东站左线盾构隧道掘进任务圆满完成，顺利实现了体育中心东、西两站双线贯通，为 4 号线全线洞通奠定了坚实的基础。

南宁至玉林城际铁路项目在玉林开工。南宁至玉林城际铁路是南宁至深圳高速铁路通道的重要组成部分，预计 2021 年底建成通车。届时，从南宁搭乘高铁不到 20 分钟即可至横县，到玉林仅 40 分钟。

20 日

北海市重点招商引资项目——"北海国际农商冷链产业小镇"一期北海农副产品交易市场项目推介会在北海工业园区举行。

23 日

东兴跨境经济合作区 2019 年第一季度项目集中竣工现场会在中越北仑河二桥口岸临时验货场举行。

25 日

马来西亚对华特使、马来西亚—中国商务理事会主席陈国伟率代表团访问广西，就进一步推动双方合作和推进中马"两国双园"开发建设进行沟通对接。

28 日

北海综合保税区举行揭牌仪式，标志着北海出口加工区整合优化为综合保税区从此正式开关运作，对北海乃至广西的进一步扩大对外开放、促进经济高质量发展具有里程碑意义。

《广西北部湾经济区国际标准集装箱运输车辆减半收取通行费实施办法》获批复，于 2 月 1 日起正式施行，至 2020 年 12 月 31 日止。该办法在原确定的实施范围、优惠对象及具体操作方式等基础上修订完善集装箱减半政策，将有效激发市场活力，支持广西北部湾经济区发展。

30日

中华人民共和国钦州港海关正式挂牌成立。根据海关总署对南宁海关机构设置统一部署，将原钦州保税港区检验检疫局职责和队伍划入原钦州保税港区海关，成立钦州港海关。钦州港海关的成立是贯彻落实中共中央关于深化党和国家机构改革决定的重要成果，标志着钦州港海关坚守国门安全、服务地方经济发展迈入新时代。

广西北部湾国际联运发展有限公司在南宁揭牌成立。

2月

2日

北海市银海区向海经济现代特色水产种业核心示范区被授予"自治区三星级示范区"称号，成为北海首个获此殊荣的水产种业示范区。

15日

北海市铁山港区吹响全员招商和征地搬迁工作的战斗号角，全面掀起新一轮招商引资和征地搬迁热潮，全力培育"产业树"，壮大"产业林"，加快南珠新城建设，加速产城融合高质量发展。

19日

（越南）芒街—（中国）东兴浮桥运行管理机制临时协议签约仪式在芒街举行。该临时协议明确规定双方关于浮桥管理、运行、检查、服务等领域的相关单位，规定临时浮桥服务时间、运行机制、管理、修建以及协调处理相关问题等内容。

22日

一列满载火龙果、龙眼等东南亚水果的冷链集装箱班列驶出广西国铁凭祥口岸物流中心，开往上海闵行。这是广西凭祥与上海间首次开行的冷链集装箱班列。

23日

四川省泸州市委书记刘强率领泸州市党政代表团一行18人在防城港市委书记李延强和市委常委、常务副市长唐轶昂等陪同下到东兴跨境经济合作区考察。

25日

"桂品丝路行"2019年系列展会新闻发布会在广西云发布厅举行。

北海市召开北海南珠节暨北海国际珍珠展筹备工作会。

3月

1日

华谊钦州化工新材料一体化基地二期项目签约仪式在上海举行。该项目总投资208亿元,预计年产值超150亿元,年税收超15亿元。目前项目正紧锣密鼓地开展可研、环评、节能等前期工作,预计10月底前开工建设。

5日

中国—东盟离岸信息服务外包与共享经济服务产业园落户防城港市高新区。

6日

南宁市北部湾经济区规划建设管理办公室正式挂牌。根据《南宁市机构改革方案》和南宁市机构改革实施意见精神,南宁市北部湾经济区规划建设管理办公室是在南宁市发展和改革委员会统筹协调北部湾规划建设管理职责的基础上新组建的市人民政府工作部门。

8日

总投资约100亿元的广西泰嘉超薄玻璃基板深加工项目在钦州港保税区正式启动。

11日

国家验收组对防城港口岸扩大开放准备工作进行验收后,宣布同意防城港口岸扩大开放企沙港区第一作业区云约江码头1号泊位,电厂一期煤码头1号、2号泊位通过国家验收。

12日

满载货制的陆海贸易新通道(果园港)班列从重庆果园港铁路专用线驶出,通过"陆海新通道"直达广西钦州港。这标志着"陆海新通道"、中欧班列（重庆）物流通道和长江黄金水道在中国长江上游最大内河港重庆果园港实现无缝衔接，可为货主提供新物流解决方案。

13日

中交城市投资广西中马钦州产业园区有限公司举行揭牌仪式，标志着中马钦州产业园区金鼓江区域综合整治开发与建设项目正式进入实质性建设阶段。

14日

钦州港的广西石化公司储运二部10万吨级码头，累计完成吞吐量1.03亿吨，自开港以来安稳运行3330多天。

15日

广西东兴口岸北仑河二桥临时开放日前通过专家组验收，届时，东兴口岸进出口货物及货运车辆均从北仑河二桥进出，制约东兴口岸通关效率的"人货混行"状况将彻底结束。

防城港至东兴铁路项目开工仪式在邓屋双线大桥施工现场隆重举行，标志着该项目建设全面铺开。

16日

第十二届园博会广西赏石展在南宁园博园宜居·城市馆赏石展厅开幕，展览将持续至5月31日。

18日

华立集团股份有限公司与广西防城港市人民政府在南宁市正式签署协议，将投资100亿元人民币开展防城港边境深加工产业园战略合作。

19日

在中国东兴市，第一辆货运车缓缓通过中越北仑河二桥驶入越南芒街，标志着中国东兴—越南芒街口岸北仑河二桥正式开通启用。

第二个"澜湄周"减贫主题系列活动在广西举行。活动由国务院扶贫办综合司与广西壮族自治区扶贫办联合举办，内容包括召开东亚减贫示范合作技术援助项目推进会，举行澜湄减贫合作研讨会暨纪录片《同饮一江水·澜湄花正开》开机仪式。

20日

广西壮族自治区财政厅下达 2019 年度第一批广西中央引导地方科技发展专项资金项目 2450 万元，资助包括科研基础条件和能力建设、专业性技术创新平台、科技创新创业服务机构和科技创新项目示范等四类 21 个项目，其中各项目单位自身投入 9140.87 万元，财政资金撬动社会资本投入接近 4 倍。

21日

"数字钦州·联通未来"推介会在广西钦州举行。中国联通广西分公司与钦州市政府共同签署"数字钦州"战略合作框架协议。

北斗创新应用会议在广西北海召开，会议旨在促进中国北斗卫星导航系统应用，加强北斗卫星导航与遥感、通信等卫星系统的融合化应用发展，搭建立足北部湾、面向东盟的北斗创新应用交流和发展平台。

中越双方在中国浦寨—越南新清货运专用通道两国边界衔接处举行通车仪式，货物通关最快缩短至 60 秒，该专用通道的正式开通为广西与越南谅山省之间乃至中越两国的合作关系树起新的里程碑。

24日

南宁市台湾同胞投资企业协会第十三届理监事就职典礼在南宁举行。

25日

广西壮族自治区政府办公厅印发《2019 年全区重大项目建设攻坚突破年活动实施方案》，明确提出围绕加快推进西部陆海新通道和综合交通运输体系建设，加快推进一批铁路、高速公路、水运、港口码头和机场等交通运输领域重大项目建设，力争今年全区交通基础设施完成投资 1100 亿元。

26日

"广西北部湾经济区初中语数英学科中考备考研讨会"在南宁举行。

广西海峡两岸产业合作区建设联席会议第二次会议在南宁召开。合作区是指"一区三园"，包括防城港产业园、崇左产业园和钦州产业园。

4 辆通过陆海新通道运输抵渝的丰田塞纳 2019 年款进口整车在重庆铁路口岸开箱查验并办理通关手续，这是陆海新通道首例保税平行进口车业务，作为重庆首例保税平行进口车业务，标志着重庆整车口岸获批后的保税进口取得了零突破。

27日

由钦州市人民政府、中国城市和小城镇改革发展中心联合主办的"数字钦州·大数据产业推介会"在浙江省杭州市举行。华为公司、阿里巴巴集团等100多家大数据关联企业代表及国家级智库专家共200多人参加会议。

防城港越洋化工有限公司年产2万吨高纯度五硫化二磷项目正式竣工投产。

29日

南宁海关保税监管集中审核作业改革在北海正式启动运行。这标志着2019年南宁海关"6+14"项重点改革正渐次拉开帷幕。

满载铝铸件、蛋白粉等韩美进口产品的49934次列车从钦州港东站集装箱办理站发出并开往重庆,这标志着广西服务西部陆海新通道建设的海铁联运重要项目——钦州港东站集装箱办理站东站作业区正式投入使用,货物进出口效率将实现大幅提升。

中共钦州市委副书记、园区管委会常务副主任高朴率团赴马来西亚开展招商推介会,就推进"两园双城"项目建设、中马两国清真产业合作与马方有关政府部门及企业进行洽谈,取得良好成效。

30日

南玉城际铁路全线控制性工程——良睦隧道正式开工。该隧道全长6000米,是南玉城际铁路全线最长隧道,为单洞双线隧道,设计运营时速为350公里,计划建设工期为29个月,其中土建工期约25个月。隧道位于玉林市玉州区境内,进口位于仁东镇良村,出口位于城北街道罗竹村。

兰州至海口高速公路广西钦州至北海段改扩建工程举行开工现场会。

4月

3日

广宁省又一重点建设项目——云屯—芒街高速公路开工建设,预计施工期为2年。该项目竣工后将加速推动越南—东盟—中国的陆路通道建设，提升区域互联互通水平。

9日

来自新华社、中央广播电视总台、《求是》、《中国海洋报》等中央新闻媒体记者，以及《广西日报》、《当代广西》、广西广播电视台等自治区主要媒体记者，在广西开展"以钦州港建设为重点，深度融入西部陆海新通道建设"为主题的蹲点采访活动。

13日

首列"陆海新通道"铁海联运班列印度专列在广西钦州港东站集装箱办理站进行集装箱转运作业。

15日

中央媒体采访团走进广西，开展"壮美广西行"集中采访活动。广西壮族自治区党委宣传部、广西壮族自治区文化和旅游厅举行广西促进全域旅游高质量发展情况介绍会，拉开了此次采访活动的序幕。

19日

广西防城港市和四川省商务厅联合主办的"2019广西防城港市西部陆海新通道建设项目和冷链产业推介会及防城港·东南亚海鲜水果美食节"在成都环球中心举办。

24日

中越北仑河二桥通车首月，二桥临时验货场监管进出境货运车辆6324辆次、货运量6.3万吨、货值33.9亿元。

26日

第29届中国戏剧梅花奖、第23届曹禺剧本奖颁奖晚会在南宁举行。

28日

根据国家移民管理局的安排和统一部署，广西出入境边防检查总站在友谊关、东兴2个陆路口岸启用"一带一路"通道，为执行"一带一路"建设重点工程、重要合作、重大项目或参加"一带一路"有关会议、活动的中外人员和车辆快捷办理边检手续提供便利。

29 日

《光明日报》刊发报道《潮平江海阔　满目皆是春——广西打造北部湾滨海旅游区纪实》。

5 月

13 日

中国—东盟多式联运联盟正式落户中新南宁国际物流园，其中新中智慧园部分项目将于今年 9 月中国—东盟博览会期间试运营。

16 日

第二届中国西部国际投资贸易洽谈会（简称西洽会）在重庆开幕。本届西洽会以"开放新时代·发展新作为"为主题，广西组团参会，代表团成员包括自治区、各市投资促进局人员。展会期间，广西代表团与有意向的参展企业进行洽谈，北部湾国际港务集团有限公司特设展位亮相。

20 日

广西壮族自治区党委办公厅、自治区人民政府办公厅印发《广西全面对接粤港澳大湾区实施方案（2019—2021 年）》。

钦州市物流产业招商推介会在重庆市举行。来自境内外 200 多家企业和 10 余家协会的代表，以及重庆市、广西壮族自治区和钦州市有关部门、主流媒体等方面人员共 300 多人参会，共同探讨和分享发展新机遇，推动钦州加快建设成为"一带一路"西部陆海新通道枢纽城市。钦州市市长谭丕创出席推介会并致辞。

27 日

钦州港海关设立陆海新通道专窗，货物通关可省 24 小时。

31 日

《西部陆海新通道重点铁路项目建设实施方案（2019—2021 年）》已印发实施，黄桶至百色铁路项目、柳州经梧州至广州铁路等 7 条线路将加快推进。

全国政协港澳台侨委员会副主任黄兰发率调研组一行 16 人到钦州，就

"促进内地与港澳青少年交流"进行专题调研考察。调研组先后到中马钦州产业园区、钦州保税港区、钦州保税港区码头作业区、坭兴陶博物馆等地调研考察。

6月

1日

南宁海关对隶属的钦州海关、钦州港海关两个海关的业务进行改革调整，启动运行隶属海关功能化建设。这也是2019年南宁海关"6+14"项重点改革项目之一。

6日

广西印发《广西高速公路ETC推广应用工作方案》，确保年内新增ETC用户400万户。

9日

由华油工建公司承建的钦州港三墩岛30万吨级原油码头管道工程已经完成管沟开挖10.24公里，管线焊接10.63公里，实现了时间过半、任务完成过半的总体施工目标，各项工作顺利推进。

10日

北部湾港防城港码头公司传来喜讯：该港区5月集装箱吞吐量完成35012 TEU，同比增长40%，创2017年以来单月历史新高！海铁联运也一举创下2856 TEU的史上单月新纪录。

上海市政协主席董云虎率领考察组到南宁市，就贯彻习近平总书记关于加强和改进人民政协工作重要思想的经验与做法，以及发挥区位优势推动经济社会发展情况等内容进行考察。

华谊钦州化工新材料一体化基地一期项目——工业气体岛项目乙二醇装置开工，标志着项目进入土建实施阶段。

11日

广西壮族自治区北部湾办党组书记、常务副主任魏然会见华立集团董事局主席汪力成一行，双方交流了东兴边境深加工产业园区进展情况。就推进项目过程中存在的问题展开深入讨论研究,并达成一致意见,为项目的顺利推进凝聚共识、形成合力。

12日

广西壮族自治区下达2019年自治区层面统筹推进重大项目第二批增补计划,以玉林市人民政府为推进责任主体的项目共计14个,其中新开工项目10个、预备项目4个。本次增补后,2019年玉林市自治区层面统筹推进重大项目达99个。

钦州市召开自治区重大项目用地服务保障工作现场会。全区953个自治区层面统筹推进重大项目中,北部湾多个重点项目在列:钦州港东航道扩建工程一期工程、防城港渔澫港区第五作业区501号泊位工程、北海港铁山港东港区榄根作业区南4号至南10号泊位工程、钦州港金谷港区、柳钢防城港钢铁基地项目(一期)、中国电子北部湾信息港项目一期、广西华昇新材料有限公司氧化铝及配套项目(一期)(原名:广西生态铝工业基地防城港项目)。

13日

广西华谊在钦州基地组织各承包商进行数字化交付数据上载培训及现场考核。

14日

庆祝中马建交45周年的中马"两国双园"产业合作联合招商推介会在马来西亚吉隆坡举行,来自中国、马来西亚两国政府部门、企业、商协会代表就如何充分利用中马钦州产业园区和马中关丹产业园区"两国双园"合作平台推进国际产能合作、加快产业导入、共享投资合作新机遇进行探讨交流和宣传推介。

防城港钢铁基地项目的1号高炉热风炉项目成功封顶,意味着1号高炉热风炉炉壳壳体工序已经完工,封顶工序比预期的6月15日这个目标节点提前了一天完成。

15日

由合浦县委、县政府主办,广东省广西北海商会协办的"商机遇见北海"投资促进系列活动（东莞站）——2019年广西合浦县走进粤港澳大湾区招商推介会在广东省东莞市举办，超过100名粤港澳大湾区的企业家参加了招商推介会。

18日

广西壮族自治区卫生健康委在南宁召开座谈会，与其他部门共同研究如何更好地推进防城港国际医学开放试验区建设。在座谈会上，防城港市相关负责人介绍了建设国际医学开放试验区的初步想法。

20日

广西壮族自治区印发《中国—东盟信息港建设实施方案（2019—2021年)》。

21日

防城港市政府举办"防城港市铜产业企业家恳谈会"，会上签约2个铜下游产业链项目，计划投资额达4.88亿元。

22日

南钦防高速公路改扩建工程重要支线钦防高速公路启动沥青上面层施工。按照计划，南钦防高速公路改扩建工程将于今年国庆节前建成通车。

南宁市在广州国际会展中心举办面向东盟的金融开放门户南宁核心区专题推介会，依托第八届中国（广州）国际金融交易·博览会推介中国—东盟金融城，展示全新的、发展的、处于金融开放前沿的南宁新形象。

24日

落户于钦州港海豚路东面、果鹰大道北面的华谊钦州化工新材料一体化基地项目专供混凝土搅拌站已完成主体设备安装。

25日

广西壮族自治区北部湾办党组书记、常务副主任魏然会见广西博世科环保科技股份公司董事长王双飞一行并开展座谈交流。

26日

在广西境内第一条地方投资高铁——南宁到崇左的南崇高铁全线开始箱梁浇筑。10月将开始架梁施工，2020年12月完成所有箱梁预制任务。

为进一步贯彻落实《珠江—西江经济带发展规划》，全面对接粤港澳大湾区建设，加快珠江—西江经济带（广西）发展，中共广西壮族自治区委员会、广西壮族自治区人民政府提出《关于全面对接粤港澳大湾区加快珠江—西江经济带（广西）发展的若干意见》。

一辆满载跨境电商零售出口货物的车辆，到达凭祥综合保税区跨境电商监管中心，不到两个小时，首批货物在凭祥海关的监管下完成查验，顺利通关。

27 日

"新时代，新通道，新作为——首届中国北部湾发展论坛暨新时代高水平开放与西部陆海新通道建设研讨会"在钦州市北部湾大学开幕。

28 日

广西华谊能源化工有限公司与中国化工施工企业协会在钦州基地举行创建优质精品工程服务协议书签约仪式。

广西南宁市沙井至吴圩公路项目正式开工。该项目是广西首个开展智慧交通车路协同的示范项目，计划将之打造成为广西首条支持无人驾驶的高速公路。

30 日

一列满载 70 个标准集装箱货物的中欧集装箱班列从中心站首发驶向德国杜伊斯堡，标志着西部陆海新通道海铁联运关键项目——钦州铁路集装箱中心站正式投入运营。

7月

1 日

《广西全面对接粤港澳大湾区建设总体规划（2018—2035 年）》出炉。

广西壮族自治区主席陈武深入防城港市，就金属材料工业高质量发展情况进行调研。

2 日

北海铁山港区 1~4 号泊位工程（二期）通过竣工验收。本次验收范围为北海铁山港区 1~4 号泊位工程（二期），建设规模为 2 个 10 万吨级通用泊位（水工结构按 15 万吨级预留），建设内容包括码头水工、码头前沿停泊地、回旋水域、堆场、道路等生产及配套设施。

3日

2019年第二批自治区层面统筹推进重大项目近日发布，钦州市又有13个工业、基础设施等领域的重大项目新增列入自治区层面统筹推进。

5日

广西钦州—内蒙古农牧渔副产品互联互通推介会在呼和浩特市召开。

7日

钦州市政府与浙江恒逸集团在南宁签署高端绿色化工化纤一体化项目投资合作协议。广西壮族自治区主席陈武会见恒逸集团董事长邱建林，并共同见证协议签署。

南宁市人民政府和自治区地方金融监督管理局正式印发《广西建设面向东盟的金融开放门户南宁核心区规划（2019—2023年）》。力争到2023年，基本建立区域领先的"大金融"产业格局和特色鲜明的金融产业功能体系，"一个核心""两个试验示范区""三大中心""四大基地""五大市场""六大配套"的发展格局基本形成，基本建成面向东盟的金融开放门户南宁核心区，中国—东盟金融城初具规模。

8日

中央政治局委员、重庆市委书记陈敏尔率重庆党政代表团考察钦州铁路集装箱中心站，广西壮族自治区党委书记鹿心社、自治区主席陈武亲自陪同。

钦州市举行中国—东盟（钦州）华为云计算及大数据中心项目开工仪式，标志着中国—东盟（钦州）华为云计算及大数据中心项目进入全面建设阶段，为钦州市大数据产业的快速发展奠定坚实基础。

9日

北海旅游集团和北京当红齐天集团举行《北海国际名人智慧都汇项目投资合作框架协议》签约仪式，双方继"焕真·北海科技文化秀"项目后，再次联袂打造北海文化科技的国际精品品牌。

10日

由南宁海关会同财政部广西监管局、国家税务总局广西壮族自治区税务局、国家外汇管理局广西壮族自治区分局组成的验收组，经过听取汇报、现场查看和专家评审，一致同意防城港保税物流中心（B型）通过验收。

11日

凭祥综合保税区邀请越南谅山省友谊—宝林口岸管理中心代表团到卡凤加工区考察。

15日

广西壮族自治区党委常委、组织部部长曾万明率全区年中工作会议第七观摩组在北海市开展项目现场观摩活动。

中国有色金属学会应广西壮族自治区科学技术协会邀请，携有关行业专家走进广西靖西市、防城港市开展"全国学会入桂行"调研，深入靖西市、防城港经济开发区了解铝产业发展情况和有关企业技术需求。

17日

四川省政协经济委主任杨冬生率考察团一行10人到访南宁市，考察调研南宁市南向陆海联运通道建设情况。

18日

华谊集团检查组长带队到广西华谊工业气体岛项目进行综合检查。钦州项目组施工管理部经理唐伟春汇报了钦州基地项目概况、项目质量控制情况、项目定制管理情况、项目进度情况。

"第十三届制造业与物流业联动发展年会暨陆海新通道物流发展论坛"在南宁举办。会议期间举办"临港经济与物流通道发展""智能制造与新物流""智慧供应链创新"专题论坛会议。

23日

广西壮族自治区政府新闻办举行北部湾经济区发展成就情况新闻发布会。

24日

推动南宁跨境电商综合试验区建设新闻发布会在广西新闻中心举行。

27日

崇左市爱店口岸新旅检通道正式启用。新旅检通道实现了出入境旅客分流，出入境不同方向旅客从不同楼层通关，通关模式更加简便快捷。

28日

广西壮族自治区党委、自治区人民政府印发《关于推进北钦防一体化和高水平开放高质量发展的意见》和《广西北部湾经济区北钦防一体化发展规划（2019—2025年）》的通知。

31日

广西壮族自治区党委、自治区人民政府在钦州召开"全区推进北防钦一体化和高水平开放高质量发展暨西部陆海新通道建设"大会。自治区党委书记鹿心社作重要讲话，大会由自治区主席陈武主持。

第16届中国—东盟博览会（简称东博会）、中国—东盟商务与投资峰会（简称商务与投资峰会）新闻发布会在北京举行。据介绍，第16届东博会的主题国是印度尼西亚，特邀合作伙伴首次由欧洲国家波兰担任，本届东博会、商务与投资峰会将于今年9月20日开幕。

8月

6日

广西壮族自治区主席陈武在南宁主持召开专题会议，学习贯彻习近平总书记关于"支持在防城港市建立国际医学开放试验区"重要讲话精神，研究部署有关工作。

广西壮族自治区层面统筹推进重大项目——广西北投牛湾物流园项目在南宁市邕宁区开工，该项目集商品交易、仓储配送和供应链金融服务为一体，一期总规划用地约735亩，总投资约18亿元。

7日

钦州市生态环境局发布《关于华谊钦州化工新材料一体化基地30万吨烧碱、40万吨聚氯乙烯项目行政许可决定》的公告，许可生效期为8月7日。

9日

自治区北部湾办在南宁举办北部湾讲坛（第十六讲）。浙江大学区域与城市发展研究中心执行主任、博士生导师陈建军教授应邀作题为《长三角更高质量一体化发展的源流、动力机制与发展目标及其启示》的报告。

12日

广西凭祥（铁路）口岸进境水果指定监管场地正式获批建设，建成后将成为凭祥第 4 个、广西第 10 个进境水果指定监管场地，这标志着广西进境水果指定监管场地将完成水陆空铁全面覆盖。

商务部公示"2019 年国家外贸转型升级基地认定名单"，北海工业园国家外贸转型升级基地（消费类电子产品）成功入围。据了解，今年广西仅有两家单位入选，另一家为桂林高新区国家外贸转型升级基地（消费类电子产品）。

广西壮族自治区政府新闻办公室在南宁召开自治区政府重大决策第三方评估实施情况新闻发布会。实施第三方评估是党中央、国务院推进国家治理体系和治理能力现代化的重大创新，是充分发挥特色新型智库智力支撑作用的应有之义，是完善政策的重要抓手。

13日

桂林至钦州港公路（南宁六景至宾阳段）BOT 模式项目签约现场会，在南宁市交通运输局举行。据悉，该项目将于 8 月底开工，预计 2022 年左右建成。目前，从宾阳县城至南宁需约一个半小时，项目建成后，约可节省30～40 分钟。

崇左市召开"双十双新"产业项目专题研究会，要求持之以恒抓好重大产业项目建设。

14日

广西壮族自治区北部湾办党组书记、常务副主任魏然带队到自治区农村信用社联合社座谈交流。

15日

"2019 中国（北部湾）海洋经济与文化旅游发展论坛"在广西防城港市举行，来自国内各沿海省市相关政府部门、科研院校、企事业单位以及国内外海洋经济、医学康养和金花茶产业研究等相关领域的专家、学者、知名企业家等共同探讨海洋经济与文化旅游融合发展的科学路径。

16日

经国务院批复，国家发展改革委印发实施《西部陆海新通道总体规划》。这标志着西部陆海新通道建设上升为国家战略，为包括广西在内的中国西部地区腹地带来重大发展机遇。该规划是作为深化陆海双向开放、推进西部大开发形成新格局的重要举措，加快通道和物流设施建设，提升运输能力和物流发展质量与效率，深化国际经济贸易合作，促进交通、物流、商贸、产业深度融合，为推动西部地区高质量发展、建设现代化经济体系提供有力支撑。该规划期为2019～2025年，展望到2035年。

广西沿海的北海、钦州、防城港三市分别举行开海节，千帆竞发入海，场面令人震撼。"白天捞上船，晚上捧上桌"的海鲜食季也正式拉开序幕，多地游客纷纷赴宴，其中广东4000多人组团抵达北海。

深圳至南宁至昆明高铁（云南境内段）预可行性研究以及相关配套服务，已在公开进行招标，标志着昆深高铁正式进入项目前期工作。

22日

2019年中国—东盟博览会、中国—东盟商务与投资峰会（简称"两会"）广西领导小组会议在南宁召开，听取第16届"两会"筹备工作情况汇报，部署下一步工作。广西壮族自治区主席、"两会"广西领导小组组长陈武主持会议并讲话。

26日

国务院印发《中国（山东）、（江苏）、（广西）、（河北）、（云南）、（黑龙江）自由贸易试验区总体方案》。该总体方案指出，在山东、江苏、广西、河北、云南、黑龙江等6省区设立自由贸易试验区，是党中央、国务院做出的重大决策，是新时代推进改革开放的战略举措。广西自贸试验区围绕建设西南中南西北出海口、面向东盟的国际陆海贸易新通道，形成"21世纪海上丝绸之路"和"丝绸之路经济带"有机衔接的重要门户，提出了畅通国际大通道、打造对东盟合作先行先试示范区和打造西部陆海联通门户港等方面的具体举措。

北部湾经济区融入粤港澳大湾区研讨班在深圳开班。

28日

2019年广西北部湾经济区招商引智（深圳）推介会在深圳举办，经济区相关园区和粤港澳大湾区有关企业、协会共签订了16个项目合作协议，投资金额达237亿元。

30日

广西钦保国际贸易有限公司、广西盈川国际贸易有限公司与泰国中国总商会在中国（广西）自贸试验区钦州港片区签订20亿元的泰国鸡副产品进口采购合同，成为钦州港片区挂牌后签订的首个大型贸易订单。

9月

5日

由广西北部湾经济区规划建设管理办公室主办的"北钦防一体化媒体行活动"，9月5~6日走进北海、钦州、防城港三市，聚焦三地推进北钦防一体化建设。

9日

为加快广西北部湾经济区开放发展，发挥广西与东盟国家陆海相邻的独特优势，广西壮族自治区党委、政府日前正式印发《关于推进北钦防一体化和高水平开放高质量发展的意见》和《广西北部湾经济区北钦防一体化发展规划（2019—2025年)》，明确推进北钦防一体化发展。

17日

中国（广西）自由贸易试验区面向全球投资合作洽谈会在邕举行。中国（广西）自由贸易试验区南宁、钦州、崇左三个片区负责人，全区部分投资促进系统负责人，来自欧洲商协会代表团、东盟国家及其他国（境）外商协会代表的60多位企业嘉宾参加推介会。

18日

国家发展改革委、交通运输部联合发布了"2019年国家物流枢纽建设名单"，全国共有23个物流枢纽入选，其中南宁列为陆港型国家物流枢纽，是广西唯一一个列入名单的城市。

以"推动中国—东盟城市合作可持续发展，共创丝路美好未来"为主题的 2019 年中国—东盟市长论坛在南宁举行。广西壮族自治区主席陈武出席论坛开幕式并致辞。

19日

中新南宁国际物流园新中智慧园试运营仪式在中新南宁国际物流园新中智慧园 E 地块 2 号库举行。

21日

以"共建'一带一路'，共绘合作愿景"为主题的第 16 届中国—东盟博览会、中国—东盟商务与投资峰会在南宁隆重开幕。中共中央政治局常委、国务院副总理韩正发表主旨演讲。他表示，中国和东盟国家山水相连、人文相通，友好交往源远流长。太平洋建设董事局主席严昊携核心高管团队参加开幕大会。开幕大会后，韩正一行视察了太平洋建设展位，与严昊进行亲切交流。

中国—东盟港口城市合作网络工作会议在南宁举行，来自中国和东盟成员国有关部门、城市政府、港口管理部门、港航企业代表及研究机构专家等围绕"拓展中国—东盟港口城市合作网络，共建国际陆海贸易新通道"主题展开深入研讨。

前来参加第 16 届中国—东盟博览会、中国—东盟商务与投资峰会的缅甸副总统敏瑞在南宁接受采访时表示，通过国际陆海贸易新通道，缅甸的农产品、水果等得以进入中国甚至更为广阔的市场，缅甸仰光港将继续开展与广西北部湾港的合作。

22日

为进一步深化拓展投资合作规模和领域，建优建强北部湾经济区，加快推进北部湾经济区重大基础设施和重大产业项目建设，广西北部湾经济区规划建设管理办公室与太平洋建设集团在南宁签署战略合作协议。

东盟货运物流联合总会正式入驻中新南宁国际物流园。作为广西重点园区统筹推进的西部陆海新通道建设重点项目之一，中新南宁国际物流园园区内开工建设的项目有"南宁新中保税智慧园""南宁新中智慧园"等。

23 日

广西壮族自治区党委书记鹿心社在南宁表示，希望广大台商抓住广西自贸试验区建设机遇，与广西共享面向东盟开放商机。

京东健康北部湾区域总部落地北海入驻中电北部湾信息港。北海市人民政府、京东健康、中国电子北海产业园签署"互联网＋医疗健康"合作协议，致力于通过合作为北海市人民提供高效、快捷、方便的医药健康服务，推进健康北海建设。

24 日

第 16 届中国—东盟博览会、中国—东盟商务与投资峰会组委会在南宁国际会展中心举行闭幕新闻发布会。

10月

9 日

中国（广西）自由贸易试验区崇左片区重大项目集中开工仪式在凭祥举行，5 个项目总投资 11.59 亿元，其中 2019 年计划投资 2.37 亿元。这 5 个项目包括：广西自贸试验区崇左片区规划展示馆、广西自贸试验区崇左片区中越跨境电子信息产业园标准厂房（凭祥市边境出口加工产业园一期）、凭祥市农产品加工物流园配套道路工程、广西凭祥综合保税区快速通道二期工程、龙州至凭祥公路（西环路）工程，涵盖交通、电子信息、公共服务等。

13 日

重庆、广西、贵州、甘肃、青海、新疆、云南、宁夏、陕西、四川、内蒙古、西藏等西部 12 个省区市以及海南省和广东湛江市，在重庆市进行框架协议签约，合作共建西部陆海新通道。

18 日

解读《关于推进北钦防一体化和高水平开放高质量发展的意见》新闻发布会在南宁举行，深入解读该意见的出台背景、发展定位与目标、主要任务和下一步的行动计划。

25日

广西壮族自治区主席陈武在南宁再次召开部分市经济形势座谈会，听取北海、钦州、贵港、百色、贺州、崇左6市前三季度经济形势汇报和下一步经济工作意见与建议，研究做好全区稳增长工作。

31日

北部湾讲坛第十七讲在南宁市举行。广东亚太创新经济研究院理事长李志坚教授应邀作题为《广西北部湾经济区与粤港澳大湾区融合发展》的报告。

钦州港东航道扩建二期工程项目开工仪式在钦州港举行。钦州港东航道扩建工程是西部陆海新通道国际门户港建设的关键性工程，建成后将满足20万吨级大型集装箱船进出北部湾港条件，对于提升北部湾港综合服务能力和国际竞争力具有重大意义。项目全长25.796公里，分两期建设，一期工程已于2019年6月完工，二期工程计划于2021年6月建成。

11月

9日

清晨6时8分，一列满载汽车零部件、电子产品等货物的海铁联运班列从钦州港东站启动开往重庆。至此，今年西部陆海新通道北部湾港上行班列开行总数刷新至1000列。

11日

广西全面对接粤港澳大湾区产业发展推介会暨签约仪式在深圳举行，共谋产业对接，共商发展大计，共享合作商机。

13日

《泛北部湾经济合作论坛中期规划和转型升级方案》评审会在南宁召开。

中国人民银行南宁中心支行联合广西银保监局、广西壮族自治区发展和改革委员会（西部陆海新通道建设指挥部办公室）、自治区工业和信息化厅、自治区糖业发展办公室举办金融服务广西实体经济高质量发展暨支持重点领域推进会。

26日

2019 京东（北海）数字经济产业园揭牌仪式暨开园大会在中国电子北部湾信息港举行。

27日

华谊钦州化工新材料一体化基地二期项目开工仪式在钦州举行。华谊钦州基地项目是目前广西单体投资最大的工业项目，总投资达 700 亿元，是继中石油千万吨炼油项目之后，北部湾经济区又一标志性工程。

28日

广西壮族自治区党委常委会召开会议，审议通过《关于建设现代化经济体系的实施意见》。

30日

"一带一路"倡议：政策制定与服务经济国际会议在南宁召开。

12月

2日

中共中央、国务院印发《长江三角洲区域一体化发展规划纲要》。

广西壮族自治区人民政府主办的共建共享面向东盟金融开放门户、西部陆海新通道暨中国—东盟信息港推介交流会分别在新加坡和泰国曼谷举办。

5日

北部湾国际门户港航运服务中心（简称"航运中心"）在钦州保税港区正式启动运营。航运中心是以钦州保税港区行政综合大楼及申报中心为基础改造而成的，占地面积 33836 平方米，主要包括港航物流信息平台展示区、航运交易服务区、口岸机构业务窗口服务区和港航贸易办公区等 7 个功能区。

6日

广西北部湾经济区第三期产融对接会在南宁举办。产融对接会向北部湾经济区重点园区及企业集中推介了三家金融企业在担保基金、供应链金融及产城融合等方面的融资服务。

13日

北部湾讲坛第十八讲在南宁市举行。太平洋建设创始人、庄严智库理事长严介和先生应邀作题为《产业决定未来》的报告。

16日

《人民日报》刊发北钦防一体化观察文章。

19日

《北部湾重点产业产业树研究》成果运用解读会在南宁市召开。

23日

一辆满载出口跨境电商货物的集装箱拖车驶出南宁综合保税区前往钦州港，该集装箱将通过海运至巴西。这标志着南宁第一票陆海联运的出口跨境电商货物顺利通关，打通了南宁出口跨境电商陆海联运的物流道路。

25日

北部湾航运交易有限公司在南宁市揭牌成立，为北部湾航运交易所的组建迈出关键而坚实的一步，标志着北部湾港软环境建设驶入了快车道。

新建南宁至玉林铁路工程相继开工建设，标志着南玉铁路建设全面提速。

26日

华立·中越跨境产业平台中国侧园区——广西东兴边境深加工产业园区项目开工。

30日

正威玉林新材料产业城年产 20 万吨精密铜线项目投产仪式在玉林龙潭产业园区举行。

2020年

1月

4日

在凭祥市举行的广西自贸试验区崇左片区支持政策新闻发布会，公布一系列"含金量"高的政策，鼓励和吸引企业到该片区投资置业，为凭祥开放发展增添新动力。

6日

《北海市国家港口型物流枢纽建设发展规划》编制工作已经完成，并已通过专家评审。

9日

玉林市政府与锂电新能源材料产业投资基金在南宁签署投资合作协议，在玉林投资 1300 亿元建设 70 万吨锂电新能源材料一体化产业基地。

22日

《中国（广西）自由贸易试验区建设实施方案》发布。广西自由贸易试验区的实施范围为 119.99 平方公里，涵盖三个片区：南宁片区 46.8 平方公里（含南宁综合保税区 2.37 平方公里）、钦州港片区 58.19 平方公里（含钦州保税港区 8.81 平方公里）、崇左片区 15 平方公里（含凭祥综合保税区 1.01 平方公里）。

2月

6日

北投地产集团旗下北投（北海）科技园发布公告宣布：对所有入园企业（含办公楼、厂房、商铺和宿舍）2月的租金减半收取。

9日

广西北部湾投资集团有限公司直属企业广西广路实业投资集团有限公司负责生产的第一批医用隔离服成品顺利出产，产品生产质量与速度得到合作方的高度认可，用实际行动打好防疫物资保障攻坚战。

21日

北海工业园区、钦州高新区、防城港经济技术开发区等 7 个园区 60 家企业复工，北海惠科、三诺、华谊等 23 个重大项目陆续复工，一体化重点工程龙门大桥等项目前期工作如期推进。

29日

广西壮族自治区交通运输厅印发《广西基础设施补短板"交通网"建设三年大会战实施方案（2020—2022年）》。

3月

3日

广西壮族自治区发改委网站发布《2020年第一批自治区层面统筹推进重大项目建设实施方案》。2020年第一批自治区层面统筹推进的重大项目包括新开工、续建、竣工投产和预备四类共1132项，总投资19619.5亿元，年度计划投资1674.5亿元。

9日

北钦防一体化指挥部召开专题会议，研究加快推进"两桥"建设工作。

17日

广西壮族自治区党委书记、自治区人大常委会主任鹿心社，自治区党委副书记、自治区主席陈武到广西建设面向东盟的金融开放门户指挥部调研。

20日

广西北部湾办赴自治区自然资源厅就北钦防一体化国土空间规划，龙门大桥、大风江大桥等一体化重点基础设施，重大产业项目、西部陆海新通道重点港航基础设施项目以及开放平台建设等事项进行务实会商。

28日

广西13个高速公路新建项目集中开工，高速公路新建项目共1005公里，总投资达1609亿元。

31日

广西壮族自治区党委书记、自治区人大常委会主任鹿心社，自治区党委副书记、自治区主席陈武到全面对接粤港澳大湾区建设指挥部和西部陆海新通道建设指挥部调研，加快构建"南向、北联、东融、西合"全方位开放发展新格局，以高水平开放促进广西高质量发展。

为进一步优化北部湾港集装箱进出口环节流程，有效解决制约集装箱进出北部湾港的效率和成本问题，广西壮族自治区人民政府办公厅印发《北部湾港集装箱进出口环节对标提升工作方案》。

4月

9日

北部湾港成为全国主要港口中唯一货物吞吐量和集装箱吞吐量均实现两位数增长的港口，且集装箱吞吐量增速居全国首位。

13日

广西壮族自治区党委书记、自治区人大常委会主任鹿心社，自治区党委副书记、自治区主席陈武到中国—东盟信息港建设指挥部调研。

16日

0416次列车装载着60箱原煤从北海铁山港出发驶向玉林，告别了货物中转的历史，实现了北海铁山港国内外物资港口与铁路无缝对接。北海铁山港进港铁路专用线通车，向海经济再添新动脉。

央视《新闻联播》播出《广西北海铁山港进港铁路专用线今天通车》。通车后，每吨能减少物流成本6元，一年至少可减少企业物流成本8000万元。

包括中国—东盟南宁空港扶绥经济区工业企业总部基地及休闲食品产业园在内，广西共有34个"双百双新"产业项目举行集中开竣工仪式，项目涉及多个领域，总投资额达427亿元。其中，开工项目15个，年度计划投资40亿元；竣工项目19个，本年新增产值约70亿元。

22日

自治区北部湾办党组书记、常务副主任魏然与中交水运规划设计研究院总经理刘永满一行会谈，就进一步深化自治区北部湾办与中国交通建设集团合作，共同建设北部湾国际门户港，搭建高端人才交流平台等事宜进行了深入交流，研究讨论了下一步工作开展并达成共识。

26日

北海市投资超百亿元项目集中签约活动在南宁举行。本次签约的5个项目是东方希望集团北海循环经济产业基地项目、香港众诚能源集团铁山港化工新材料项目、北京中昊智达投资集团北海项目群、亚太森博（广东）纸业有限公司林浆纸一体化项目、河南金山化工集团玻璃生产配套暨传统盐化工升级改造项目，投资总额达2990亿元。

27日

国务院同意在崇左市设立跨境电子商务综合试验区。

28日

广西北部湾国际港务集团举办"建设北部湾国际门户港，打造世界一流港口"主题论坛，邀请国内知名专家学者到会做主题发言，为推动北部湾国际门户港建设献诤言、谋良策，凝聚共识、寻求合作共赢。

30日

《中国（广西）自由贸易试验区钦州港片区建设实施方案》发布。

5月

7日

钦州出台《钦州市推进北钦防一体化和高水平开放高质量发展的实施方案》。

12日

南宁市印发《工程建设项目试行"拿地即开工"改革的通知》，在广西率先全面系统推行"拿地即开工"模式，明确了"拿地即开工"的实施范围及程序，提出了质量安全监督提前介入、容缺受理、告知承诺、限时办结等多项改革创新措施。

15日

广西人民政府在南宁召开2020年广西北部湾经济区重大项目建设推进会，贯彻自治区党委和政府关于做好新冠肺炎疫情常态化防控、全面推进复工复产达产和经济社会秩序恢复，促进经济健康平稳运行的决策部署，协调推动北部湾经济区重大项目建设工作，确保完成全年既定目标任务。

《中国港口》发表由交通运输部水运科学研究院和广西北部湾国际港务集团有限公司共同撰写的论文《广西北部湾智慧港口建设发展模式》，呈现北部湾智慧港口建设目标与总体技术框架。

22日

自治区北部湾办与自然资源部第三海洋研究所一行就加快推进北部湾向海经济发展、蓝色经济试验区申报和启动第六届 APEC 蓝色经济论坛筹备工作进行交流。

广西东融先行示范区建设发展若干政策新闻发布会暨"湾企入桂"贺州项目推介签约会在广东省深圳市举行。

24日

《人民日报》刊发报道《广西北部湾经济区奋力谱写向海经济新篇章》。

25日

为贯彻落实自治区"湾企入桂"行动工作部署，加快实施"东融"战略，全面对接粤港澳大湾区建设，积极承接粤港澳地区产业转移，加快提升北海市产业基础能力和产业链水平，促进北海市经济高质量发展，北海市制定出台了《2020年北海市落实"湾企入桂"工作方案》。

27日

推动降低广西北部湾港口中介服务收费新闻发布会在南宁召开，相关部门向新闻媒体介绍广西推动降低广西北部湾港口中介服务收费工作情况，解读自治区人民政府办公厅印发的《关于推动进一步降低广西北部湾港口中介服务收费专项行动方案（2020—2021年)》政策措施。

28日

央视《新闻联播》报道钦州港东航道扩建二期工程建设顺利推进。

29日

广西北部湾港首单出口退税低硫船用燃油顺利完成装船北部湾港保税燃油供应基地正式运营。

6月

1日

中共中央、国务院发布《关于新时代推进西部大开发形成新格局的指导意见》。为加快形成西部大开发新格局营造良好舆论氛围，陕西联合广西、宁夏、新疆和云南等多家西部省级新闻网站，共同采访参加今年全国两会的西部地区代表委员，共话新时代西部大开发构筑新格局。

2日

国务院办公厅转发国家发展改革委、交通运输部《关于进一步降低物流成本的实施意见》。

5日

广西北部湾国际门户港发展规划中期成果咨询会在南宁召开。

6日

西部陆海新通道一列满载着显示屏、橡胶木、服装鞋帽等产品的海铁联运班列，从钦州港东站发车，驶向四川城厢站，西部陆海新通道正式迎来了它的第5000列班列里程碑。

广西壮族自治区人民政府举办中国（广西）自由贸易试验区云推介云招商云签约活动。活动以"活力广西自贸引领中国—东盟开放合作"为主题，主会场设在中国—东盟青少年文化艺术中心。本次招商推介活动促成签约项目31个，项目涉及生产基地建设、绿色农业、智慧智能产业园、电子商务、物流运输等行业，总投资额超过80亿元人民币。

8日

钦州铁路集装箱中心站港口作业区里，集装箱堆码井井有条，一只满载葡萄糖和铜精矿的海铁联运集装箱正在吊装上火车，即将发往昆明王家营西站。这是钦州中心站今年累计办理的第10万标箱，同比增幅达到128%。

中国（广西）自由贸易试验区钦州港片区召开钦州港东航道扩建工程现场办公会，研究钦州港东航道扩建一期工程通航、二期工程临时通航责任分工方案，部署钦州港东航道扩建工程6月30日通航事项。

9日

广西壮族自治区人民政府印发《加快建设面向东盟的金融开放门户若干措施》，有效期5年。

11日

广西壮族自治区副主席周红波亲切会见了中谷海运集团董事长卢宗俊一行，就合作推进北部湾港建设、实现 2020 年 500 万标箱目标等事项进行了交流和商谈。

14日

防城港国际医学开放试验区（中国）建设一周年座谈会在广西南宁召开，进一步推动医学创新成果交流和经验分享，不断深化国际公共卫生安全合作，加快推动医学试验区建设，抢抓机遇，为构建人类卫生健康共同体贡献广西力量。

17日

广西公共资源交易中心网站发布关于贵阳经南宁至钦州双层集装箱铁路通道方案研究公开招标公告。广西西部陆海新通道或将迎来一条重量级的铁路，全长 630 公里，投资约 920 亿元。

18日

广西壮族自治区政府与吉利控股集团签订战略合作协议。

19日

广西壮族自治区党委召开 2020 年推进西部陆海新通道建设专题协商座谈会，听取各民主党派、工商联和无党派人士代表的意见与建议。

北钦防一体化指挥部 2020 年第二次工作会议召开。

21日

交通运输部到广西北部湾国际港务集团调研并召开座谈会，深入了解北部湾港建设发展情况。

Abstract

This annual report is composed of five sections. Section one is general report, it contains analysis of industry development statues of Guangxi Beibu Gulf Economic Zone during the "Thirteenth Five-Year Plan" and provided predictions, countermeasures and proposals for its development in period of "Fourteenth Five-Year Plan". Section two contains of several study reports on Qinzhou-Beihai-Fangchenggang Integration development in Guangxi Beibu Gulf Economic Zone, reform and construction report of China (Guangxi) Pilot Free Trade Zone, financial reform and development of Guangxi Beibu Gulf Economic Zone, construction on port interconnection of Guangxi Beibu Gulf Economic Zone, and cultural and tourism industry development of Guangxi Beibu Gulf Economic Zone in 2020. Section three introduces the development situation from 2019 to 2020 of six cities in Guangxi Beibu Gulf Economic Zone, namely Nanning, Beihai, Qinzhou, Fangchenggang, Chongzuo, and Yulin. Section Four is reports on special studies, it mainly discusses the construction of a high-quality modern logistics hub in the Beibu Gulf Economic Zone and the strategic thinking on the high-level opening-up of the Beibu Gulf Economic Zone during the period of "14th Five-Year Plan". Economic performance of the Beibu Gulf Economic Zone in 2019 as well as major events of Guangxi Beibu Gulf Economic Zone in 2019 and the first half of 2020 are included in the section five.

Keywords: Guangxi Beibu Gulf Economic Zone; Opening-up and Development; Industrial Development

Contents

I   General Report

Abstract: Based on the analysis of the overall industrial development of
Guangxi's Beibu Gulf Economic Zone during the period of the "13th Five-Year
Plan", this report further analyzes the development of the eight dominant
industries, key industrial parks and modern service industries in Guangxi Beibu
Gulf Economic Zone, it not only discusses the problems existing in the
development of the industry, and predicts the mathematical model of the industrial
development trend of Guangxi Beibu Gulf Economic Zone during the period of
the "14th Five-Year Plan", but also prejudges the development situation of the
"14th Five-Year Plan", and put forward countermeasures and suggestions on
pursing successful achievements on industrial development in the end of the "13th
Five-Year Plan" and created a feasible plan of industrial development for Guangxi
Beibu Gulf Economic Zone in the "14th Five-Year Plan" period, which includes
focusing on the three key undertaking industries of key regions, key industries and
key enterprises to create a lush "industry tree"; building a solid foundation based
on four major advantages, and create an important domestic and international

"gateway port"; developing innovation in five models with precision docking industry, breaking through the "magic curse" of low-end and lock-in of the industry.

Keywords: Beibu Gulf Economic Zone; Industrial Development; Major Industrial Zone; Guangxi

II   Topical Reports

B.2   Qinzhou-Beihai-Fangchenggang Integration Development of Guangxi Beibu Gulf Economic Zone in 2020

Chen Yujing / 050

Abstract: Promoting the integration of Qinzhou, Beihai, and Fangchenggang and realizing the high-level openness and high-quality development of the three cities will help this integrated region to become an important growth pole for high-quality development in Guangxi. Since 2019, the economic integration of Qinzhou-Beihai-Fangchenggang has continued to accelerate, the construction of the traffic "connecting points" have been speeded up as well as industrial systems and opened development platforms, therefore, the development of regional integration has achieved remarkable results. As the COVIDE-19 has continually expanded and Sino-US economic and trade frictions tend to be more intensified, the supply chain and foreign trade industry of this integrated region is dealing with an uncertain risk, however, the opportunities may exist at the same time; The Beibu Gulf is the region most closely connected with the Greater Bay Area and ASEAN, and it welcomes development opportunities in undertaking industrial transfer. Under the superimposed influence of multiple strategies and policy effects, the development positioning and a unique role of Qinzhou-Beihai-Fangchenggang has become increasingly obvious. The completion of a number of major projects will bring new growth points for the expansion of investment and stable growth of the cities in the Beibu Gulf Economic Zone, which will vigorously promote the construction of a new pattern of all-round open development in the Beibu Gulf Economic Zone, and provide services to the construction of the "Belt and Road" and the New International Land-Sea Trade Corridor in the west.

Keywords: Beibu Gulf Economic Zone; Qinzhou-Beihai-Fangchenggang Integration Development; Regional Cooridination

B.3 Reform of China (Guangxi) Pilot Free Trade Zone in 2020

Zhang Lei / 062

Abstract: Since the establishment of the China (Guangxi) Pilot Free Trade Zone was approved in August 2019, a policy system to support the reform and development of the free trade zone has gradually formed. Various pilot tasks have been carried out in an orderly manner and achieved initial results. The decentralization of administrative approval powers has accelerated government functions to be transformed that allow the reform happened in the investment field in order to achieve remarkable results in investment promotion. Moreover, vigorously promoting the trade transformation and upgrading has effectively ensured the stable development of foreign trade. Both deepening the open innovation in the financial sector and building an open portal to ASEAN-oriented financial cooperation have functionally combined with one another, The construction of New International Land-Sea Trade Corridor in the west as well as an important gateway for the connectivity to the "Belt and Road" have been accelerated. In 2020, under the support of various policies, the reform and innovation of China (Guangxi) Pilot Free Trade Zone will continue to advance, the level of trade facilitation will be further improved, the investment promotion will be steadily promoted, financial reform and innovation will be accelerated, and the construction of New International Land-Sea Trade Corridor in the west will also be continually promoted in an orderly manner, and various reform tasks will be pushed forward in a coordinated manner.

B.4 Financial Development of Guangxi Beibu Gulf Economic Zone in 2020   *Zheng Fangfei, Yun Qian* / 076

Abstract: In 2019, the financial sector in Guangxi Beibu Gulf Economic Zone operated steadily. Deposits and loans have maintained rapid growth. The distribution of deposits and loans in the six cities is in a "114" ladder pattern. The overall loan-to-deposit ratio is at a high level. The development of corporate financial institutions has reached a new level. Each city has actively participated in the construction of an open financial portal for ASEAN. However, there are also problems such as the financial development is still unbalanced, the financial ecological environment still needs to be improved, the overall level of financial infrastructure needs to be upgraded, and the financial talents are insufficient, especially high-end talents, etc. It is expected that in 2020, the growth rate of deposits in Guangxi Beibu Gulf Economic Zone will slow down, loans will maintain rapid growth, and financial institutions will maintain stable operation. Nanning will actively create demonstration zones for green finance reform and innovation, and cities such as Nanning, Beihai, Fangchenggang, and Chongzuo still will vigorously create insurance innovation comprehensive demonstration zone.

Keywords: Finance; Green Finance; Insurance Innovation

B.5 Construction on Port Connectivity of Guangxi Beibu Gulf Economic Zone in 2020   *Lei Xiaohua* / 089

Abstract: In 2019, the construction of New International Land-Sea Trade Corridor in the west has become a national strategy, by which the construction of an international gateway port in Guangxi Beibu Gulf Zone has been promoted that has created a major historical opportunity for the construction of the Beibu Gulf port. This article comprehensively summarizes the construction of port hardware and software infrastructure in Guangxi Beibu Gulf Economic Zone, the upgrading of port route layout, connectivity construction such as trains and ships interconnection, and port cargo transportation volume and other aspects of construction; On this basis, it is pointed out that the level of port infrastructure construction in Guangxi Beibu Gulf Economic Zone will be upgraded in 2020, the construction of key lines of the sea-rail combined transport channel will start, the collection and distribution capacity of the important port area of the Beibu Gulf port will be significantly improved, as well as the route layout. Therefore, the Beibu Gulf Port is working hard towards the goal of building an international gateway port.

Keywords: Beibu Gulf Port; International Gateway Port; New International Land-Sea Trade Corridor in the West

B.6　Cultural and Tourism Industry Development of Guangxi

　　　　Beibu Gulf Economic Zone in 2020

Yang Congcong, *Mao Yan* / 102

Abstract: In 2019, the overall development trend of the cultural tourism industry in the Beibu Gulf Economic Zone is relatively good. The influence of the global tourism brand has gradually increased, major cultural tourism projects have been solidly promoted, cultural tourism public service systems have been continuously improved, cultural tourism technology innovation has been steadily advanced, protection and utilization of cultural heritage as well as its inheritance have continually increased. Looking forward to 2020, the cultural tourism industry market has more opportunities than challenges. Guangxi Beibu Gulf Economic Zone must seize the opportunity, accelerate the construction of a modern cultural and tourism integration system, create cultural and tourism characteristic products and boutique tour routes, and seize the new model of the cultural tourism industry after the COVID-19 pandemic. Moreover, it needs to improve the supply level of cultural and tourism basic service facilities, and enhance cultural tourism and service quality in order to fully stimulate the vitality of the cultural tourism market for establishing "The Gorgeous Beibu Gulf" as the travel brand.

Keywords: Guangxi Beibu Gulf Economic Zone; Cultural Tourism; Integration of Culture and Tourism

Ⅲ Development of Cities

B.7 Opening-up and Development Situation of Nanning in 2020

Wang Hongmei / 118

Abstract: 2019 is a crucial year for building a well-off society in all respects, and it is also a year for Nanning to make rapid progress and open up development. Under the correct leadership of the party committee and government of Guangxi Zhuang autonomous region as well as the strong promotion of the strategy of strengthening the capital, Nanning is gradually becoming a hot spot for Guangxi's opening up and development. 2020 is the year of planning the layout of Nanning's 14th Five-Year Plan, and it is also a year of connecting the past and the next. Standing at a new historical starting point, we will make every effort to fight the tough battle of development and opening up, which is related to the long-term economic and social development of Nanning. This report systematically sorts out the results of Nanning's development and opening up in 2019 and the existing shortcomings and constraints, it gives an analysis on new situation and characteristics that Nanning is facing in the progress of the development and opening-up in 2020 in order to provide forward thinking and suggestions as relevant reference to the nest step that Nanning is going to take for accelerating the further development and opening up level.

Keywords: Opening-up and Development; Regional Coordination and Coorperation; Nanning

B．8　Opening-up and Development Situation of Beihai in 2020

Xian Yi / 132

Abstract：In 2019, Beihai has continually adhered to the work plan of seeking progress while maintaining stability, and strived to overcome the downward pressure on the economy by focusing on attracting investment, development projects, business environment, ecological environment, foreign investment, and investment as the "six stabilization" to maintain a good momentum of sustained, healthy and rapid economic and social growth, by which the "Beihai Plan" has been created that provides the "Beihai development experiences" as a contribution to stimulate high-quality development in Guangxi. At the beginning of 2020, although the external environment is severe, complex, and difficult due to factors such as the outbreak of COVID-19 and the escalation of Sino-US trade frictions, there are still many favorable domestic conditions, the opening and development of Beihai still has the conditions and support to continue to maintain its stable operation. It is possible to consider making great efforts in the development of the sea-oriented economy, precise investment promotion, optimization of the business environment, and improvement of people's livelihood and well-being.

Keywords：Opening-up and Development；Sea-oriented Economy；Beihai

B．9　Opening-up and Development Situation of Qinzhou in 2020

Ma Qiuyi / 151

Abstract：In 2019, Qinzou has continually adhered to the work plan of seeking progress while maintaining stability by carrying on new development concept, implementing fighting year for industrial development, and optimizing business environment through the events such as "upgrading the services for enterprises", which has vigorously pushing forward "the three promotion" projects and " ten breakthrough " key projects. This report provides a comprehensive summary of the above-mentioned work. After analyzing the problems and challenges of Qinzhou's economy in 2019 and the situation of domestic and foreign economic development in 2020, it is predicted that Qinzhou's economic development will maintain a steady and progressive development momentum in 2020, and on this basis, countermeasures and suggestions for accelerating open development have been proposed.

Keywords: Opening-up and Development; New International Land-Sea Trade Corridor; Qinzhou

B. 10   Opening-up and Development Situation of Fangchenggang
in 2020   *Pan Wenxian* / 163

Abstract: In 2019, Beihai has taken the construction of major projects, industry investment, and optimization of business environment as three means to breakthrough negative effects that caused by Sino-US economic and trade frictions, African swine fever, therefore, the overall stable operation of the economy has been achieved, and a decisive victory has been also achieved in the fight against poverty. The city's poverty incidence has dropped to 0. 2% , laying a solid foundation for a comprehensive poverty alleviation in 2020. Affected by the COVID-19 in 2020, there will be great uncertainties in the economic development of Fangchenggang. The report puts forward relevant suggestions to maintain economic and social stability and promote reform and opening up in Fangchenggang.

Keywords: Opening-up and Development; High Quality Development; Fangchenggang

B.11 Opening-up and Development Situation of Chongzuo

in 2020   *Zhou Huangzhong, Huang Caihao* / 177

Abstract: In 2019, Chongzuo as the frontier city in China, has maintained rapid economic growth, and two doublings were achieved ahead of schedule; The pilot free trade zone was approved to be established, the opening-up level of the border areas were once again expanded; and new breakthroughs has been achieved in innovative policies and the processing of cross-market commodities; moreover, the growth of characteristic and advantageous industries has been accelerated as well as the facilitation of port customs clearance; e-commerce has developed rapidly; and cultural tourism has made new progress; the development and open platform construction, and cross-border logistics have achieved remarkable results。 On the basis of analyzing existing problems and predicting the development situation at home and abroad, this paper puts forward the major measures of Chongzuo City's two main goals and five strategies during the period of "14th Five-Year Plan". Based on the advantages of ports, Chongzuo will adhere to the policy of a high-level opening to the outside world, and unswervingly pushing forward the opening up-oriented development in order to promote countermeasures and suggestions for its high-quality development of open economy.

Keywords: Opening-up and Development; Border Area; Chongzuo

B.12 Opening-up and Development Situation of Chongzuo

in 2020   *Li Wenyong* / 196

Abstract: This paper conscientiously implements the decisions and deployments of the Party Central Committee, the State Council, the Party Committee of Guangxi Zhuang Autonomous Region, the People's Government and the Municipal Committee of Yulin in 2019. Yulin has adopted the work plan of seeking progress while maintaining stability, and has deeply implemented "breakthrough year for the project constructions" and "upgrading year for city management", therefore, this paper gives a comprehensive summary to actively and steadily responding to the various difficulties and challenges of the economic downturn and the results achieved in Yulin. In 2020, it predicts that the economy and society of Yulin will continue to maintain steady and healthy development, several countermeasures and suggestions for opening-up and development is given.

Keywords: Opening-up and Development; Industrial Clusters; Yulin

IV　Special Studies

B.13　Study on Building a High-quality Modern Logistics
　　　　Hub in Guangxi Beibu Gulf Economic Zone under the
　　　　Background of "Dual Cycle"

Lv Yusheng / 207

Abstract: In the context of accelerating the formation of a "new development pattern with domestic demands as the main body that coordinated with international demands", logistics has become an important foundation and key area for this development pattern. The construction of a high-quality modern logistics hub in Guangxi's Beibu Gulf Economic Zone is an urgent requirement for the construction of this new development pattern of "dual cycle", an important measure to implement the new mission of Guangxi's "three major positioning", and an important task for accelerating the construction of the "Belt and Road". It is a significant support for the construction of New International Land-Sea Trade Corridor in the west and a starting point for deepening the supply-side structural reform. Based on the analysis of the location advantages of Guangxi Beibu Gulf Economic Zone in constructing a high-quality modern logistics hub, a good foundation for regional industrial development, and superimposed support policies. This paper further analyzes the problems of high-quality construction of a modern logistics hub in the Beibu Gulf

Economic Zone of Guangxi, and proposes multiple measures to speed up development.

Keywords: Dual Cycle; Guangxi Beibu Gulf Economic Zone; Modern Logistics Hub

B.14   Strategic Thinking on Expanding High-level Opening to the Outside World in Guangxi Beibu Gulf Economic Zone during the 14th Five-Year Plan

Lv Yusheng / 234

Abstract: Faced with the new situation and requirements of the "14th Five-Year Plan", China has entered a new stage of development for building a modern and powerful socialist country. The opening and development of Guangxi's Beibu Gulf Economic Zone is facing new contradictions and problems, new opportunities and challenges, and new development goals and tasks, it has to accurately control its own development situation under the overall international and domestic situation, scientifically predict the general trend of the world economy and the open cooperation; it is very important for Guangxi Beibu Gulf Economic Zone to firmly uphold the main line of high-level opening up and high-quality development, formulate a development strategy to expand high-level opening up, improve the quality level of opening up, and form a new layout for opening up development during the "14th Five-Year Plan". Based on the analysis of the effectiveness and problems of Guangxi Beibu Gulf Economic Zone during the "13th Five-Year Plan" period, and prediction on the advantages and disadvantages as well as the opportunities and challenges of expansion of high-level opening in Guangxi Beibu Gulf Economic Zone during the "14th Five-Year Plan" period, this article provides several strategic thinking on overall requirement of expanding high-level openness in Guangxi Beibu Gulf Economic Zone, building a new pattern of high-level open cooperation, accelerating the

Contents

construction of high-level connectivity as well as the construction of important development platform, etc.

Keywords: Guangxi Beibu Gulf Economic Zone; High-level; Opening-up; High Quality Development

社会科学文献出版社

皮 书

智库报告的主要形式
同一主题智库报告的聚合

❖ 皮书定义 ❖

皮书是对中国与世界发展状况和热点问题进行年度监测,以专业的角度、专家的视野和实证研究方法,针对某一领域或区域现状与发展态势展开分析和预测,具备前沿性、原创性、实证性、连续性、时效性等特点的公开出版物,由一系列权威研究报告组成。

❖ 皮书作者 ❖

皮书系列报告作者以国内外一流研究机构、知名高校等重点智库的研究人员为主,多为相关领域一流专家学者,他们的观点代表了当下学界对中国与世界的现实和未来最高水平的解读与分析。截至2021年,皮书研创机构有近千家,报告作者累计超过7万人。

❖ 皮书荣誉 ❖

皮书系列已成为社会科学文献出版社的著名图书品牌和中国社会科学院的知名学术品牌。2016年皮书系列正式列入"十三五"国家重点出版规划项目;2013~2021年,重点皮书列入中国社会科学院承担的国家哲学社会科学创新工程项目。

权威报告·一手数据·特色资源

皮书数据库
ANNUAL REPORT(YEARBOOK)
DATABASE

分析解读当下中国发展变迁的高端智库平台

所获荣誉

- 2019年，入围国家新闻出版署数字出版精品遴选推荐计划项目
- 2016年，入选"'十三五'国家重点电子出版物出版规划骨干工程"
- 2015年，荣获"搜索中国正能量 点赞2015""创新中国科技创新奖"
- 2013年，荣获"中国出版政府奖·网络出版物奖"提名奖
- 连续多年荣获中国数字出版博览会"数字出版·优秀品牌"奖

成为会员

通过网址www.pishu.com.cn访问皮书数据库网站或下载皮书数据库APP，进行手机号码验证或邮箱验证即可成为皮书数据库会员。

会员福利

- 已注册用户购书后可免费获赠100元皮书数据库充值卡。刮开充值卡涂层获取充值密码，登录并进入"会员中心"—"在线充值"—"充值卡充值"，充值成功即可购买和查看数据库内容。
- 会员福利最终解释权归社会科学文献出版社所有。

数据库服务热线：400-008-6695
数据库服务QQ：2475522410
数据库服务邮箱：database@ssap.cn
图书销售热线：010-59367070/7028
图书服务QQ：1265056568
图书服务邮箱：duzhe@ssap.cn

社会科学文献出版社 皮书系列
SOCIAL SCIENCES ACADEMIC PRESS (CHINA)

卡号：278795186221

密码：

S 基本子库
SUB DATABASE

中国社会发展数据库（下设 12 个子库）

整合国内外中国社会发展研究成果，汇聚独家统计数据、深度分析报告，涉及社会、人口、政治、教育、法律等 12 个领域，为了解中国社会发展动态、跟踪社会核心热点、分析社会发展趋势提供一站式资源搜索和数据服务。

中国经济发展数据库（下设 12 个子库）

围绕国内外中国经济发展主题研究报告、学术资讯、基础数据等资料构建，内容涵盖宏观经济、农业经济、工业经济、产业经济等 12 个重点经济领域，为实时掌控经济运行态势、把握经济发展规律、洞察经济形势、进行经济决策提供参考和依据。

中国行业发展数据库（下设 17 个子库）

以中国国民经济行业分类为依据，覆盖金融业、旅游、医疗卫生、交通运输、能源矿产等 100 多个行业，跟踪分析国民经济相关行业市场运行状况和政策导向，汇集行业发展前沿资讯，为投资、从业及各种经济决策提供理论基础和实践指导。

中国区域发展数据库（下设 6 个子库）

对中国特定区域内的经济、社会、文化等领域现状与发展情况进行深度分析和预测，研究层级至县及县以下行政区，涉及省份、区域经济体、城市、农村等不同维度，为地方经济社会宏观态势研究、发展经验研究、案例分析提供数据服务。

中国文化传媒数据库（下设 18 个子库）

汇聚文化传媒领域专家观点、热点资讯，梳理国内外中国文化发展相关学术研究成果、一手统计数据，涵盖文化产业、新闻传播、电影娱乐、文学艺术、群众文化等 18 个重点研究领域。为文化传媒研究提供相关数据、研究报告和综合分析服务。

世界经济与国际关系数据库（下设 6 个子库）

立足"皮书系列"世界经济、国际关系相关学术资源，整合世界经济、国际政治、世界文化与科技、全球性问题、国际组织与国际法、区域研究 6 大领域研究成果，为世界经济与国际关系研究提供全方位数据分析，为决策和形势研判提供参考。

法律声明

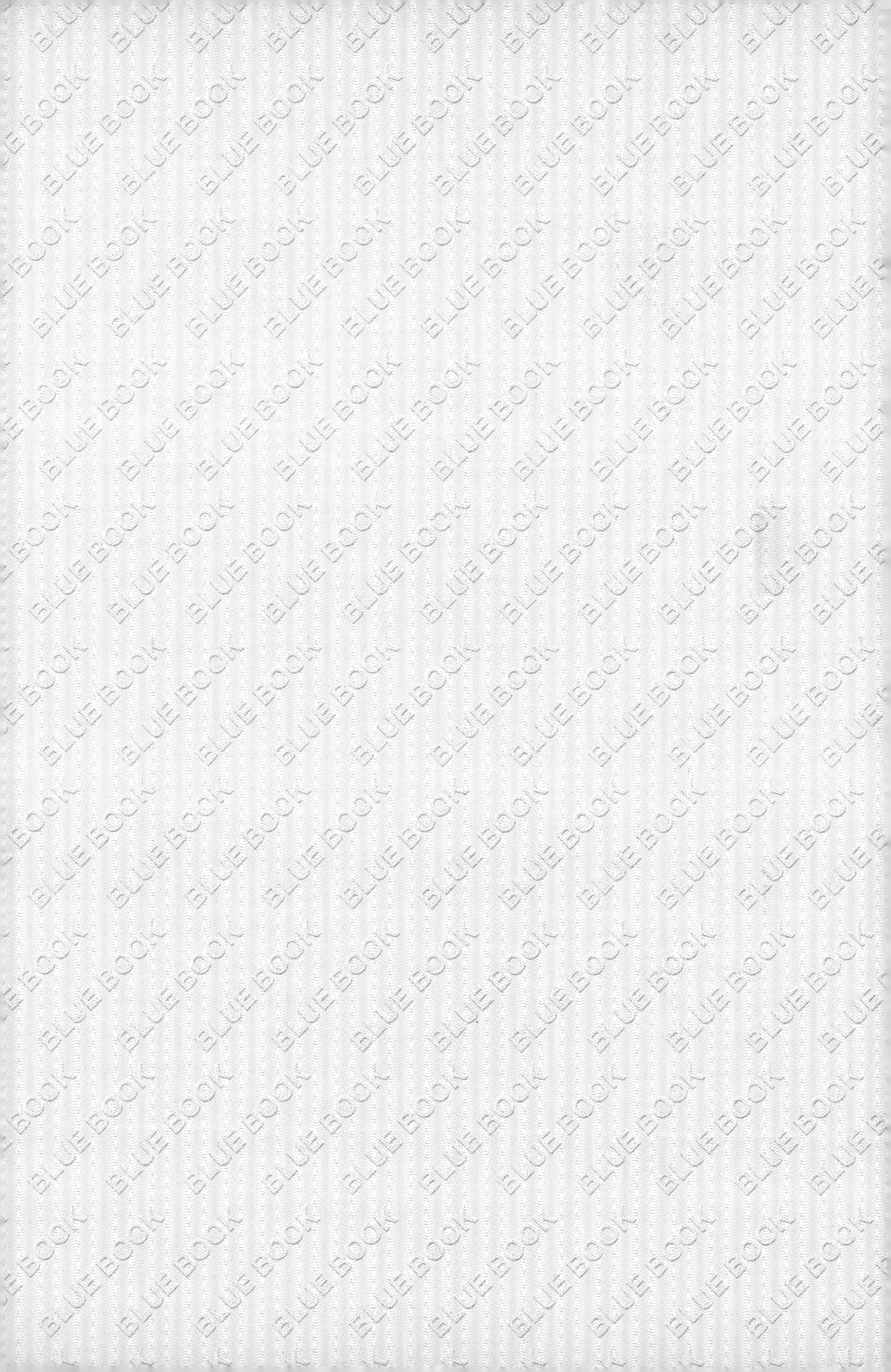